复杂网络

传播动力学模型分析与最优控制

> 魏晓丹 曲程远 梁建华 周文书 著

北京理工大学出版社
BEIJING INSTITUTE OF TECHNOLOGY PRESS

内 容 简 介

本书旨在探究网络结构和随机干扰等因素对计算机病毒在网络上的传播行为的影响，以及传播的最优控制策略。本书共六章。第一章主要概括了复杂网络上计算机病毒动力学的研究进展；第二章研究了复杂网络上具有非线性发生率的两类动力学模型；第三章研究了复杂网络上具有出生和死亡的两类动力学模型；第四章提出了一个复杂网络上带有隔离项和治疗项的动力学模型，旨在探究同时实施隔离和治疗措施对控制疾病在网络上传播的效果；第五章研究了一个基于复杂网络的随机动力学模型在随机扰动下的动力学行为；第六章研究了复杂网络上带有饱和治疗函数的传播模型的传染病分支现象等动力学行为。

本书适合作为有关复杂网络传播动力学领域专业人员的阅读参考材料和研究生学习的教材。

版权专有　侵权必究

图书在版编目（CIP）数据

复杂网络传播动力学模型分析与最优控制／魏晓丹等著. -- 北京：北京理工大学出版社，2025.3.
ISBN 978-7-5763-5227-6

Ⅰ. G206.2

中国国家版本馆 CIP 数据核字第 2025M5T480 号

责任编辑：张荣君	**文案编辑**：李　硕
责任校对：刘亚男	**责任印制**：李志强

出版发行　／　北京理工大学出版社有限责任公司
社　　址　／　北京市丰台区四合庄路 6 号
邮　　编　／　100070
电　　话　／　(010) 68914026（教材售后服务热线）
　　　　　　　(010) 63726648（课件资源服务热线）
网　　址　／　http://www.bitpress.com.cn

版 印 次　／　2025 年 3 月第 1 版第 1 次印刷
印　　刷　／　三河市华骏印务包装有限公司印刷
开　　本　／　710 mm×1000 mm　1/16
印　　张　／　10.5
字　　数　／　197 千字
定　　价　／　79.00 元

图书出现印装质量问题，请拨打售后服务热线，负责调换

前　言

复杂网络是研究复杂系统的定性和定量规律的一门交叉科学，特别是自 1998 年 *Nature* 上关于"小世界网络"和 1999 年 *Science* 上关于"无标度网络"的两篇惊世之作发表以来，复杂网络的理论和应用被提升到一个新的高度，正吸引着数学、物理、信息科学、生物学、经济学等领域中众多研究人员的关注和参与。艾滋病等传染病在社会网络中的传播，病毒在计算机网络上的蔓延，谣言在社会网络中的扩散等都可以看作服从某种规律的网络传播行为。数学模型在研究疾病、病毒、舆情等在网络上传播行为的过程中发挥着极为重要的作用。然而，传统的模型不能反映出网络的异质结构等重要信息。复杂网络理论为解决这一关键问题提供了强有力工具。

本书涉及复杂网络上传染病建模以及模型的稳定性分析、分支现象、最优控制、随机扰动等现实科学问题。本书是根据这些方面最新的代表性研究成果以及作者们的研究成果编写而成的，力求为读者提供复杂网络上传染病动力学的最新进展、研究方法及研究评论。本书主要介绍复杂网络上传染病动力学的历史背景和研究进展，异质网络结构下的传染病传播模型的定性分析、最优控制，以及随机干扰对疾病在网络上传播的影响等。而且，通过大量的数值实验也预测到了一些新现象。在编写过程中，注重定性分析的全面性和思想性以及理论研究的实用性。

本书整体结构设计和统稿由魏晓丹负责。第一章和第五章由魏晓丹负责编写；第二章和第三章由曲程远负责编写；第四章由梁建华负责编写；第六章由周文书负责编写。本书的参考文献由梁建华负责整理。

本书是在辽宁省重点研发项目（2023JH2/101300095）、广东省数学会委托项目和大连民族大学科研项目经费的资助下完成的，也得到了北京理工大学出版社的大力支持，在此表示诚挚的感谢。

由于编者水平有限，书中难免存在错误和疏漏之处，恳请读者批评指正。

编　者

目 录

第一章 绪论 ……………………………………………………………… (1)
 1.1 引言 ……………………………………………………………… (1)
 1.2 复杂网络简介 …………………………………………………… (3)
  1.2.1 复杂网络中的基本特征量 ………………………………… (3)
  1.2.2 典型的网络模型 …………………………………………… (5)
 1.3 几个重要的传染病数学模型 …………………………………… (7)
 1.4 复杂网络上传染病动力学研究概况 …………………………… (12)
 1.5 主要研究内容 …………………………………………………… (15)

第二章 复杂网络上具有非线性发生率的动力学模型 ………………… (18)
 2.1 引言 ……………………………………………………………… (18)
 2.2 预备引理 ………………………………………………………… (20)
 2.3 具有非单调发生率的动力学模型 ……………………………… (22)
  2.3.1 稳定性分析 ………………………………………………… (22)
  2.3.2 数值模拟 …………………………………………………… (28)
  2.3.3 本节小结 …………………………………………………… (30)
 2.4 具有反馈机制的动力学模型 …………………………………… (30)
  2.4.1 稳定性分析 ………………………………………………… (30)
  2.4.2 数值模拟 …………………………………………………… (36)
  2.4.3 本节小结 …………………………………………………… (38)
 2.5 本章小结 ………………………………………………………… (38)

第三章 复杂网络上具有出生和死亡的动力学模型 …………………… (39)
 3.1 引言 ……………………………………………………………… (39)
 3.2 具有出生和死亡的 SIS 动力学模型 …………………………… (41)

  3.2.1 解的性质 ……………………………………………………… (41)
  3.2.2 稳定性分析 …………………………………………………… (42)
  3.2.3 最优控制策略 ………………………………………………… (46)
  3.2.4 数值模拟 ……………………………………………………… (48)
  3.2.5 本节小结 ……………………………………………………… (51)
 3.3 具有出生和死亡的 SIRS 动力学模型 …………………………… (51)
  3.3.1 模型建立 ……………………………………………………… (51)
  3.3.2 模型分析 ……………………………………………………… (52)
  3.3.3 最优控制策略 ………………………………………………… (65)
  3.3.4 数值模拟 ……………………………………………………… (68)
  3.3.5 本节小结 ……………………………………………………… (70)
 3.4 本章小结 …………………………………………………………… (70)

第四章 复杂网络上带有隔离项和治疗项的动力学模型 ……………… (72)
 4.1 引言 ………………………………………………………………… (72)
 4.2 模型建立 …………………………………………………………… (72)
 4.3 模型分析 …………………………………………………………… (73)
  4.3.1 解的性质 ……………………………………………………… (74)
  4.3.2 稳定性分析 …………………………………………………… (75)
 4.4 最优控制策略 ……………………………………………………… (88)
 4.5 数值模拟 …………………………………………………………… (90)
 4.6 本章小结 …………………………………………………………… (93)

第五章 基于复杂网络的随机动力学模型 …………………………………… (95)
 5.1 引言 ………………………………………………………………… (95)
 5.2 预备知识 …………………………………………………………… (96)
  5.2.1 随机过程 ……………………………………………………… (96)
  5.2.2 随机微分方程 ………………………………………………… (97)
  5.2.3 平稳分布 ……………………………………………………… (98)
 5.3 死亡率系数受到扰动的情形 ……………………………………… (99)
  5.3.1 解的存在性及性质 …………………………………………… (99)
  5.3.2 阈值 ………………………………………………………… (102)
 5.4 确定性系统自身受到扰动的情形 ……………………………… (103)
  5.4.1 解的存在性及性质 ………………………………………… (104)
  5.4.2 灭绝性和持久性 …………………………………………… (104)
  5.4.3 平稳分布 …………………………………………………… (106)
 5.5 地方病平衡点受到扰动的情形 ………………………………… (108)
 5.6 数值模拟 ………………………………………………………… (111)

5.7 本章小结 …………………………………………………………（114）

第六章 复杂网络上带有饱和治疗函数的传染病传播模型…………（116）
  6.1 引言 ………………………………………………………………（116）
  6.2 分支现象 …………………………………………………………（119）
  6.3 持久性 ……………………………………………………………（120）
  6.4 地方病平衡点的多重性与唯一性 ………………………………（122）
  6.5 全局渐近稳定性 …………………………………………………（127）
  6.6 数值模拟 …………………………………………………………（134）
    6.6.1 关于系统（6.1.1）的数值例子 ……………………（134）
    6.6.2 关于系统（6.1.3）的数值例子 ……………………（138）
  6.7 本章引理 …………………………………………………………（145）
  6.8 本章小结 …………………………………………………………（146）

参考文献 ………………………………………………………………（147）

第一章
绪 论

1.1 引言

传染病如黑死病(black death)、艾滋病(acquired immune deficiency syndrome，AIDS)、严重急性呼吸综合征(severe acute respiratory syndrome，SARS)等一直威胁着人类的健康和公共安全。事实上，人类发展的历史就包含了人类与各种传染病的斗争史。例如，公元 1347—1352 年，席卷整个欧洲、近东和北非的大瘟疫——黑死病(腺鼠疫)，导致受影响地区有四分之一到超过一半的人口死亡，堪称人类有史以来遭受过的最严重的天灾[1]。AIDS 自 1981 年首次被发现，至今已经导致超过 4 000 万人死亡，我国自 1985 年首次发现 AIDS 病例，至今有超过 132.9 万人感染。SARS，这一源于我国并扩散至东南亚乃至全球的传染病，至今还是许多人的梦魇。类似于生物病毒，计算机病毒也具有自我繁殖、相互传染以及激活再生等生物病毒特征，当被激活后便会感染其他程序，对计算机资源的破坏极大，是人为制造且极具传染力的灾难性病毒。总之，人类正面临着一些曾经几近灭绝的传染病又死灰复燃，而新的传染病又不时出现的严峻形势。

数学模型在研究传染病的传播过程中发挥着重要的作用，其经典理论认为：只要将感染率控制在一定的阈值之下，传染病的传播就可以得到有效控制。然而，传统的传染病模型假设种群是均匀混合的，这意味着种群中任意两个个体接触的概率是均等的，这显然不能完全反映传染病传播的现实特征。例如，AIDS 和 SARS 的传播模式就是异质的[2-3]；有些病毒如"爱虫""木马"等能够在计算机网络中长期存在，稍作更新变种便有"星火燎原"之势，而没有一种杀毒软件可以使其绝迹，对此经典理论已无法解释。实际上，传染病在人群中的传播、病毒在网络上的蔓延、谣言在社会中的扩散等都可以看作服从某种规律的网络传播行为。因此，研究网络结构对于传播行为的影响自然就成为一个十分重要的课题。复杂网络理论是解决这一重要课题的强有力工具。作为一个跨学科的新兴领域，复杂网络以其理论的深刻性和应用的普适性，正成为解释、描述和研究复杂系统最合适的模型和手段。特别是自 1998 年 Nature 杂志上关于"小世界网络"[4]和 1999 年 Science 杂志上关于"无标度网络"[5]的两篇惊世之作发表以来，复杂网络的理论和应用被提升到一个新的高度，开启了网络研究的新纪元。

所谓网络，就是具有一定特征和功能的一个群体，其中的每个个体都具有自己的动力学特性，而个体间存在着相互关联和影响。从数学上看，网络可用图的概念来描述：每个节点代表一个个体，边用来描述节点间的相互关联。复杂网络就是具有海量节点和复杂的连接拓扑结构的网络。钱学森先生认为复杂网络是具有自组织、自相似、吸引子、小世界、无标度中部分或全部性质的网络。Internet、WWW(world wide web，万维网)、社会网络、人体细胞代谢网络、通信网络、神经网络、科研合作网络、交通网络、电力网络等大量的实际网络，都具有小世界和无标度特性。最近几年在很多城市轰轰烈烈开展的智慧城市建设，就涉及通信网络、交通网络、电力网络等各类复杂动态网络之间的交互。经过近二十年的发展，复杂网络理论在网络结构分析和建模、网络上的传播动力学、网络结构与网络动力学关系等诸多方面取得了一系列标志性成果，吸引着数学、物理、信息科学、工程、生物学、经济学、社会学等领域中众多研究人员的关注和参与。"世界大网络，网络小世界"，网络思维的方式正逐渐深入人心。

复杂网络上的动力学主要包括传播动力学、同步、演化博弈、鲁棒性等。其中，复杂网络上的传播动力学主要研究社会和自然界中各种复杂网络的传播机理、动力学行为以及对这些行为高效可行的控制方法。传染病在复杂网络上的传播理论近些年来取得了巨大成功，原因是传染病传播的速度很快，对社会的影响非常大，从而引起了全社会的极大关注，如人类社会中的 SARS、AIDS 等。然而，由于网络结构和传播机理的复杂性，基于复杂网络的传播动力学与控制策略的研究仍处于探索阶段。例如，传染病在社会网络中的传播行为与被感染个体的多少、易感染个体数目、传染概率大小以及人口的迁入和迁出等因素密切相关，也可能受到种群的各种行为以及无处不在的各种随机干扰等因素的影响；又如，病毒在计算机网络上的传播行为与计算机在线时间长短、病毒的传播方式、不同计算机抵抗病毒的能力的差异等有紧密联系。

认识和研究复杂网络上的动力学能够帮助我们解决一系列重要问题，包括阻止致命流行病的传播、防止黑客侵入互联网、开发更好的药物等。复杂网络上的动力学中还有很多问题值得深入研究，还有很大的一个值得继续探索的空间。

1.2　复杂网络简介

网络的研究可以追溯到 18 世纪伟大的数学家欧拉对哥尼斯堡七桥问题的研究(图 1.2.1)。1960 年，两位匈牙利数学家 Erdös 和 Rényi 提出了随机图理论[6]，被公认为是在数学上开创了复杂网络理论的系统性研究。20 世纪末，小世界和无标度网络模型的提出，打破了人们习惯性地用随机图来描述现实中复杂网络的思维，确立了复杂网络研究的里程碑。许多实际网络如 Internet、WWW、E-mail 网络、电力网络、交通网络、生物神经网络、蛋白质交互网络、科研合作网络、社会网络等，尽管看上去不太相同，但实际上却有着惊人的相似之处，概括如下。

(1) 网络规模庞大：反映在图上的是海量的节点和边。
(2) 稀疏性：实际网络的边数通常是节点数的线性阶。
(3) 小世界特性：较小的平均最短路径、较大的聚类系数度分布(近似服从泊松分布)。
(4) 无标度特性：网络中大部分节点只有少数的连接，而少数节点却拥有大量的连接，度分布为幂律分布，这是最引人关注的特征。

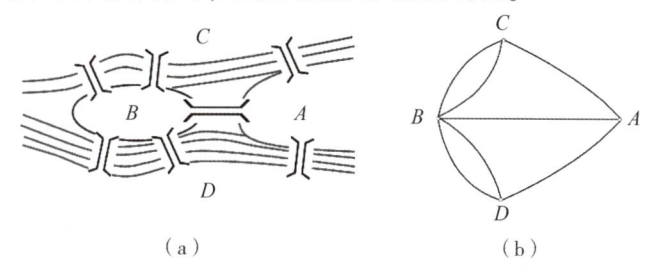

图 1.2.1　哥尼斯堡七桥问题与欧拉图
(a) 哥尼斯堡七桥问题；(b) 欧拉图

下面就复杂网络中的基本特征量和典型的网络模型进行简要介绍[7-9]。

1.2.1　复杂网络中的基本特征量

1. 节点的度和度分布(以下假设网络的节点数是 N)

度——网络中节点 i 的度 k_i 定义为与节点直接相连的边的数目，度是刻画单个节点属性的重要的概念之一。网络中所有节点的度的平均值称为网络的平均度，记为 $\langle k \rangle$，即 $\langle k \rangle = \sum_{i=1}^{n} k_i / N$。网络节点的平均度与网络边数 M 之间的关系是 $2M = N\langle k \rangle$。

度分布——在很多网络中，并不是所有的节点都具有相同的度。实验结果表明，大多数实际网络中节点的度服从一定的概率分布。度分布的概念直观地反映了网络中度为 i 的节点在整个网络中所占的比例。网络中度为 i 的节点的度分布是指网络中随机挑选的一个节点的度为 i 的概率，一般用 $P(i)$ 表示。

规则网络的度分布函数为 Delta 函数，而 ER 随机网络和 WS 小世界网络的度分布都近似服从泊松分布，称这类网络为均匀网络。大量的统计实验数据表明，大多数实际网络的度分布并不服从泊松分布，特别是那些规模巨大的网络，如 Internet、WWW、蛋白质交互网络等，它们的度分布 $P(i) = \alpha i^{-\gamma}$。具有这种度分布形式的网络称为无标度网络。如果一个函数 $f(x)$ 是无标度的，那么它具有如下性质：对任意给定的常数 a，存在一个常数 b，使 $f(ax) = bf(x)$ 成立。而幂律函数正是唯一具有这种性质的函数，这表明幂律度分布的网络没有明显的特征标度，因而称之为无标度网络。对于许多实际的大规模无标度网络，通常其幂指数 $\gamma \in [2,3]$。无标度网络有时也称为异质网络。

2. 网络的直径与平均路径长度

网络中两个节点 i 和 j 之间的最短路径是指连接两个节点的边数最少的路径，也称为测地路径。节点 i 和 j 之间的距离 d_{ij} 定义为连接两个节点的最短路径上的边的数目。网络的直径定义为网络中任意两个节点之间的距离的最大值，记为 D，即 $D = \max\{d_{ij}\}$。

网络的平均路径长度定义为任意两个节点之间的距离的平均值，即

$$L = \frac{2}{N(N-2)} \sum d_{ij}$$

3. 聚类系数

近年来，大量的实证研究发现大多数实际网络都具有一个共同的特性——聚类特性，这种特性在社会网络中表现得尤其明显：你的朋友圈或熟人圈中的两个朋友很可能彼此也是朋友，这种可能性的大小反映了你的朋友圈的紧密程度。我们可以用你的聚类系数来定量刻画你的任意两个朋友之间也互为朋友的概率。

考虑一个节点数为 N 的网络。假设 k_i 和 E_i 分别为网络中节点 i 的度和 k_i 个相邻节点之间实际存在的边数。网络中一个度为 k_i 的节点 i 的聚类系数 C_i 定义为

$$C_i = \frac{2E_i}{k_i(k_i - 2)}$$

整个网络的聚类系数 C 定义为网络中所有节点的聚类系数的平均值，即

$$C = \frac{1}{N} \sum_{i=1}^{N} C_i$$

在有些文献中，聚类系数也称为集聚系数。

4. 其他特征

鲁棒性、脆弱性、介数、度与聚类系数的相关性等。

1.2.2 典型的网络模型

1. 规则网络

规则网络是按照一定的规则人为构造的网络模型，常见的规则网络如下。

(1)全局耦合网络：任意两个节点间都直接相连接的网络。在具有相同节点数的所有网络中，全局耦合网络具有最多的边数、最大的聚类系数和最小的平均路径长度。

(2)最近邻耦合网络：每一个节点只和它周围的邻居节点相连接的网络。最近邻耦合网络具有大聚类系数，它的平均路径长度随节点数呈线性增长，是一类稀疏的规则网络。

(3)星形耦合网络：具有一个中心节点而其他节点都只与这个中心节点相连接的网络(这些节点彼此之间不相连接)。星形耦合网络的聚类系数是零，而平均路径长度当节点数足够多时接近于 2。

2. 随机网络

两位匈牙利数学家 Erdös 和 Rényi 于 1960 年提出了随机图理论[6]，用相对简单的随机图来描述网络，简称 ER 随机图理论。在随后的近半个世纪，ER 随机图理论一直是用来研究真实网络最有力的工具。随机网络是指在由 N 个节点构成的图中以概率 P 随机连接任意两个节点而成的网络。他们系统地研究了当节点数 N 足够大时 ER 随机图的性质与概率 P 之间的关系，发现 ER 随机图具有涌现或相变性质：对于每个给定的概率 P，随着网络规模的增长，要么几乎所有的随机图都具有某种性质，要么几乎每个随机图都不具有该性质。随机网络理论有一项重要预测：尽管连接是随机安置的，但由此形成的网络却是高度民主的，也就是说，绝大部分节点的连接数目会大致相同。实际上，随机网络中节点的分布近似服从泊松分布，连接数目比平均数高许多或低许多的节点，都十分罕见。有时随机网络也称作指数网络，因为一个节点连接 k 个其他节点的概率，会随着 k 值的增大而呈指数递减。随机网络典型的特征是具有小世界特性，但大规模随机网络不具有聚类特性。

3. 小世界网络

无论是规则网络还是随机网络都不是实际网络，原因是实际网络既有某种规则性，又有某种随机性。我们自然要问：是否可以建立一个同时具有这两种性质的简单模型呢？1998 年，Watts 和 Strogatz 在 Nature 杂志上发表了题为《"小世界"网络的群体动力学》[4]的文章，他们推广了"六度分离"[10]的科学假设，提出了小世界网络模型，现在也称为 WS 小世界网络模型，其构造方法如下。

(1)从一个具有 N 个节点且每个节点有偶数个近邻节点的最近邻耦合网络开始。

(2)以概率 P 随机地重连网络中的每条边，需保证节点没有自连接以及两个节点间没有重复连接。通过改变概率 P 的值，可以实现从规则网络（$P=0$）到随机网络（$P=1$）的转变，如图 1.2.2 所示。

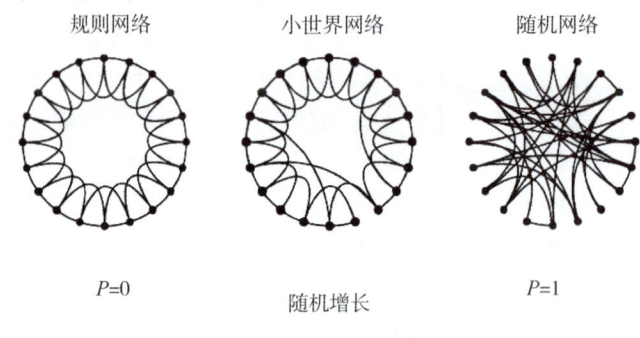

规则网络　　　　小世界网络　　　　随机网络

$P=0$　　　　随机增长　　　　$P=1$

图 1.2.2　小世界网络[4]

在 WS 小世界网络模型中，随机化重连的过程可能会破坏整个网络的连通性，Newman 和 Watts[11]用随机化加边代替随机化重连的方法解决了这个问题，提出了 NW 小世界网络模型。研究表明：当 P 较小而 N 足够大时，NW 小世界网络模型具有与 WS 小世界网络模型一样的特性。

4. 无标度网络

最近邻耦合网络的度分布为 Delta 函数，而 ER 随机网络和 WS 小世界网络的度分布近似服从泊松分布。然而，大量的实证研究表明，许多实际网络如 Internet、WWW、蛋白质交互网络、电力网络、某些社会网络等都呈现幂律分布。为了解释这种幂律分布，1999 年，Barabási 和 Albert 在 *Science* 杂志上发表了题为《随机网络中标度的涌现》[5]的文章，提出了无标度网络模型，现在称为 BA 无标度网络模型，这是继 WS 小世界网络模型提出之后在复杂网络研究领域的又一个里程碑。BA 无标度网络模型具有两个明显的特性：增长和优先连接，增长指的是网络的规模是不断扩大的，而优先连接指的是新的节点更倾向于与那些具有较大连接度的 Hub 节点相连接，其构造方法如下。

(1) 增长：从一个具有 m_0 个节点的连通网络开始，每次加入一个新的节点并且连接到 m 个已存在的节点上，这里 $m \leq m_0$。

(2) 优先连接：一个新节点与一个已经存在的节点 i 相连接的概率 Π_i 正比于节点 i 的度 k_i，即

$$\Pi_i = k_i \Big/ \sum_{i=1}^{n} k_i$$

无标度网络（图 1.2.3）具有强烈的异质性，其各节点之间的连接状况（度数）具有严重的不均匀分布性：网络中大部分节点只有少数的连接，而少数节点却拥有大量的连接。这些少数 Hub 节点对无标度网络的运行起着主导作用，这种现象

也称为"富者更富"现象。例如，谷歌、新浪、百度等知名网站有很多连接，而大多数网站的连接却比较少。上文提到的 Erdös 就是科研合作网络中的"富者"。BA 无标度网络所具有的异质性使其面临意外故障时具有惊人的承受力，表现出很强的鲁棒性，但也使其在遭遇针对核心节点的蓄意攻击时往往不堪一击，表现出很脆弱的一面，这是无标度网络的"软肋"。因此，为了避免因恶意攻击带来网络的大规模被破坏，最有效的办法就是保护好那些拥有大量连接的节点。BA 无标度网络还具有如下特征。

（1）平均路径长度 $L \propto \ln N/\ln(\ln N)$，这表明 BA 无标度网络具有小世界特征。

（2）当网络规模充分大时，BA 无标度网络并不具备明显的聚类特性。

（3）节点具有度为 i 的概率 $P(i) \propto i^{-3}$。

图 1.2.3 所示无标度网络表示酵母菌体内蛋白质的交互作用。

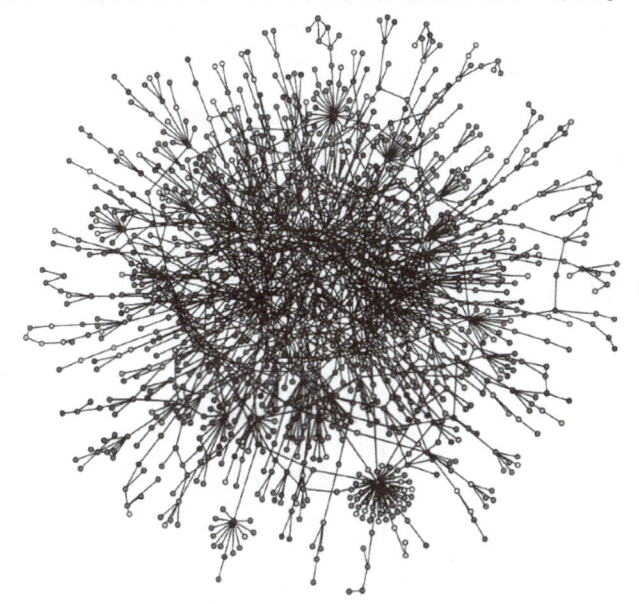

图 1.2.3　无标度网络[12]

1.3　几个重要的传染病数学模型

传染病传播是一个极其复杂的过程，对有些传染病，人们具有免疫力，感染一次就会有抗体，如麻疹，而对另一些传染病就可能没有免疫力，可以被反复感染，如肺结核。目前，对传染病的研究方法主要有四种：描述性研究、分析性研究、实验性研究和理论性研究。传染病动力学是对传染病进行理论性定量研究的一种重要方法，它根据种群生长的特性，传染病发生及在种群内的传播、发展规律，以及与之相关的社会因素等，建立能反映传染病动力学特征的数学模型，通过对模型动力学形态的定性、定量分析和数值模拟，寻求对传染病进行预防和控制的最优策略。与传统的统计方法相比，动力学方法能更好地从传染病的传播机理方面来反映其传播规律，能使人们了解传染病传播过程中的一些全局性态。为此，需要采用不同的数学模型来表征不同的传播规律，这些模型也是复杂网络传播动力学研究的基础。

传染病数学模型包括确定性模型和随机模型。确定性模型研究可追溯到1760年瑞士数学家 Bernoulli 关于天花的研究，但直到 20 世纪传染病模型才得到真正意义上的发展，这其中最著名的是 Kermack 和 McKendrick[13-14]于 1927 年和 1932 年先后建立的 SIR 仓室模型和 SIS 仓室模型，由此他们创立了仓室传染病数学模型理论，直至今日仍然被广泛使用和发展着。在仓室模型中，人群划分主要有三类：易感者(susceptiblcs)类，其数量记为 $S(t)$，表示 t 时刻未感染但有可能被该类传染病传染的数量；染病者(infectives)类，其数量记为 $I(t)$，表示 t 时刻已被感染且具有传染性的数量；移出者(removcdl)类，其数量记为 $R(t)$，表示 t 时刻从染病者类移出的数量。当考虑采取隔离措施时，还可引入隔离者(quarantine)类，其数量记为 $Q(t)$，表示 t 时刻染病者类中被隔离的数量。下面就一些重要且典型的数学模型进行简单的介绍[7,15]。

1. SIR 模型

SIR 模型适合描述流感、麻疹、水痘等通过病毒传播的传染病，人们对这类传染病在康复后具有免疫力。SIR 模型的动力学行为可用如下微分方程组来描述：

$$\begin{cases} \dfrac{dS}{dt} = -\beta SI \\ \dfrac{dI}{dt} = \beta SI - \gamma I \\ \dfrac{dR}{dt} = \gamma I \end{cases}$$

式中，β、γ 分别为传染率、移出率。易见，总人口数 $N = S + I + R$ 是常数，而且其动力学行为与第三个方程无关。该模型存在一个传播阈值 β_c，当 $\beta < \beta_c$ 时传染病不能传播，而当 $\beta > \beta_c$ 时传染病爆发且是全局的。

2. SIS 模型

SIS 模型适合描述脑炎、淋病等通过细菌传播的传染病，人们对这类传染病不具有免疫力，可以被再次感染。SIS 模型的动力学行为可用如下微分方程组来描述：

$$\begin{cases} \dfrac{dS}{dt} = -\beta SI + \gamma I \\ \dfrac{dI}{dt} = \beta SI - \gamma I \end{cases}$$

易见，总人口数 $N = S + I$ 是常数。该模型存在一个区分传染病流行与否的阈值 R_0，当 $R_0 < 1$ 时，传染病逐渐灭绝；而当 $R_0 > 1$ 时，传染病流行而导致地方病产生。

3. 具有出生和死亡的 SIRS 模型

上述两个模型的总人口数都是常数，这种假设仅在传染病传播速度很快且流行时间较短，短期内没有出生和死亡或出生率和死亡率相互平衡的情况下才是成立的。然而，当传染病流行时间较长时，总人口数会发生变化，这是应当要考虑的因素。考虑到出生和死亡因素的一个重要模型是如下的 SIRS 模型：

$$\begin{cases} \dfrac{dS}{dt} = A - dS - \beta SI + \delta R \\ \dfrac{dI}{dt} = \beta SI - \gamma I - dI - \alpha I \\ \dfrac{dR}{dt} = \gamma I - dR - \delta R \end{cases}$$

式中，d 是自然死亡率系数；α 是因病死亡率系数；δ 是失去免疫力系数；A 是常数输入率。该模型的总人口数 N 满足如下方程：

$$\dfrac{dN}{dt} = A - dN - \alpha I$$

SIRS 模型总存在无病平衡点，而且当基本再生数 $R_0 > 1$ 时，还存在地方病平衡点。已有结果表明：当 $R_0 < 1$ 时无病平衡点是全局渐近稳定的，而当 $R_0 > 1$ 时无病平衡点是不稳定的，但地方病平衡点是全局渐近稳定的[15]。

4. 具有隔离项的 SIQS 模型

对于 SARS 这样传染能力很强的传染病，通过采取隔离措施会非常有效地控制它的流行。在上述 SIS 模型的基础上，考虑到出生和死亡的因素，并引入隔离者类 Q，则得到如下的 SIQS 模型：

$$\begin{cases} \dfrac{dS}{dt} = A - dS - \beta SI + \gamma I + \varepsilon Q \\ \dfrac{dI}{dt} = \beta SI - \gamma I - dI - \alpha I - \sigma I \\ \dfrac{dQ}{dt} = \sigma I - dQ - \alpha Q - \varepsilon Q \end{cases}$$

式中，σ 是隔离率系数。该模型的总人口数 N 满足如下方程：

$$\dfrac{dN}{dt} = A - dN - \alpha(I + Q)$$

这个模型存在无病平衡点，而且当基本再生数 $R_0 > 1$ 时，还存在地方病平衡点。文献[15]证明了：当 $R_0 < 1$ 时无病平衡点是全局渐近稳定的，而当 $R_0 > 1$

时无病平衡点是不稳定的，但地方病平衡点是全局渐近稳定的。

基于仓室模型的建模思想，后来陆续建立了 SEIR、SEIRS、MSEIR、SIQRS、SISV、STD 等模型。近年来，复杂网络研究的热潮使这些模型的应用领域得到了进一步的扩大。例如，依靠这些数学模型可以研究复杂网络上的流言传播、计算机病毒在计算机网络上的蔓延等[16]。

5. 带有饱和治疗函数的 SIR 模型

当一种传染病爆发时，如果染病者被延迟治疗，那么治疗效率将受到严重影响，这将导致被感染的人数上升。然而，无论是一个国家还是一个城市，它的医疗资源都是有限的，因此，随着被感染人数的上升，治疗能力将达到一个饱和水平。在经典 SIR 模型中引入饱和治疗函数可模拟这一现象：

$$\begin{cases} \dfrac{dS}{dt} = A - \beta SI - dS \\ \dfrac{dI}{dt} = \beta SI - (d + \varepsilon + \mu)I - \dfrac{rI}{1+\alpha I} \\ \dfrac{dR}{dt} = \mu I + \dfrac{rI}{1+\alpha I} - dR \end{cases}$$

式中，参数 A、d、ε 和 μ 分别表示人口的死亡率、自然死亡率、传染病相关死亡率和染病个体的自然恢复率(简称恢复率)。函数 $h(i) = \dfrac{rI}{1+\alpha I}$ 称为饱和治疗函数，其中参数 r 表示治疗率，参数 $\alpha \geq 0$ 表示染病个体受延迟治疗的影响程度。此模型在 $R_0 = 1$ 处会出现向后分叉，这里 $R_0 = \dfrac{\beta A}{d(d+r+\varepsilon+\mu)}$ 是基本再生数。

6. 随机传染病模型

上述提到的传染病模型都属于确定性模型，在建立传染病动力学模型时通常首先考虑的都是这类模型。自然界中不确定性和随机因素无时不在、无处不在，因此传染病在网络上的传播过程难免会受到随机噪声的影响。确定性模型由于未考虑随机因素，因而不能精确描述传染病传播的过程。实际上，传染病传播随时间的变化应该是一个随机过程，因此用随机模型来描述传染病传播过程在某种程度上更好一些。随机模型是通过对模型随机形态的定性、定量分析和数值模拟，来显示传染病的发展过程和流行规律，分析传染病流行的原因和关键因素，寻求对其进行预防和控制的最优策略。例如，为了模拟性传播传染病在随机环境中的传播行为，Gray[17]等提出了下面的随机 SIS 模型：

$$\begin{cases} dS = (\eta N - \beta SI - \eta S + \xi I)dt - \sigma SIdB \\ dI = (\beta SI - \eta I - \xi I)dt + \sigma SIdB \end{cases}$$

式中，N 为人口总数；B 为个体 Brown 运动(Wiener 过程)；σ^2 是白噪声的强度；β 是传染率；η 是自然死亡率系数；ξ 是治愈率。

确定性传染病模型与随机传染病模型之间有明显不同。例如，确定性传染病模型通常有严格的阈值来区分传染病是否流行；而随机传染病模型所得的结果则是传染病流行的概率和传染病灭绝的平均时间。然而，使用随机模型来研究传染病的文献要少得多[18]。

7. 均匀网络上的 SIS 传染病模型

这里着重介绍由 Pastor-Satorras 和 Vespignani[19,22] 提出的均匀网络上的 SIS 模型。此处用 $\rho(t)$ 和 ρ 分别表示 t 时刻感染个体的密度和 t 趋于无穷大时感染个体的稳态密度。均匀网络(如 ER 随机网络、WS 小世界网络)的度分布在网络平均度 $\langle k \rangle$ 处有个尖峰，而在其两侧呈指数下降，因此假设均匀网络中每个节点的度都近似于 $\langle k \rangle$。不失一般性，可假设感染个体再次变为易感个体的速率 $\gamma = 1$。这样，基于平均场理论，当网络规模趋于无穷大时，通过忽略不同节点之间的关联性，可得到如下反应方程：

$$\frac{d\rho(t)}{dt} = -\rho(t) + \lambda \langle k \rangle (1 - \rho(t))\rho$$

式中，λ 为传染率，其稳态密度 ρ 可表示如下：

$$\rho = \begin{cases} 0, & \lambda < \lambda_c \\ \dfrac{\lambda - \lambda_c}{\lambda}, & \lambda > \lambda_c \end{cases}$$

式中，$\lambda_c = \langle k \rangle^{-1}$ 为传播临界值。这说明，类似于经典的完全混合假设，在均匀网络中存在一个正的传播阈值 λ_c：如果传染率 $\lambda < \lambda_c$，那么感染个体呈指数衰减；而如果 $\lambda > \lambda_c$，病毒持续存在，并且整个网络的感染个体总数最终稳定在一个平衡状态。

8. 非均匀网络上的 SIS 传染病模型

这里着重介绍由 Pastor-Satorras 和 Vespignani[19,22] 利用平均场近似方法提出的无标度网络上的 SIS 模型。考虑节点的度具有明显区别的非均匀网络，这需要对不同度值的节点进行不同的处理。定义相对密度 $P(i)$ 为度为 i 的节点被感染的概率，考虑到单位恢复速率并忽略高阶项，则与 SIS 模型对应的平均场方程为

$$\rho'_k(t) = -\rho_k(t) + \lambda k (1 - \rho_k(t))\Theta(t)$$

式中，ρ_k 为网络中度为 k 的染病者节点的密度；Θ 为健康节点通过任意一条边与一个染病者节点相连接的概率；$P(k)$ 为度分布。通过数学分析，可得到非均匀网络的传播临界值 $\lambda_c = \langle k \rangle / \langle k^2 \rangle$，其中 $\langle k^2 \rangle = \sum_{k=1}^{n} k^2 P(k)$ 为二阶矩。对于幂指数属于区间 [2, 3] 的具有幂律分布的无标度网络，当网络规模 N 趋于无穷大时，二阶矩 $\langle k^2 \rangle$ 趋于零，而一阶矩 $\langle k \rangle$ 有限，所以 $\lambda_c \to 0$，即传播阈值趋于零，而不是均匀网络所对应的一个有限正值。这表明，在规模趋于无穷大的无标度网络

中，只要传染率大于零，病毒就能传播并最终稳定在一个平衡状态。

1.4 复杂网络上传染病动力学研究概况

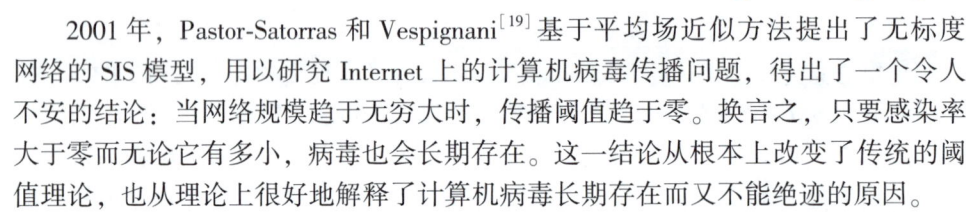

2001 年，Pastor-Satorras 和 Vespignani[19]基于平均场近似方法提出了无标度网络的 SIS 模型，用以研究 Internet 上的计算机病毒传播问题，得出了一个令人不安的结论：当网络规模趋于无穷大时，传播阈值趋于零。换言之，只要感染率大于零而无论它有多小，病毒也会长期存在。这一结论从根本上改变了传统的阈值理论，也从理论上很好地解释了计算机病毒长期存在而又不能绝迹的原因。

自他们的开篇工作之后，复杂网络上的传播动力学吸引了众多研究人员的广泛关注。研究发现，无标度网络上的 SIR 模型也不存在传播阈值[20]。May 和 Lioyd[21]证明了这种无阈值现象实为无标度网络连通性分布极端异质性的结果。Pastor-Satorras 和 Vespignani[22]研究了具有有限规模的无标度网络上的传染病传播问题，得到了非零传播阈值的解析结果。他们还发现，即使网络规模相对较小，得到的阈值仍远小于均匀网络上模型的阈值。Eguiluz 和 Klemm[23]研究了一个具有高度集群性和某种程度关联特性的无标度网络模型，结果发现传播阈值比之前的研究结果有所增大，表明网络的高集群性对传染病在网络上的传播有抑制作用。Moreno 和 Vazquez[24]在对具有节点按照一定比例失去边的惰性无标度网络的 SIS 和 SIR 传染病模型的研究中发现，当幂指数在区间[2,3]内时，传播阈值依赖染病者的初始密度。

针对无标度网络上的 SIS 传染病模型，Pastor-Satorras 和 Vespignani[25]提出了一致免疫策略和优化免疫策略。Cohen 和 Havlin 等[26]提出了熟人免疫策略。后来，Gallos 和 Liljeros 等[27]在熟人免疫策略的基础上提出了一个新的免疫策略。Newman[28]在 *SIAM Review* 上综述了 2003 年之前有关复杂网络上的传染病研究进展。Olinky 和 Stone[29]考虑了无标度网络上每条边实际被占有的概率而建立了新的传染病模型。Barthelemy 和 Barrat 等[30]研究了异质网络上传染病爆发的斑图。Yang 和 Wang 等[31]提出了一个在异质网络上改进了的 SIR 传染病模型，发现恢复个体呈现阈值行为。Zhou 和 Liu 等[32]建立了无标度网络上染病者具有常数接触率的 SI 模型。Piccardi 和 Casagrandi[33]针对一些非线性传染率，指出了无标度网络上对一些特定参数会出现鞍点分支的现象，因而传染病更不易流行。Shi 和 Duan 等[34]研究了传染病通过传染媒介传播的动力学模型的免疫策略，结果表明：免疫阈值既与网络结构有关，也与传播途径有关。Zhang 和 Fu[35]提出了一个在异质网络上改进了的 SIR 传染病模型，发现了一些与之前所有研究完全不同的新结果。Castellano 和 Pastor-Satorras[36]提出了一个 SIS 淬火模型，发现传播阈值趋于零与网络的无标度性质无关，而是由当网络规模趋于无穷大时最大度值发散造成的。Liu 和 Ruan 等[37]以及 Lou 和 Ruggeri[38]建立了无标度网络上的性传播传染病模型，分析了平衡点的全局稳定性。Jin 和 Zhang 等[39]利用无标度网络上的节点动力学模型，研究了我国甲型 H1N1 流感的传播特征，发现针对特定群体采取目标免疫策略能更好地控制传染病的流行。Yang 等[40]提出了复杂网络上的计算机病毒传播模型，发现较高的网络异质性有利于计算机病毒的扩散，而且病毒更容易在具有较低幂律指数的无标度网络上传播。关于这个模型的进一步研究见 Wang 和 Cao 的工作[41]。Peng 和 Xu 等[42]研究了不同网络上传染病的接种策略。Wei 和 Chen 等[43]提出了一个多重网络上的传播模型，并用其来描述病毒合作传播的过程，其中病毒在一层内的传播可以渗透到另一层。结果表明：病毒在多重网络上通过合作传播提高了最终受感染的比例。李睿琪等[44]综述了复杂网络上的流行病模型传播阈值的理论解析方法。

许多描述传染病在复杂网络上传播规律的模型均假设种群总数是固定不变的。然而，出生和死亡会使种群数量发生变化，甚至能改变网络的结构。因此，研究具有出生和死亡的动力学模型具有重要的现实意义。Liu 和 Tang 等[45]利用空格子理论首次提出了无标度网络上具有出生和死亡的 SIS 传播模型。如所期望的一样，该模型同样不存在阈值。随后，他们的研究方法被用来研究其他考虑出生和死亡的模型[46-50]。例如，Zhang 和 Jin[46]研究了关联网络上的 SIS 传染病模型，求出了基本再生数，并从数值角度比较了各种免疫策略的效果。Jin 和 Sun 等[47]提出了一个动态网络上具有出生和死亡的 SIS 模型，重点分析了人口动力学对传染病传播的影响。

在传染病模型中，发生率一般具有双线性形式 λSI（λ 是传染率，S 和 I 分别表示易感者和染病者的数量或概率）。这种形式的发生率由于其简单实用性，在很多传染病模型中被普遍采用，复杂网络上建立的大多数传播模型就属于这一类。然而，当传染风险增加时，人们会自觉减少与他人的接触，从而使发生率降低，这样双线性形式的发生率就不再符合实际了，这时非线性发生率在传染病传播过程中就是不可忽视的。Gong 和 Zhang[51]提出在复杂网络上用 SIS 模型来研究反馈机制的作用。研究发现，虽然反馈机制不影响传播阈值，但是会减小传染病传播的规模，很好地模拟了当传染病来袭时人们的心理反应。这之后，Zhang 和 Sun[52-53]以及 Li 和 Liu 等[54-55]采用其他模型研究了反馈机制的作用，Li[56]采用与之前不同的非单调发生率研究了类似问题，并得到了相似的结果。Lin[57]提出了非均匀网络上的非线性传播模型，并研究了平衡点的稳定性和分叉。结果表明：虽然模型的基本再生数与非线性发生率无关，但平衡点的动力学行为却与其密切关联。

当传染病流行时，通常要采取控制措施，如对易感者实施预防接种或对染病者实施隔离。隔离措施已在天花、肺结核、SARS、AIDS、H7N9 等传染病防控中发挥了重要作用。关于传统具有隔离项的传播模型的研究取得了很多成果。例如，Hethcote 和 Ma 等[58]研究了具有隔离项的 SIQS 模型和 SIQR 模型，从理论上证实了隔离措施的有效性。Mishra 和 Jha[59]提出了计算机病毒在网络上传播的 SEIQRS 模型，发现当节点受到攻击而感染时，如果能及时地采取隔离措施，就能够减少平均传染周期，从而使病毒不能在网络上传播。Li、Wang 和 Guan[60]提出了无标度网络上只有隔离项的 SIQRS 模型，求出的传播阈值与网络规模和隔离率有重要关联，而且提高隔离率会减少染病者数量。考虑出生和死亡的情况，Huang、Chen F 和 Chen L[61]建立了一个新的在复杂网络上具有隔离项的 SIQRS 模型，研究结果表明：隔离比接种能更有效地控制传染病的流行。Kang、Liu 和 Fu[62]提出了无标度网络上隔离率依赖度值的 SEIOR 传染病模型，并研究了模型的动力学行为。最优控制也常被用于传染病模型的研究[63]，Hethcote 和 Waltman[64]早在 1973 年就曾用动力学方法找到了控制传染病流行费用的最优接种控制策略。Longini 和 Ackerman 等[65]在亚洲流感接种资源有限的情况下确定了接种的最佳年龄。Zaman 和 Kang 等[66]建立了具有预防接种的 SIR 传染病模型，并提出了最优接种控制策略。他们的研究结果表明：病毒性传染病需要较长时间治疗方能有效，而细菌性传染病在短时间内即可痊愈。Buonomo 和 Lacitignola 等[67]提出了具有不完全接种和有效治疗的 SVI 模型的控制策略，数值模拟显示该策略有效地减少了干预成本。关于传统的传染病模型最优控制策略的研究非常丰富[68,69]，但针对复杂网络上传播模型的最优控制策略研究却不多见。Chen 和 Sun[70]首次提出了一种基于异质网络的 SIRS 传播模型，建立了最优接种控制策略。在他们的另一篇论文中还考虑了治疗控制[71]，数值结果显示该策略比常值控制策略更有效。

治疗是控制传染病传播的一个重要手段，在经典的 SIR 模型中，治疗函数是一个线性函数。然而，实际生活中每一个地区的医疗资源都是有限的，当染病者数量较大时，医疗资源将达到饱和，因此引入非线性治疗函数尤为必要。Wang 等[72]引入了分段饱和治疗函数，Zhang 和 Liu[73]通过引入一个描述染病者治疗被延误的影响程度的参数，构造了一个非线性饱和治疗函数。基于文献[73-74]中所考虑的非线性饱和治疗函数，Huang 和 Li[75]以及 Li 和 Yousef[76]分别提出了复杂网络上带饱和治疗函数的 SIS 模型和 SIR 模型，并研究了模型的动力学行为，如分支现象。数值实验也预测到了多个地方病平衡点的存在性。后来，Wei 等[77-78]从理论上证明了这些数值结果。

对于传播模型的研究，人们通常关心的主要问题包括传播阈值的表达式，平衡点和周期解的稳定性，系统的持久性以及控制和预防策略等。平衡点的稳定性一直是理论研究的热点和难点。复杂网络上的传染病模型多由高维方程组来描述，方程间的高度耦合性使稳定性研究更为困难。例如，Pastor-Satorras 和 Vespignani 早在 2001 年就在研究有限规模网络上计算机病毒传播的过程中指出：如果传染率超过传播阈值，那么病毒会在网络上长期存在。但是，他们并没有正面回答模型的解最终是否会趋于稳态。直到十年后，才由 Wang 和 Dai[79-80]以及

d'Onofrio[81]通过严格的数学分析加以解决。此后，人们开始重视研究基于复杂网络的动力学模型的稳定性问题，并已取得丰富成果[49,82-103]。

像淋病、艾滋病等传染病都有潜伏期，可以用时滞来模拟这种现象。Liu[104]把 Cooke 和 Yorke[105]研究淋病时提出的时滞 SIS 模型推广到了无标度网络上，研究了传染病的灭绝性和持久性。Wang 等[106]研究了复杂网络上具有出生和死亡的时滞 SIR 传播模型，讨论了平衡点的稳定性。Kang 等[107-108]建立了基于复杂网络的时滞 SIS 传播模型，旨在研究有潜伏期的传染病在网络上的传播行为。结果表明：传染病的潜伏期越短其传染率越高。Huang 和 Cao 等[109]研究了具有分布时滞的 SIR 模型的稳定性问题，这方面的工作非常有意义，但是相关的工作不多[110-111]。

正如引言中所述，传染病在流行过程中难免要受到各种随机因素的影响。传统的随机模型的理论与应用研究已经非常丰富[18,112-121]，但是随机因素还没有在复杂网络上得到充分的考虑[57]。

复杂网络传播动力学方面的研究已取得很多成果，由于知识所限，不可能把所有成果一一介绍。作为补充，可以参考文献[122]。复杂网络的其他研究方向，如复杂网络的同步[123-124]、网络结构特征[125-127]、网络信息挖掘[128-129]、网络应用[130-131]等也都正在如火如荼地开展。

1.5　主要研究内容

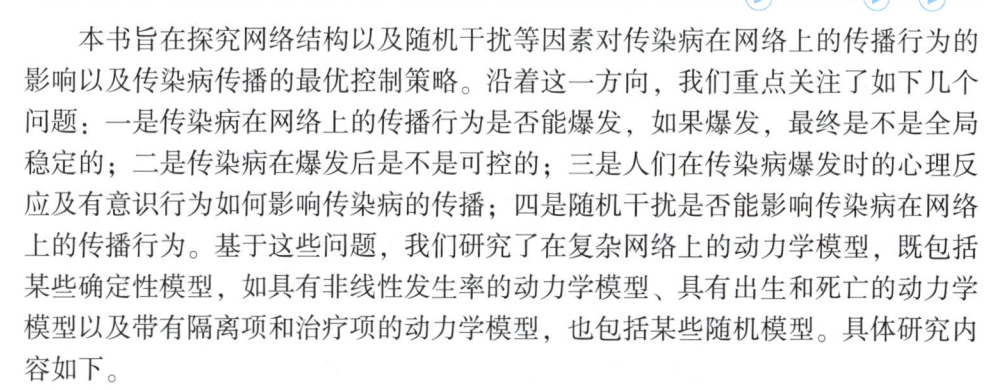

本书旨在探究网络结构以及随机干扰等因素对传染病在网络上的传播行为的影响以及传染病传播的最优控制策略。沿着这一方向，我们重点关注了如下几个问题：一是传染病在网络上的传播行为是否能爆发，如果爆发，最终是不是全局稳定的；二是传染病在爆发后是不是可控的；三是人们在传染病爆发时的心理反应及有意识行为如何影响传染病的传播；四是随机干扰是否能影响传染病在网络上的传播行为。基于这些问题，我们研究了在复杂网络上的动力学模型，既包括某些确定性模型，如具有非线性发生率的动力学模型、具有出生和死亡的动力学模型以及带有隔离项和治疗项的动力学模型，也包括某些随机模型。具体研究内容如下。

在第二章，我们研究了复杂网络上具有非线性发生率的两类动力学模型，一个是具有非单调发生率的动力学模型，另一个是具有反馈机制的动力学模型，每一种发生率中只含有一个参数，用以模拟人们在传染病爆发时的心理反应程度。已有的研究结果表明，当传染率小于传播阈值时，传染病最终会灭绝；而当传染率大于传播阈值时，传染病会爆发且在网络上长期存在。数值结果也显示，尽管发生率中的参数并不改变传播阈值，但是传染病的传播规模会随着这个参数的增大而下降。然而，现有的文献并没有解决传染病在爆发后是不是全局稳定的这一重要问题，也没有就参数影响了传染病传播行为这一数值结果进行严格的论证。第二章将围绕这两个问题，在理论分析和数值分析两个层面上开展一些工作，从数学的角度看，第一个问题可归结为地方病平衡点是不是全局渐近稳定的问题。我们将利用 Lyapunov 方法给予正面的解答，针对通过数值模拟观察到的结果，我们也将给出一个严格证明。

在第三章，我们研究了复杂网络上具有出生和死亡的 SIS 动力学模型，而且针对这个模型无法考虑到的一些实际情况，提出了一个具有出生和死亡的、一般性的 SIRS 动力学模型，由于种群数量不再是固定的，所以在数学分析上会有较大的难度。

（1）对于 SIS 模型，已有的结果表明：当基本再生数小于 1 时，传染病不会爆发；而当基本再生数大于 1 时，传染病爆发且保持局部稳定。然而，一个更重要的问题是传染病在爆发后最终是否会全局稳定，我们将采用 Lyapunov 方法来解决这个问题。本书的研究结果是对已有结果的重要改进。

（2）对于 SIRS 模型，我们主要研究其动力学行为。需要指出的是：由于方程组是高维的且具有高度的耦合性，所以直接运用 Lyapunov 方法来证明地方病平衡点的全局渐近稳定性是非常困难的。为克服这个困难，我们采用了将 Lyapunov 方法和单调迭代技巧相结合的处理方式，并以此来解决第四章中更为复杂的动力学模型的相同问题。此外，由网络结构的异质性导致的无阈值现象也在这个模型中得到证实。

（3）为找到一个使治疗成本及染病者数量达到最小的动态控制策略，我们针对每一个模型提出了一个最优控制问题。在查阅了大量的文献之后发现，基于复杂网络的最优控制策略方面的研究非常少，因此本书在这方面的研究成果具有一定的理论价值。

在第四章，我们提出了一个复杂网络上带有隔离项和治疗项的动力学模型，旨在探究同时实施隔离和治疗措施对控制传染病在网络上传播的效果，从数学分析的角度研究了这个模型的动力学行为以及最优控制策略。结果表明，模型的传播阈值与网络结构、隔离率以及治疗率有密切关系。我们也从数值实验的角度模拟了实施隔离和治疗措施以及最优控制措施的效果。数值结果显示，采用最优控制策略比采用常值控制策略更有效。

在第五章，我们研究了一个基于复杂网络的具有出生和死亡的确定性模型在分别施加了三种随机干扰下的动力学行为，旨在探究随机干扰对传染病在网络上的传播行为的影响。在自然界中，各种各样的随机因素的干扰无时不在、无处不在，传统的随机模型理论和应用研究已取得丰富成果，但是随机因素还没有在复杂网络动力学研究中给予充分的考虑，这是我们研究基于复杂网络的随机动力学模型的主要动机。这三种随机干扰分别是死亡率系数受到扰动的情形、确定性系统自身受到扰动的情形以及地方病平衡点受到扰动的情形。针对第一种情形，我们研究了区分传染病传播与否的阈值问题。研究结果表明：它不仅比确定性模型的阈值小，而且与噪声强度成反比。针对第二种情形，我们研究了模型的灭绝性、持久性以及不变分布的存在性。这两项研究结果表明：当噪声强度足够大时，即使确定性模型的基本再生数大于 1，传染病最终也会灭绝。这说明随机干扰对传染病的传播行为有实质性影响。针对第三种情形，我们研究了地方病平衡点的随机渐近稳定性。本书在这些方面的研究丰富了复杂网络传播动力学的研究内容。

在最后一章，即第六章，我们总结了本书的主要研究工作，尽管基于复杂网络的传播动力学研究已经取得很多重要进展，但是还有很多问题有待研究。有鉴于此，并结合我们的研究兴趣，提出了几个值得探索的问题。

第二章 复杂网络上具有非线性发生率的动力学模型

2.1 引言

2003 年前后爆发和流行的 SARS 给各遭遇国人民带来了极大的心理负担，人们自觉产生了危机意识，行动上更加谨慎，通过闭门不出、戴口罩等方式主动减少相互接触，从而降低了传染病的传染力，有效阻止了疫情的进一步扩散。为模拟这种现象，基于经典的 SIR 模型，Xiao 和 Ruan[132] 引入了非单调发生率：$\lambda g(s)I$，其中 $g(s)=s/(1+\alpha s^2)$ 且 $\alpha > 0$。注意到，对任意 $\alpha > 0$，当 $s > 0$ 且较小时，$g(s)$ 是单调递增函数；而当 s 足够大时，$g(s)$ 是单调递减函数。因此，函数 $g(s)$ 能够被用来解释人们在传染病爆发时的心理反应，即当染病者数目非常大时，人们因担心被传染而自觉减少与他人的接触，从而传染力随着染病者数目的增大而减弱。α 是反映人们在传染病爆发后的心理反应程度的一个参数。受他们工作的启发，Li[56] 将这种非单调发生率引入网络中，研究了如下模型：

$$\frac{dI_k(t)}{dt} = -I_k(t) + \lambda k(1-I_k(t))\frac{\Theta(t)}{1+\alpha\Theta^2(t)} \qquad (2.1.1)$$

式中，$k = 1, 2, \cdots, n$，n 是所有节点的最大度；$I_k(t)$ 是度为 k 的染病者节点的相对密度；$\lambda > 0$ 是传染率；$\Theta(t)$ 是任意一条边与一个染病者节点相连的概率。对于无关联网络：$\Theta(t) = \langle k \rangle^{-1} \sum_{i=1}^{n} iP(i)I_i(t)$，其中 $\langle k \rangle = \sum_{i=1}^{n} iP(i)$，$P(k)$ 是度分布。Li[56] 分析了这个模型的动力学性质，求出了一个阈值 $\lambda_c = \langle k \rangle / \langle k^2 \rangle$，其中 $\langle k^2 \rangle = \sum_{i=1}^{n} i^2 P(i)$。显然，这个阈值 λ_c 与 α 无关，但与网络结构有密切关系，作者证明了：当 $\lambda < \lambda_c$ 时，无病平衡点是全局渐近稳定的，即传染病最终会灭

绝；而当 $\lambda > \lambda_c$ 时，系统(2.1.1)存在唯一地方病平衡点 $E^* = (I_1^*, I_2^*, \cdots, I_n^*)$：

$$\begin{cases} I_k^* = \dfrac{\lambda k \Theta^*}{1 + \lambda k \Theta^* + \alpha (\Theta^*)^2} \\ \Theta^* = \langle k \rangle^{-1} \sum_{i=1}^{n} i P(i) I_i^* \end{cases} \quad (2.1.2)$$

而且，传染病会在网络上长期存在，通过数值模拟还发现：尽管 α 不能改变阈值，但是它的确能削弱传染病的传染力，即当 α 比较大时，染病者数量会下降。然而，作者并没有回答传染病在爆发后是否会全局稳定的问题，也没有就数值结果进行严格的论证。本章将首先研究这两个问题。为此，假设系统(2.1.1)的初值满足如下条件[56]：

$$\Theta(0) > 0, \quad 0 \leq I_k(0) \leq 1, \quad k = 1, 2, \cdots, n$$

当一种传染病在社会网络中爆发并流行时，受感染的人数会增加，这时人们会非常谨慎地减少与他人的接触，这种谨慎意识行为会减弱传染病的传染力。相反，人们在获悉传染病得到控制后又会减少防备而逐渐恢复与他人的接触。人们这种有意识的行为会随着染病者数目的增大而增强，也就是说，网络结构将根据反馈信息而改变。因此，收集和公布疫情信息对控制传染病的流行有重要作用，隐匿不报疫情信息反而会贻误控制传染病的时机[51,133]。为描述反馈机制对传染病在网络上传播的作用，Zhang 和 Sun[52] 提出了如下具有非线性发生率的动力学模型：

$$\begin{cases} \dfrac{\mathrm{d}S_k(t)}{\mathrm{d}t} = b(S_k(t) + I_k(t)) - dS_k(t) - \lambda k S_k(t)(1 - \alpha \Theta(t))\Theta(t) + \gamma I_k(t) \\ \dfrac{\mathrm{d}I_k(t)}{\mathrm{d}t} = \lambda k S_k(t)(1 - \alpha \Theta(t))\Theta(t) - (\gamma + d) I_k(t), \quad k = 1, 2, \cdots, n \end{cases}$$

$$(2.1.3)$$

式中，$S_k(t)$ 和 $I_k(t)$ 分别是度为 k 的易感者节点和染病者节点的相对密度；$\Theta(t)$ 是任意一条边与一个染病者节点相连的概率，且满足 $\Theta(t) = \langle k \rangle^{-1} \sum_{k=1}^{n} k P(k) I_k(t)$，$P(k)$ 是度分布，$\langle k \rangle = \sum_{k=1}^{n} k P(k)$；参数 b、d、λ、γ 都是正的常数，分别表示出生率、自然死亡率、传染率、恢复率；α 是正常数，反映人们在传染病爆发时的担心程度。非线性发生率 $\lambda k S_k(t)(1 - \alpha \Theta(t))\Theta(t)$ 表示因受感染而成为染病者的比例，其流行病学意义是：人们越是担心被传染，传染病大规模流行的概率就越低；当 $\Theta(t)$ 超过某个临界值以后，传染病的传播速度将会随着担心程度的增加而减小，这完全符合传染病的流行规律。与文献[52]一样，假设 $b = d$（即出生率等于死亡率），并且系统(2.1.3)的初值条件满足：

$$0 \leq S_k(0), I_k(0) \leq 1, \quad S_k(0) + I_k(0) = 1, \quad k = 1, 2, \cdots, n$$

则 $S_k(t) + I_k(t) \equiv 1$。因此，系统(2.1.3)可转化为

$$\begin{cases} \dfrac{\mathrm{d}S_k(t)}{\mathrm{d}t} = b - bS_k(t) - \lambda k S_k(t)(1 - \alpha\Theta(t))\Theta(t) + \gamma I_k(t) \\ \dfrac{\mathrm{d}I_k(t)}{\mathrm{d}t} = \lambda k S_k(t)(1 - \alpha\Theta(t))\Theta(t) - (\gamma + b)I_k(t), \quad k = 1, 2, \cdots, n \end{cases}$$

这个系统等价于

$$\dfrac{\mathrm{d}S_k(t)}{\mathrm{d}t} = \lambda k (1 - I_k(t))(1 - \alpha\Theta(t)\Theta(t)) - (\gamma + b)I_k(t), \quad k = 1, 2, \cdots, n$$

(2.1.4)

他们求得了系统(2.1.4)的一个阈值 $R_0 = \lambda \langle k^2 \rangle / [(\gamma + b)\langle k \rangle]$，并证明了：当 $R_0 < 1$ 时，系统(2.1.4)的无病平衡点是全局渐近稳定的；而当 $R_0 > 1$ 时，系统(2.1.4)存在唯一地方病平衡点 $E^* = (S_1^*, I_1^*, S_2^*, I_2^*, \cdots, S_n^*, I_n^*)$：

$$I_k^* = \dfrac{\lambda k (1 - \alpha\Theta^*)\Theta^*}{\gamma + b + \lambda k (1 - \alpha\Theta^*)\Theta^*}, \quad S_k^* = \dfrac{\gamma + b}{\gamma + b + \lambda k (1 - \alpha\Theta^*)\Theta^*}$$

(2.1.5)

式中，$\Theta^* = \langle k \rangle^{-1} \sum_{j=1}^{n} jP(j)I_j^*$ 是如下方程的唯一正根：

$$f(\Theta) := 1 - \dfrac{1}{\langle k \rangle} \sum_{k=1}^{n} \dfrac{\lambda k^2 P(k)(1 - \alpha\Theta)}{b + \gamma + \lambda k (1 - \alpha\Theta)\Theta} = 0$$

而且，E^* 是局部渐近稳定的，通过数值模拟，作者推断地方病平衡点是全局渐近稳定的，但未能给出证明，这将是本章要研究的另一个问题。

当 $\alpha = 0$ 时，系统(2.1.1)和系统(2.1.4)即为 Pastor-Satorras 和 Vespignani 所提出的传播模型[19,22]，其平衡点的全局稳定性已被解决[79,81]。

本章研究上述具有不同非线性发生率的两个模型，重点考虑传染病在爆发以后是否会全局稳定的问题，这对控制传染病的流行具有指导意义，此外，通过数值模拟观察到的结果给出了详细的数学分析。

本章结构安排如下：在 2.2 节，给出一些预备引理；在 2.3 节，研究系统(2.1.1)的地方病平衡点的全局稳定性，数值模拟验证了理论分析结果的正确性；在 2.4 节，研究系统(2.1.4)的地方病平衡点的全局稳定性；在 2.5 节，总结本章的主要研究结果。

2.2 预备引理

为研究系统(2.1.1)地方病平衡点的全局吸引性，我们需要下面的引理。

引理 2.2.1 假设 $(I_1, I_2, \cdots, I_n)$ 为系统(2.1.1)的一个正解，则

(1) 如果存在常数 $u_k > 0 (k = 1, 2, \cdots, n)$，使得

$$U := \langle k \rangle^{-1} \sum_{i=1}^{n} iP(i)u_i < \frac{1}{\sqrt{\alpha}}, \quad \limsup_{t \to +\infty} I_k(t) \leq u_k$$

则 $\limsup\limits_{t \to +\infty} I_k(t) \leq h_k(U)$，其中 $h_k(s) = \lambda ks/(1 + \lambda ks + \alpha s^2)$。

(2) 如果存在常数 $l_k > 0 (k = 1, 2, \cdots, n)$，使得

$$L := \langle k \rangle^{-1} \sum_{i=1}^{n} iP(i)l_i < \frac{1}{\sqrt{\alpha}}, \quad \liminf_{t \to +\infty} I_k(t) \geq l_k$$

则 $\liminf\limits_{t \to +\infty} I_k(t) \geq h_k(L)$。

证明 由于(1)和(2)的证明类似，因此只需证明(1)。

对任意 $0 < \varepsilon < 1/\sqrt{\alpha} - U$，存在常数 $T > 0$，使得 $I_k(t) \leq u_k + \varepsilon, \forall t \geq T$，有

$$\Theta(t) \leq \langle k \rangle^{-1} \sum_{i=1}^{n} iP(i)(u_i + \varepsilon) = U + \varepsilon < \frac{1}{\sqrt{\alpha}}$$

注意到，$g(s) = s/(1 + \alpha s^2)$ 在 $[0, 1/\sqrt{\alpha}]$ 上是单调递增函数，因此，$\forall t \geq T$，有

$$I'_k \leq -I_k + \lambda k(1 - I_k)g(U + \varepsilon)$$
$$= \lambda kg(U + \varepsilon) - [1 + \lambda kg(U + \varepsilon)]I_k$$

其蕴含

$$\limsup_{t \to +\infty} I_k(t) \leq \frac{\lambda kg(U + \varepsilon)}{1 + \lambda kg(U + \varepsilon)}$$

令 $\varepsilon \to 0^+$，取极限立得结论，证毕。

为研究系统(2.1.4)地方病平衡点的全局渐近稳定性，我们需要下面的引理[134-136]。

引理 2.2.2 设 $a \in (-\infty, +\infty)$，$f: [a, \infty) \to \mathbb{R}$ 是可微函数，如果 $\lim\limits_{t \to \infty} f(t)$ 存在，且 $f'(t)$ 在 (a, ∞) 上是一致连续的，那么 $\lim\limits_{t \to \infty} f'(t) = 0$。

引理 2.2.3 设 $f: \mathbb{R}_+ \to \mathbb{R}$ 是可微函数，如果 $\liminf\limits_{t \to \infty} f < \limsup\limits_{t \to \infty} f$，那么存在两个趋于无穷大的数列 $\{T_k\}$ 和 $\{\sigma_k\}$，使得

$$\lim_{k \to \infty} f(T_k) = \limsup_{t \to \infty} f, \quad f'(T_k) = 0$$
$$\lim_{k \to \infty} f(\sigma_k) = \liminf_{t \to \infty} f, \quad f'(\sigma_k) = 0$$

由上面的两个引理可推得下面的引理。

引理 2.2.4 设 $f: \mathbb{R}_+ \to \mathbb{R}$ 是两次连续可微的有界函数，且 $f''(t)$ 在 $\mathbb{R}_+$ 上有界，则存在两个趋于无穷大的数列 $\{T_k\}$ 和 $\{\sigma_k\}$，使得

$$\lim_{k \to \infty} f(T_k) = \limsup_{t \to \infty} f, \quad \lim_{k \to \infty} f'(T_k) = 0$$
$$\lim_{k \to \infty} f(\sigma_k) = \liminf_{t \to \infty} f, \quad \lim_{k \to \infty} f'(\sigma_k) = 0$$

证明 由于 $f''(t)$ 在 $\mathbb{R}_+$ 上是有界的，因此 $f'(t)$ 在 $\mathbb{R}_+$ 上是一致连续的，若 $\lim\limits_{t\to\infty} f(t)$ 存在，依引理 2.2.2 可知，对任意趋于无穷大的数列，结论成立。否则，$\liminf\limits_{t\to\infty} f < \limsup\limits_{t\to\infty} f$，则由引理 2.2.3 可知结论成立，证毕。

类似于引理 2.2.1 的证明，可得下面的引理。

引理 2.2.5 假设 $\{(S_k, I_k)\}_{k=1}^n$ 是系统(2.1.4)的正解，则

(1) 如果存在常数 $u_k > 0$，使得

$$U := \langle k \rangle^{-1} \sum_{j=1}^n jP(j)u_j \leqslant \frac{1}{2\alpha}, \quad \limsup_{t\to+\infty} I_k(t) \leqslant u_k$$

则

$$\limsup_{t\to\infty} I_k(t) \leqslant \frac{\lambda k(1-\alpha U)U}{\gamma + b + \lambda k(1-\alpha U)U}$$

(2) 如果存在常数 $l_k > 0$，使得

$$L := \langle k \rangle^{-1} \sum_{j=1}^n jP(j)l_j < \frac{1}{2\alpha}, \quad \liminf_{t\to+\infty} I_k(t) \geqslant l_k$$

则

$$\liminf_{t\to\infty} I_k(t) \geqslant \frac{\lambda k(1-\alpha L)L}{\gamma + b + \lambda k(1-\alpha L)L}$$

针对系统(2.1.4)，下面证明一个关于 Θ^* 和 α 之间关系的一个不等式。

引理 2.2.6 设 $R_0 > 1$，如果系统(2.1.4)存在地方病平衡点 $\{(S_k^*, I_k^*)\}_{k=1}^n$，则 $\Theta^* \leqslant (R_0 - 1)/(\alpha R_0)$。

证明 显然有 $0 < I_k^*$，$S_k^* = (\gamma + r)\lambda k(1 - \alpha\Theta^*)\Theta^*/\{[\gamma + b + \lambda k(1 - \alpha\Theta^*)\Theta^*]^2\}$。其蕴含 $\Theta^* < \alpha^{-1}$。由 $f(\alpha^{-1}) = 1 > 0$，$f(0) = 1 - R_0 < 0$ 及 $f'(s) > 0$，$\forall s \in (0, \alpha^{-1})$，可知：$\Theta^*$ 是方程 $f(\Theta) = 0$ 在 $(0, \alpha^{-1})$ 内的唯一解。

于是，$0 < I_k^* < 1$，故 $(b + \gamma)I_k^* = \lambda k(1 - I_k^*)(1 - \alpha\Theta^*)\Theta^* \leqslant \lambda k(1 - \alpha\Theta^*)\Theta^*$。因此，$b + \gamma \leqslant \lambda\langle k^2\rangle\langle k\rangle^{-1}(1 - \alpha\Theta^*)$。再由 R_0 的定义可知结论成立，证毕。

2.3 具有非单调发生率的动力学模型

本节通过研究系统(2.1.1)的地方病平衡点的全局渐近稳定性来回答传染病在爆发以后是否会全局稳定的问题。

2.3.1 稳定性分析

定理 2.3.1 设 $0 \leqslant I_i(0) \leqslant 1 (i = 1, 2, \cdots, n)$，$\Theta(0) > 0$ 且 $R_0 := \lambda/\lambda_c > 1$。如果 $\alpha \geqslant \alpha_c := \lambda^2 n^2 (R_0)^4/512$，则系统(2.1.1)的地方病平衡点 E^* 是全局渐

近稳定的。

证明 由引理 2.1[56]，有 $0 < I_k(t) < 1$，$0 < \Theta(t) < 1$，$\forall t > 0$。令 $s_k(t) = 1 - I_k(t)$，则 $s_k(t)$ 满足 $0 < s_k(t) < 1$，$\forall t > 0$，有

$$\frac{\mathrm{d}s_k(t)}{\mathrm{d}t} = 1 - s_k(t) - \lambda k s_k(t) \frac{\Theta(t)}{1 + \alpha \Theta^2(t)} \tag{2.3.1}$$

利用式(2.1.1)得

$$\frac{\mathrm{d}\Theta(t)}{\mathrm{d}t} = \frac{1}{\langle k \rangle} \sum_{k=1}^{n} k P(k) I'_k(t)$$

$$= \frac{1}{\langle k \rangle} \sum_{k=1}^{n} k P(k) \left[-I_k(t) + \lambda k (1 - I_k(t)) \frac{\Theta(t)}{1 + \alpha \Theta^2(t)} \right]$$

$$= -\Theta(t) + \frac{1}{\langle k \rangle} \sum_{k=1}^{n} k^2 P(k) s_k(t) \frac{\Theta(t)}{1 + \alpha \Theta^2(t)} \tag{2.3.2}$$

现构造一个 Lyapunov 函数如下：

$$V(I_1, I_2, \cdots, I_n) = \frac{1}{2} \sum_{k=1}^{n} a_k (I_k(t) - I_k^*)^2 + \Theta(t) - \Theta^* - \Theta^* \ln \frac{\Theta(t)}{\Theta^*}$$

$$= \frac{1}{2} \sum_{k=1}^{n} a_k (s_k(t) - s_k^*)^2 + \Theta(t) - \Theta^* - \Theta^* \ln \frac{\Theta(t)}{\Theta^*}$$

式中，$s_k^* = 1 - I_k^*$；$a_k = k P(k) / (\langle k \rangle s_k^*)$。

接下来，计算 V 的导数，有

$$\frac{\mathrm{d}V}{\mathrm{d}t} = \sum_{k=1}^{n} a_k (s_k - s_k^*) s'_k + \frac{\Theta - \Theta^*}{\Theta} \Theta' =: V_1 + V_2$$

由式(2.3.2)及等式 $1 = \lambda \langle k \rangle^{-1} \sum_{k=1}^{n} k^2 P(k) s_k^* / [1 + \alpha (\Theta^*)^2]$，得

$$V_2 = (\Theta - \Theta^*) \left(-1 + \frac{\lambda}{\langle k \rangle} \sum_{k=1}^{n} \frac{k^2 P(k) s_k}{1 + \alpha \Theta^2} \right)$$

$$= (\Theta - \Theta^*) \frac{\lambda}{\langle k \rangle} \sum_{k=1}^{n} k^2 P(k) \left(\frac{s_k}{1 + \alpha \Theta^2} - \frac{s_k^*}{1 + \alpha (\Theta^*)^2} \right)$$

$$= \frac{\lambda}{\langle k \rangle} \sum_{k=1}^{n} k^2 P(k) \left[\frac{(s_k - s_k^*)(\Theta - \Theta^*)}{1 + \alpha (\Theta^*)^2} - \frac{\alpha s_k (\Theta - \Theta^*)(\Theta^2 - (\Theta^*)^2)}{(1 + \alpha (\Theta^*)^2)(1 + \alpha \Theta^2)} \right]$$

由式(2.3.1)及等式 $1 = s_k^* + \lambda k s_k^* \Theta^* / [1 + \alpha (\Theta^*)^2]$，得

$$V_1 = \sum_{k=1}^{n} a_k (s_k - s_k^*) \left(1 - s_k - \lambda k s_k \frac{\Theta}{1 + \alpha \Theta^2} \right)$$

$$= \sum_{k=1}^{n} a_k (s_k - s_k^*) \left[(s_k^* - s_k) + \lambda k \left(\frac{s_k^* \Theta^*}{1 + \alpha (\Theta^*)^2} - \frac{s_k \Theta}{1 + \alpha \Theta^2} \right) \right]$$

$$= -\sum_{k=1}^{n} a_k (s_k - s_k^*)^2 - \frac{\Theta}{1 + \alpha \Theta^2} \sum_{k=1}^{n} \lambda k a_k (s_k - s_k^*)^2 -$$

$$\sum_{k=1}^{n} \lambda k a_k s_k^* \frac{(s_k - s_k^*)(\Theta - \Theta^*)}{1 + \alpha(\Theta^*)^2} +$$

$$\sum_{k=1}^{n} \alpha \lambda k a_k s_k^* (s_k - s_k^*) \frac{\Theta(\Theta^2 - (\Theta^*)^2)}{(1 + \alpha(\Theta^*)^2)(1 + \alpha\Theta^2)} \tag{2.3.3}$$

注意到上式等号右端的最后一项可分解为

$$\sum_{k=1}^{n} \alpha \lambda k a_k s_k^* (s_k - s_k^*) \frac{\Theta(\Theta^2 - (\Theta^*)^2)}{(1 + \alpha(\Theta^*)^2)(1 + \alpha\Theta^2)}$$

$$= \sum_{k=1}^{n} \alpha \lambda k a_k s_k^* (s_k - s_k^*) \left[\frac{(\Theta - \Theta^*)(\Theta^2 - (\Theta^*)^2)}{(1 + \alpha(\Theta^*)^2)(1 + \alpha\Theta^2)} + \frac{\Theta^*(\Theta^2 - (\Theta^*)^2)}{(1 + \alpha(\Theta^*)^2)(1 + \alpha\Theta^2)} \right]$$

$$= \sum_{k=1}^{n} \lambda k a_k s_k^* \frac{\alpha s_k (\Theta - \Theta^*)(\Theta^2 - (\Theta^*)^2)}{(1 + \alpha(\Theta^*)^2)(1 + \alpha\Theta^2)} -$$

$$\sum_{k=1}^{n} \frac{\alpha \lambda k a_k (s_k^*)^2 (\Theta + \Theta^*)}{(1 + \alpha(\Theta^*)^2)(1 + \alpha\Theta^2)} (\Theta - \Theta^*)^2 +$$

$$\sum_{k=1}^{n} \frac{\alpha \lambda k a_k s_k^* \Theta^* (\Theta + \Theta^*)}{(1 + \alpha(\Theta^*)^2)(1 + \alpha\Theta^2)} (s_k - s_k^*)(\Theta - \Theta^*)$$

将其代入式(2.3.3)，得

$$V_1 = -\sum_{k=1}^{n} a_k (s_k - s_k^*)^2 - \frac{\Theta}{1 + \alpha\Theta^2} \sum_{k=1}^{n} \lambda k a_k (s_k - s_k^*)^2 +$$

$$\sum_{k=1}^{n} \frac{\alpha \lambda k a_k s_k^* \Theta^* (\Theta + \Theta^*)}{(1 + \alpha(\Theta^*)^2)(1 + \alpha\Theta^2)} (s_k - s_k^*)(\Theta - \Theta^*) -$$

$$\sum_{k=1}^{n} \frac{\alpha \lambda k a_k (s_k^*)^2 (\Theta + \Theta^*)}{(1 + \alpha(\Theta^*)^2)(1 + \alpha\Theta^2)} (\Theta - \Theta^*)^2 -$$

$$\sum_{k=1}^{n} \lambda k a_k s_k^* \left[\frac{(s_k - s_k^*)(\Theta - \Theta^*)}{1 + \alpha(\Theta^*)^2} - \frac{\alpha s_k (\Theta - \Theta^*)(\Theta^2 - (\Theta^*)^2)}{(1 + \alpha(\Theta^*)^2)(1 + \alpha\Theta^2)} \right]$$

由于 $a_k = kP(k)/(\langle k \rangle s_k^*)$，上式等号右端的最后一项等于 $-V_2$，因此

$$\frac{dV}{dt} = -\sum_{k=1}^{n} a_k (s_k - s_k^*)^2 - \frac{\Theta}{1 + \alpha\Theta^2} \sum_{k=1}^{n} \lambda k a_k (s_k - s_k^*)^2 +$$

$$\sum_{k=1}^{n} \frac{\alpha \lambda k a_k s_k^* \Theta^* (\Theta + \Theta^*)}{(1 + \alpha(\Theta^*)^2)(1 + \alpha\Theta^2)} (s_k - s_k^*)(\Theta - \Theta^*) -$$

$$\sum_{k=1}^{n} \frac{\alpha \lambda k a_k (s_k^*)^2 (\Theta + \Theta^*)}{(1 + \alpha(\Theta^*)^2)(1 + \alpha\Theta^2)} (\Theta - \Theta^*)^2$$

$$= -\frac{\Theta}{1 + \alpha\Theta^2} \sum_{k=1}^{n} \lambda k a_k (s_k - s_k^*)^2 - \sum_{k=1}^{n} a_k F_k \tag{2.3.4}$$

令 $X_k = s_k - s_k^*$，$Y = \Theta - \Theta^*$，则

$$F_k = X_k^2 - \frac{\alpha\lambda k s_k^* \Theta^*(\Theta + \Theta^*)}{(1+\alpha(\Theta^*)^2)(1+\alpha\Theta^2)} X_k Y + \frac{\alpha\lambda k (s_k^*)^2 (\Theta + \Theta^*)}{(1+\alpha(\Theta^*)^2)(1+\alpha\Theta^2)} Y^2$$

往证 $F_k \geq 0$，为此，仅需证明：

$$\Delta := \left[\frac{\alpha\lambda k s_k^* \Theta^*(\Theta+\Theta^*)}{(1+\alpha(\Theta^*)^2)(1+\alpha\Theta^2)}\right]^2 - 4\frac{\alpha\lambda k (s_k^*)^2(\Theta+\Theta^*)}{(1+\alpha(\Theta^*)^2)(1+\alpha\Theta^2)}$$

$$= \frac{\alpha\lambda k (s_k^*)^2(\Theta+\Theta^*)}{(1+\alpha(\Theta^*)^2)(1+\alpha\Theta^2)} \left[\frac{\alpha\lambda k (\Theta^*)^2(\Theta+\Theta^*)}{(1+\alpha(\Theta^*)^2)(1+\alpha\Theta^2)} - 4\right] \leq 0$$

(2.3.5)

应用 Cauchy 不等式 $2(a^2+b^2) \geq (a+b)^2$ 及 $a^2+b^2 \geq 2ab$，得

$$(1+\alpha(\Theta^*)^2)(1+\alpha\Theta^2) = 1 + \alpha(\Theta^2+(\Theta^*)^2) + \alpha^2\Theta^2(\Theta^*)^2$$

$$\geq 1 + \alpha(\Theta^2+(\Theta^*)^2)$$

$$\geq 1 + \frac{\alpha}{2}(\Theta+\Theta^*)^2$$

$$\geq \sqrt{2\alpha}(\Theta+\Theta^*) \quad (2.3.6)$$

以及

$$I_k^* \leq \frac{\lambda k \Theta^*}{1+\alpha(\Theta^*)^2} \leq \frac{\lambda k}{2\sqrt{\alpha}}, \quad k=1,2,\cdots,n \quad (2.3.7)$$

因此，由式(2.3.7)得

$$\Theta^* = \langle k \rangle^{-1} \sum_{i=1}^n i P(i) I_i^* \leq \frac{\lambda}{2\sqrt{\alpha}\langle k \rangle} \sum_{i=1}^n i^2 P(i) = \frac{R_0}{2\sqrt{\alpha}} \quad (2.3.8)$$

联合式(2.3.6)和式(2.3.8)，并注意到 $\alpha \geq \alpha_c$，得

$$\frac{\alpha\lambda k(\Theta^*)^2(\Theta+\Theta^*)}{(1+\alpha(\Theta^*)^2)(1+\alpha\Theta^2)} - 4 \leq \frac{\sqrt{\alpha}\lambda k}{\sqrt{2}}\left(\frac{R_0}{2\sqrt{\alpha}}\right)^2 - 4$$

$$\leq \frac{\lambda n(R_0)^2}{4\sqrt{2\alpha}} - 4 \leq 0$$

这蕴含式(2.3.5)，故 $F_k \geq 0$。所以，由式(2.3.4)得

$$\frac{dV}{dt} \leq -\frac{\Theta}{1+\alpha\Theta^2}\sum_{k=1}^n \lambda k a_k(s_k-s_k^*)^2 = \frac{\Theta}{1+\alpha\Theta^2}\sum_{k=1}^n \lambda k a_k(I_k-I_k^*)^2 \quad (2.3.9)$$

而且，$V'=0$ 当且仅当 $(I_1, I_2, \cdots, I_n) = (I_1^*, I_2^*, \cdots, I_n^*)$，依据 LaSalle 不变性原理[137-138]，可知 $(I_1^*, I_2^*, \cdots, I_n^*)$ 是全局渐近稳定的。

注 2.3.1 由式(2.3.7)得，$I^* := \sum_{k=1}^n P(k)I_k^* \leq \lambda\langle k\rangle/(2\sqrt{\alpha})$，因此 $\lim_{\alpha \to \infty} I^* = 0$。

由注 2.3.1 及定理 2.3.1 可知，当 $\alpha \to \infty$ 时，传染病的最终染病规模趋于零。

上述结果仅表明当 α 足够大时，地方病平衡点是全局渐近稳定的。下面的结

果给出了一个对任意 $\alpha > 0$，地方病平衡点都是全局吸引的一个充分条件。

定理 2.3.2 设 $0 \leq I_i(0) \leq 1 (i = 1, 2, \cdots, n)$ 且 $\theta(0) > 0$，如果 $1 < R_0 \leq 2$，则对任意 $\alpha > 0$，有 $\lim\limits_{t \to +\infty} I_k(t) = I_k^* (k = 1, 2, \cdots, n)$。

证明 先证明如下结论：

$$\limsup_{t \to +\infty} I_k(t) \leq \frac{\lambda k}{\lambda k + 2\sqrt{\alpha}} < \frac{\lambda k}{2\sqrt{\alpha}}, \quad k = 1, 2, \cdots, n \quad (2.3.10)$$

由 $0 < I_k(t) < 1, \forall t > 0$，以及 $1 + \alpha\Theta^2 \geq 2\sqrt{\alpha}\Theta$，得

$$\frac{dI_k}{dt} = -I_k + \lambda k(1 - I_k) \frac{\Theta}{1 + \alpha\Theta^2}$$

$$\leq -I_k + \lambda k(1 - I_k) \frac{1}{2\sqrt{\alpha}}$$

$$= \frac{\lambda k}{2\sqrt{\alpha}} - \left(1 + \frac{\lambda k}{2\sqrt{\alpha}}\right) I_k$$

这蕴含式(2.3.10)。

对任意 k，定义序列 $\{u_k^{(m)}\}_{m=1}^{\infty}$ 如下：

$$\begin{cases} u_k^{(1)} = \frac{\lambda k}{\lambda k + 2\sqrt{\alpha}} < \frac{\lambda k}{2\sqrt{\alpha}} \\ u_k^{(m+1)} = h_k(U_m), \quad m = 1, 2, \cdots \end{cases} \quad (2.3.11)$$

式中，

$$U_m = \langle k \rangle^{-1} \sum_{i=1}^{n} i P(i) u_i^{(m)}$$

$$h_k(s) = \frac{\lambda k s}{1 + \lambda k s + \alpha s^2}$$

易见，$h_k(s)$ 在 $[0, 1/\sqrt{\alpha}]$ 上是单调递增函数。

由 Cauchy 不等式 $a^2 + b^2 \geq 2ab$，得

$$u_k^{(m+1)} < \lambda k g(U_m) \leq \frac{\lambda k}{2\sqrt{\alpha}}, \quad m = 1, 2, \cdots$$

式中，$g(s) = 1/(1 + \alpha s^2)$。由 $1 < R_0 \leq 2$，式(2.3.10)及 $\limsup\limits_{t \to +\infty} I_k(t) \leq u_k^{(1)}$，得

$$U_m = \langle k \rangle^{-1} \sum_{i=1}^{n} i P(i) u_i^m < \frac{\lambda}{2\sqrt{\alpha}} \langle k \rangle^{-1} \sum_{i=1}^{n} i^2 P(i) = \frac{R_0}{2\sqrt{\alpha}} \leq \frac{1}{\sqrt{\alpha}} \quad (2.3.12)$$

反复应用引理 2.2.1 可得

$$\limsup_{t \to +\infty} I_k(t) \leq u_k^{(m)}, \quad m = 1, 2, \cdots \quad (2.3.13)$$

下面证明：对每个给定的 k，$u_k^{(m+1)} \leq u_k^{(m)}$。由于 $h_k(s)$ 是 $[0, 1/\sqrt{\alpha}]$ 上的单调递增函数，所以，由式(2.3.12)得

$$u_k^{(m+1)} = h_k(U_m) \leq \frac{\lambda k}{\lambda k + 2\sqrt{\alpha}} = u_k^{(1)}, \quad m = 1, 2, \cdots$$

显然，$u_k^{(2)} \leq u_k^{(1)}$。假设对某个 $m \geq 1$，$u_k^{(m+1)} \leq u_k^{(m)}$，则由式(2.3.12)得

$$u_k^{(m+2)} = h_k(U_{m+1}) \leq h_k(U_m) = u_k^{(m+1)}$$

因此，对给定的 k，$\{u_k^{(m)}\}_{m=1}^{\infty}$ 是单调递减序列，记其极限为 $\lim_{m \to +\infty} u_k^{(m)} = u_k$。在式(2.3.11)及式(2.3.13)中令 $m \to +\infty$，得

$$u_k = \frac{\lambda k \langle k \rangle^{-1} \sum_{i=1}^{n} i P(i) u_i}{1 + \lambda k \langle k \rangle^{-1} \sum_{i=1}^{n} i P(i) u_i + \alpha \left(\langle k \rangle^{-1} \sum_{i=1}^{n} i P(i) u_i \right)^2} \quad (2.3.14)$$

$$\limsup_{t \to +\infty} I_k(t) \leq u_k, \quad k = 1, 2, \cdots, n$$

设

$$f(x) = \frac{1}{\langle k \rangle} \sum_{i=1}^{n} \frac{\lambda i^2 P(i) x}{1 + \lambda i x + \alpha x^2} - x, \quad \forall x \in [0, \infty)$$

则 $f'(0) = R_0 - 1 > 0$，因此，对充分小的 $x > 0$，有 $f(x) > 0$。由定理 3.3[56]可知，存在某个 $\xi > 0$，使得 $\liminf_{t \to +\infty} I_k(t) \geq \xi$。于是，可取 $l_k^{(1)}$ ($k = 1, 2, \cdots, n$)，使得

$$0 < l_k^{(1)} < \liminf_{t \to +\infty} I_k(t), \quad f(L_1) > 0 \quad (2.3.15)$$

式中，$L_m = \langle k \rangle^{-1} \sum_{i=1}^{n} i P(i) l_i^m$。定义数列 $\{u_k^{(m)}\}_{m=1}^{\infty}$ 如下：

$$l_k^{(m+1)} = h_k(L_m), \quad m = 1, 2, \cdots \quad (2.3.16)$$

由 $1 < R_0 \leq 2$ 及式(2.3.10)得

$$l_k^{(m)} < \frac{\lambda k}{2\sqrt{\alpha}}, \quad \langle k \rangle^{-1} \sum_{i=1}^{n} i P(i) l_i^m < \frac{1}{\sqrt{\alpha}}, \quad m = 1, 2, \cdots$$

由式(2.3.15)，并反复应用引理 2.2.1，得

$$\liminf_{t \to +\infty} I_k(t) \geq l_k^{(m)}, \quad m = 1, 2, \cdots \quad (2.3.17)$$

利用式(2.3.15)及式(2.3.16)得 $L_2 > L_1$，于是

$$l_k^{(3)} = h_k(L_2) > h_k(L_1) = l_k^{(2)}$$

假设对某个 $m \geq 2$，有 $l_k^{(m+1)} \geq l_k^{(m)}$，则

$$l_k^{(m+2)} = h_k(L_{m+1}) \geq h_k(L_m) = l_k^{(m+1)}$$

因此，$\{l_k^{(m)}\}_{m=2}^{\infty}$ 是单调递增数列，记其极限为 $\lim_{m \to +\infty} l_k^{(m)} = l_k$。分别对式(2.3.16)和式(2.3.17)取极限，得

$$l_k = \frac{\lambda k \langle k \rangle^{-1} \sum_{i=1}^{n} iP(i)l_i}{1 + \lambda k \langle k \rangle^{-1} \sum_{i=1}^{n} iP(i)l_i + \alpha (\langle k \rangle^{-1} \sum_{i=1}^{n} iP(i)l_i)^2} \quad (2.3.18)$$

$$\liminf_{t \to +\infty} I_k(t) \geq l_k, \quad k = 1, 2, \cdots, n$$

最后，由式(2.1.2)正解的唯一性及式(2.3.14)和式(2.3.18)得 $u_k = l_k = I_k^*$，故

$$\liminf_{t \to +\infty} I_k(t) = \limsup_{t \to +\infty} I_k(t) = I_k^*$$

证毕。

▶▶▶ 2.3.2 数值模拟 ▶▶▶

本节提供几个数值算例来验证理论分析结果，考虑无标度网络，其中 $P(k) = \beta k^3$，$n = 500$，$\beta > 0$ 是常数且满足 $\sum_{k=1}^{500} P(k) = 1$。

例 2.3.1 图 2.3.1 模拟了 $I_{250}(t)$ 的时间序列图，其中 $\lambda = 0.5$。因此，$R_0 = 2.067 > 2$ 及 $\alpha_{500} = 2\,228.16$，由定理 2.3.1 可知系统(2.1.1)的无病平衡点当 $\alpha \geq \alpha_c = 2\,228.16$ 时是全局渐近稳定的。在图 2.3.1(a)中，α 分别为 α_c，$2\alpha_c$，$4\alpha_c$，$8\alpha_c$，而在图 2.3.1(b)中，$\alpha = 10^5$。显然，数值结果与定理 2.3.1 是一致的。

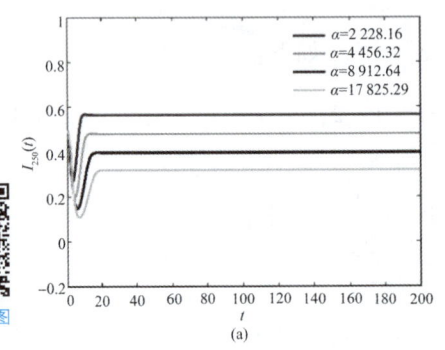

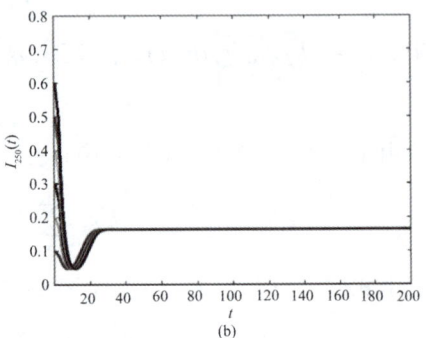

图 2.3.1 $R_0 > 2$ 时 $I_{250}(t)$ 的时间序列图

(a)具有不同 α 值的 $I_{250}(t)$ 的时间序列图；(b)具有不同初值的 $I_{250}(t)$ 的时间序列图

例 2.3.2 图 2.3.2 和图 2.3.3 模拟了 $I_{350}(t)$ 以及 $I_{100}(t)$，$\cdots$，$I_{500}(t)$ 的时间序列图，其中 $\lambda = 2\lambda_c = 0.4838$。于是，$R_0 = 2$，定理 2.3.2 表明：对任意 $\alpha > 0$，地方病平衡点是全局渐近稳定的。在图 2.3.2(a)中，$\alpha = 100, 200, 300, 400, 500$。在图 2.3.2(b)中，$\alpha = 100$，初值 $I_k(0) = 0.1, 0.2, \cdots, 0.6$。在图 2.3.3 中，$\alpha = 100$，初值 $I_k(0) = 0.1$。显然，这些数值分析结果与定理 2.3.1 是一致的。

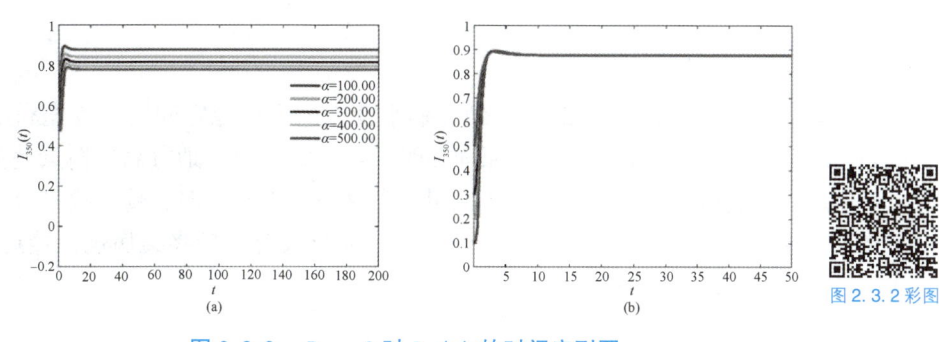

图 2.3.2　$R_0 = 2$ 时 $I_{350}(t)$ 的时间序列图

(a)具有不同 α 值的 $I_{350}(t)$ 的时间序列图；(b)具有不同初值的 $I_{350}(t)$ 的时间序列图

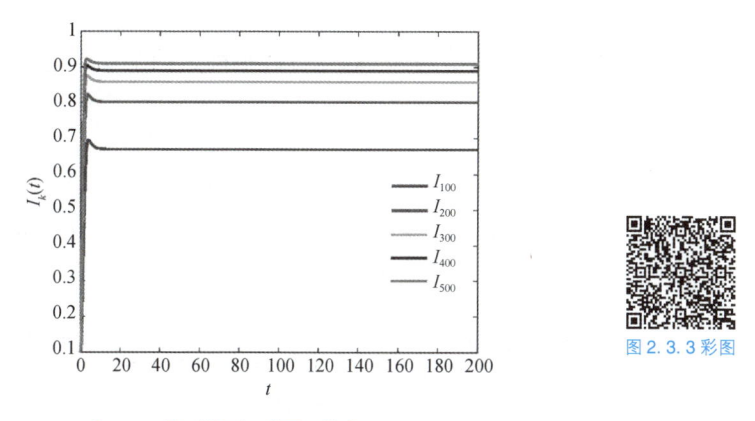

图 2.3.3　$R_0 = 2$ 时 $I_k(t)$ 的时间序列图（其中 $k = 100, 200, \cdots, 500$）

例 2.3.3　在图 2.3.4 中，选取参数 $\lambda = 0.5$ 以及不同的 α 值来模拟整个网络染病者节点的平均密度 $I(t) = \sum_{k=1}^{500} P(k) I_k(t)$ 的时间序列图。由图可知，当 α 足够大时，染病者节点的平均密度接近于零，这与理论结果式(2.3.10)是一致的。

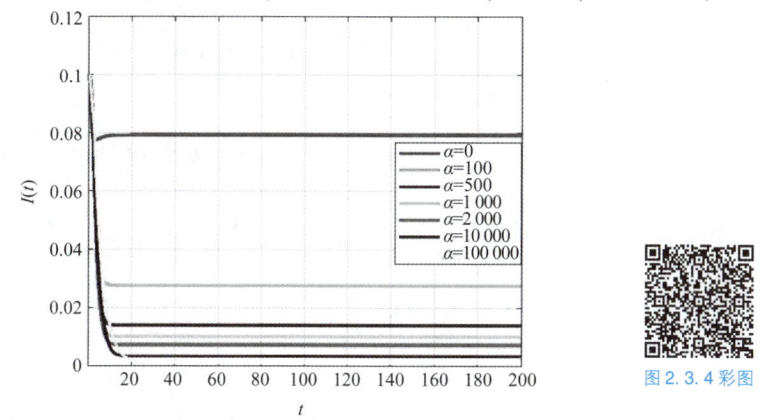

图 2.3.4　具有不同 α 值的 $I(t)$ 的时间序列图

2.3.3 本节小结

本节着重研究了系统(2.1.1)地方病平衡点的全局稳定问题,首先利用 Lyapunov 函数方法和 LaSalle 不变性原理证明了当 $\alpha \geqslant \alpha_c$ 时,地方病平衡点是全局渐近稳定的;然后运用单调迭代方法证明了当 $R_0 \in (1, 2]$ 时,地方病平衡点是全局吸引的。此外,由式(2.3.10)可知:当 α 充分大时,最终染病规模接近于零,这与理论结果是一致的。

2.4 具有反馈机制的动力学模型

本节着重研究系统(2.1.4)的地方病平衡点的全局渐近稳定性。

2.4.1 稳定性分析

首先研究系统(2.1.4)解的性质。

定理 2.4.1 设 $\Theta(0) > 0$,$\{(S_k, I_k)\}_{k=1}^n$ 是系统(2.1.4)的一个正解。如果 $R_0 > 1$,则 $\Theta(t) > 0$,$\forall t \geqslant 0$,且 Θ 和 I_k 满足

$$\begin{cases} \liminf_{t \to \infty} \Theta(t) \geqslant \dfrac{(R_0 - 1)}{\alpha R_0 + \lambda n (\gamma + b)^{-1}} =: \theta_\alpha \\ \limsup_{t \to \infty} \Theta(t) \leqslant \dfrac{(R_0 - 1)}{\alpha R_0} \end{cases} \quad (2.4.1)$$

以及

$$\begin{cases} \liminf_{t \to \infty} I_k(t) \geqslant \dfrac{\lambda k \theta_\alpha}{(\gamma + b) R_0 + \lambda k \theta_\alpha} \\ \limsup_{t \to \infty} I_k(t) \leqslant \dfrac{\lambda k}{4\alpha(\gamma + b) + \lambda k} \end{cases} \quad (2.4.2)$$

证明 由式(2.1.4)得

$$\begin{aligned} \dfrac{d\Theta}{dt} &= \dfrac{\lambda}{\langle k \rangle} \sum_{j=1}^n j^2 P(j)(1 - I_j)(1 - \alpha\Theta)\Theta - (\gamma + b)\Theta \\ &= \left(\dfrac{\lambda \langle k^2 \rangle}{\langle k \rangle} - \gamma - b \right)\Theta - \dfrac{\alpha\lambda \langle k^2 \rangle}{\langle k \rangle}\Theta^2 - \dfrac{\lambda}{\langle k \rangle} \sum_{j=1}^n j^2 P(j) I_j \Theta + \\ &\quad \dfrac{\alpha\lambda}{\langle k \rangle} \sum_{j=1}^n j^2 P(j) I_j \Theta^2 \\ &= Y(t)\Theta(t) \end{aligned} \quad (2.4.3)$$

于是,$\Theta(t) > 0$,$\forall t \geqslant 0$,由定理 2.1[52] 得 $0 \leqslant I_k \leqslant 1$,$k = 1, 2, \cdots, n$。因此,由式(2.4.3)有

$$\frac{d\Theta}{dt} \geq \left(\frac{\lambda\langle k^2\rangle}{\langle k\rangle} - \gamma - b\right)\Theta - \frac{\alpha\lambda\langle k^2\rangle}{\langle k\rangle}\Theta^2 - \frac{\lambda}{\langle k\rangle}\sum_{j=1}^{n}j^2 P(j) I_j \Theta$$

$$\geq \left(\frac{\lambda\langle k^2\rangle}{\langle k\rangle} - \gamma - b\right)\Theta - \frac{\alpha\lambda\langle k^2\rangle}{\langle k\rangle}\Theta^2 - \lambda n \Theta^2$$

$$= (\gamma + b)\{(R_0 - 1)\Theta - [\alpha R_0 + \lambda n(\gamma + b)^{-1}]\Theta^2\}$$

故 $\liminf\limits_{t\to\infty}\Theta(t) \geq \Theta_\alpha$。

以下证明 $\limsup\limits_{t\to\infty}\Theta(t) \leq (R_0 - 1)/(\alpha R_0)$，由 $0 \leq I_k \leq 1$ 及式(2.4.3)可知 Θ'' 在 $(0,\infty)$ 内是有界的，应用引理 2.2.4 可知，存在趋于无穷大的数列 $\{t_m\}$，使得

$$\theta_\alpha \leq \lim_{m\to\infty}\Theta(t_m) = \limsup_{t\to\infty}\Theta(t) =: \theta, \quad \lim_{m\to\infty}\Theta'(t_m) = 0$$

另外，由于 $\{I_k(t_m)\}_{m=1}^{\infty} \in [0,1]$，因此存在子列(仍记为 $\{t_m\}_{m=1}^{\infty}$)和常数 $i_k \in [0,1]$，使得 $I_k(t_m) \to i_k (m\to\infty)$。将 $t = t_m$ 代入式(2.4.3)并取极限得

$$(\gamma + b)\theta = \frac{\lambda}{\langle k\rangle}\sum_{j=1}^{n}j^2 P(j)(1 - i_k)(1 - \alpha\theta)\theta \leq \frac{\lambda\langle k^2\rangle}{\langle k\rangle}(1 - \alpha\theta)\theta$$

(2.4.4)

这蕴含所要证的结果。

最后证明式(2.4.2)，因 $(I_k(t))''$ 在 $(0,\infty)$ 内有界，于是由引理 2.2.3 及式(2.4.1)可知，对任意 k，存在两个趋于无穷大的数列 $\{t_m^{(k)}\}$ 及 $\{s_m^{(k)}\}$ 和常数 $\overline{\theta}_k, \underline{\theta}_k \in [\theta_\alpha, (R_0-1)/(\alpha R_0)]$，使得

$$\lim_{m\to\infty}I_k(t_m^{(k)}) = \limsup_{t\to\infty}I_k =: \overline{i}_k \in [0,1], \quad \lim_{m\to\infty}I'_k(t_m^k) = 0$$

$$\lim_{m\to\infty}I_k(s_m^{(k)}) = \liminf_{t\to\infty}I_k =: \underline{i}_k \in [0,1], \quad \lim_{m\to\infty}I'_k(s_m^k) = 0$$

$$\lim_{m\to\infty}\Theta(t_m^{(k)}) = \overline{\theta}_k, \quad \lim_{m\to\infty}\Theta(s_m^{(k)}) = \underline{\theta}_k$$

将 $t = t_m^k$ 和 $t = s_m^{(k)}$ 分别代入式(2.1.4)中，并取极限得

$$\lambda k(1 - \overline{i}_k)(1 - \alpha\overline{\theta}_k)\overline{\theta}_k - (\gamma + b)\overline{i}_k = 0, \quad \lambda k(1 - \underline{i}_k)(1 - \alpha\underline{\theta}_k)\underline{\theta}_k - (\gamma + b)\underline{i}_k = 0$$

因此

$$\overline{i}_k = \frac{\lambda k(1 - \alpha\overline{\theta}_k)\overline{\theta}_k}{\gamma + b + \lambda k(1 - \alpha\overline{\theta}_k)\overline{\theta}_k}, \quad \underline{i}_k = \frac{\lambda k(1 - \alpha\underline{\theta}_k)\underline{\theta}_k}{\gamma + b + \lambda k(1 - \alpha\underline{\theta}_k)\underline{\theta}_k}$$

利用不等式 $x(1 - \alpha x) \leq 1/(4\alpha)$ 得

$$\overline{i}_k \leq \frac{\lambda k}{4\alpha(\gamma + b) + \lambda k}, \quad k = 1, 2, \cdots, n$$

由此及 $\theta_\alpha \leq \underline{\theta}_k \leq (R_0 - 1)/(\alpha R_0)$ 得 $\underline{i}_k \geq \frac{\lambda k \theta_\alpha}{R_0}\left(b + \gamma + \frac{\lambda k \theta_\alpha}{R_0}\right)^{-1}$，证毕。

注 2.4.1 式(2.4.2)表明：当 $R_0 > 1$ 时，系统(2.1.4)是持久的，即传染病会长期存在。

当 $R_0 = 1$ 时，式(2.4.4)成立，其中 $\theta \in [0, 1]$，这蕴含 $\limsup\limits_{t \to \infty} \Theta = \theta = 0$，于是 $\lim\limits_{t \to \infty} I_k(t) = 0$，故无病平衡点是全局吸引的。此外，在式(2.4.1)中取 $R_0 \to 1^+$ 时的极限也可得到这个结论。此结果是对定理 3.1[52]的补充。

为方便起见，记

$$\alpha_n = \frac{\lambda n}{4(b + \gamma)} \left(\frac{R_0 - 1}{R_0} \right)^2$$

定理 2.4.2 设 $R_0 > 1$ 及 $\Theta(0) > 0$，如果 $\alpha \geq \alpha_n$，则系统(2.1.4)的地方病平衡点 E^* 是全局渐近稳定的，即传染病最终形成地方病。

证明 依定理 3.2[52]，E^* 是局部渐近稳定的，因此，仅需证明 E^* 是全局吸引的。

设 $u = \{(S_k, I_k)\}_{k=1}^n$ 是系统(2.1.4)的正解。定义函数 $V(u)$ 如下：

$$V(u) = \frac{1}{2} \sum_{k=1}^n a_k (S_k(t) - S_k^*)^2 + \Theta(t) - \Theta^* - \Theta^* \ln \frac{\Theta(t)}{\Theta^*}$$

式中，$a_k = kP(k)/(\langle k \rangle S_k^*)$。则有

$$\frac{dV}{dt} = \sum_{k=1}^n a_k (S_k - S_k^*) \frac{dS_k}{dt} + \frac{\Theta - \Theta^*}{\Theta} \frac{d\Theta}{dt} =: V_1 + V_2$$

利用系统(2.1.4)及等式 $\gamma + b = (\gamma + b)S_k^* + \lambda k S_k^* (1 - \alpha \Theta^*) \Theta^*$，有

$$V_1 = \sum_{k=1}^n a_k (S_k - S_k^*) [(\gamma + b)(S_k^* - S_k) + \lambda k M_k] \quad (2.4.5)$$

式中，$M_k = S_k^*(1 - \alpha \Theta^*)\Theta^* - S_k(1 - \alpha \Theta)\Theta$。注意到

$$M_k = (1 - \alpha \Theta)\Theta(S_k^* - S_k) - S_k^*(1 - 2\alpha \Theta^*)(\Theta - \Theta^*) + \alpha S_k^*(\Theta - \Theta^*)^2$$

将其代入式(2.4.5)中得

$$V_1 = -\sum_{k=1}^n (\gamma + b) a_k (S_k - S_k^*)^2 - (1 - \alpha \Theta) \Theta \sum_{k=1}^n \lambda k a_k (S_k - S_k^*)^2 -$$

$$\sum_{k=1}^n \lambda k a_k S_k^* (1 - 2\alpha \Theta^*)(S_k - S_k^*)(\Theta - \Theta^*) +$$

$$\sum_{k=1}^n \alpha \lambda k a_k S_k^* (S_k - S_k^*)(\Theta^* - \Theta)^2$$

$$= -\sum_{k=1}^n (\gamma + b) a_k (S_k - S_k^*)^2 - (1 - \alpha \Theta) \Theta \sum_{k=1}^n \lambda k a_k (S_k - S_k^*)^2 +$$

$$\sum_{k=1}^n \alpha \lambda k a_k S_k^* \Theta^* (S_k - S_k^*)(\Theta - \Theta^*) - \sum_{k=1}^n \alpha \lambda k a_k (S_k^*)^2 (\Theta - \Theta^*)^2 -$$

$$\sum_{k=1}^n \lambda k a_k S_k^* [(1 - \alpha \Theta^*)(S_k - S_k^*)(\Theta - \Theta^*) - \alpha S_k (\Theta - \Theta^*)^2] \quad (2.4.6)$$

由式(2.4.3)及等式 $\gamma + b = \lambda \langle k \rangle^{-1} \sum_{k=1}^{n} k^2 P(k) S_k^* (1 - \alpha \Theta^*)$ 得

$$V_2 = (\Theta - \Theta^*)\left[-(\gamma + b) + \frac{\lambda}{\langle k \rangle}\sum_{k=1}^{n} k^2 P(k) S_k (1 - \alpha \Theta)\right]$$

$$= (\Theta - \Theta^*)\frac{\lambda}{\langle k \rangle}\sum_{k=1}^{n} k^2 P(k)[S_k(1 - \alpha \Theta) - S_k^*(1 - \alpha \Theta^*)]$$

$$= \frac{\lambda}{\langle k \rangle}\sum_{k=1}^{n} k^2 P(k)[(1 - \alpha \Theta^*)(S_k - S_k^*)(\Theta - \Theta^*) - \alpha S_k (\Theta - \Theta^*)^2]$$

(2.4.7)

将式(2.4.6)和式(2.4.7)相加，并注意到 $a_k = kP(k)/(\langle k \rangle S_k^*)$，得

$$\frac{\mathrm{d}V}{\mathrm{d}t} = -\sum_{k=1}^{n}(\gamma + b)a_k(S_k - S_k^*)^2 - (1 - \alpha \Theta)\Theta\sum_{k=1}^{n}\lambda k a_k(S_k - S_k^*)^2 +$$

$$\sum_{k=1}^{n}\alpha \lambda k a_k S_k^* \Theta^*(S_k - S_k^*)(\Theta - \Theta^*) - \sum_{k=1}^{n}\alpha \lambda k a_k (S_k^*)^2 (\Theta - \Theta^*)^2$$

$$= -(1 - \alpha \Theta)\Theta\sum_{k=1}^{n}\lambda k a_k(S_k - S_k^*)^2$$

$$\sum_{k=1}^{n} a_k[(\gamma + b)Z_k^2 - \alpha \lambda k S_k^* \Theta^* Z_k X + \alpha \lambda k (S_k^*)^2 X^2] \quad (2.4.8)$$

式中，$Z_k = S_k - S_k^*$；$X = \Theta - \Theta^*$。由于 $\Theta^* \leqslant (R_0 - 1)/(\alpha R_0)$（见引理2.2.6），则当 $\alpha \geqslant \alpha_n$ 时，有

$$\Delta := (\alpha \lambda k S_k^* \Theta^*)^2 - 4(\gamma + b)\alpha \lambda k (S_k^*)^2$$

$$\leqslant (\lambda k S_k^*)^2 \left(\frac{R_0 - 1}{R_0}\right)^2 - 4(\gamma + b)\alpha \lambda k (S_k^*)^2$$

$$\leqslant \lambda k (S_k^*)^2 \left[\lambda n \left(\frac{R_0 - 1}{R_0}\right)^2 - 4\alpha(\gamma + b)\right] \leqslant 0$$

这蕴含

$$(\gamma + b)Z_k^2 - \alpha \lambda k S_k^* \Theta^* Z_k X + \alpha \lambda k (S_k^*)^2 X^2 \geqslant 0, \quad k = 1, 2, \cdots, n$$

因此，由式(2.4.8)可得

$$\frac{\mathrm{d}V}{\mathrm{d}t} \leqslant -(1 - \alpha \Theta)\Theta\sum_{k=1}^{n}\lambda k a_k (S_k - S_k^*)^2, \quad \forall t > 0$$

应用式(2.4.1)，可知存在 $T > 0$，使得 $\Theta(t) < \alpha^{-1}$，$\forall t \geqslant T$。于是

$$\frac{\mathrm{d}V}{\mathrm{d}t} \leqslant -(1 - \alpha \Theta)\Theta\sum_{k=1}^{n}\lambda k a_k (S_k - S_k^*)^2 \leqslant 0, \quad \forall t \geqslant T$$

由于集合 $\{V' = 0, t \geqslant T\} = \{E^*\}$，因此由 LaSalle 不变性原理可知 E^* 是全局吸引的，故 E^* 是全局渐近稳定的，证毕。

上述定理仅表明了：当 α 充分大时，E^* 是全局渐近稳定的。下面的结论说

明：当 $1 < R_0 \leq 2$ 时，对任意 $\alpha > 0$，E^* 是全局渐近稳定的。

定理 2.4.3 设 $R_0 > 1$，$\Theta(0) > 0$。如果 $R_0 \leq 2$，则 E^* 是全局渐近稳定的。

证明 依定理 3.2[52]，仅需证明 E^* 是全局吸引的，即
$$\lim_{t \to \infty} I_k(t) = I_k^*, \quad k = 1, 2, \cdots, n$$

对每个 $k \in \{1, 2, \cdots, n\}$，定义数列 $\{u_k^{(m)}\}_{m=1}^{\infty}$ 如下：
$$\begin{cases} u_k^{(1)} = \dfrac{\lambda k}{4\alpha(\gamma + b) + \lambda k} < \dfrac{\lambda k}{4\alpha(\gamma + b)} \\ u_k^{(m+1)} = g_k(U_m), \quad U_m = \langle k \rangle^{-1} \sum_{j=1}^n jP(j)u_j^{(m)}, \quad m = 1, 2, \cdots \end{cases}$$

式中
$$g_k(x) = \begin{cases} \dfrac{\lambda k(1 - \alpha x)x}{\gamma + b + \lambda k(1 - \alpha x)x}, & x \in [0, \alpha^{-1}] \\ 0, & x \in (-\infty, 0) \cup (\alpha^{-1}, +\infty) \end{cases}$$

由 $g_k(x)$ 在 $\left[0, \dfrac{1}{2\alpha}\right]$ 上是单调递增的，以及 $1 < R_0 \leq 2$，得
$$0 < U_1 = \langle k \rangle^{-1} \sum_{j=1}^n jP(j)u_j^{(1)} < \frac{\lambda \langle k^2 \rangle}{4\alpha(\gamma + b)\langle k \rangle} = \frac{R_0}{4\alpha} \leq \frac{1}{2\alpha} \quad (2.4.9)$$

于是由式(2.4.9)得
$$0 < u_k^{(2)} = g_k(U_1) = \frac{\lambda k(1 - \alpha U_1)U_1}{\gamma + b + \lambda k(1 - \alpha U_1)U_1}$$
$$\leq \frac{\lambda k}{4\alpha(\gamma + b) + \lambda k} = u_k^{(1)} < \frac{\lambda k}{4\alpha(\gamma + b)} \quad (2.4.10)$$

从而
$$0 < U_2 = \langle k \rangle^{-1} \sum_{j=1}^n jP(j)u_j^{(2)} < \frac{\lambda \langle k^2 \rangle}{4\alpha(\gamma + b)\langle k \rangle} = \frac{R_0}{4\alpha} \leq \frac{1}{2\alpha}$$

由式(2.4.10)得 $0 < U_2 \leq U_1 < 1/(2\alpha)$。因此，由式(2.4.9)得
$$0 < u_k^{(3)} = g_k(U_2) = \frac{\lambda k(1 - \alpha U_2)U_2}{\gamma + b + \lambda k(1 - \alpha U_2)U_2}$$
$$\leq \frac{\lambda k(1 - \alpha U_1)U_1}{\gamma + b + \lambda k(1 - \alpha U_1)U_1}$$
$$= u_k^{(2)} < \frac{\lambda k}{4\alpha(\gamma + b)}$$

以此类推，有
$$0 < U_m < \frac{1}{2\alpha}, \quad 0 < u_k^{(m+1)} \leq u_k^{(m)} < \frac{\lambda k}{4\alpha(\gamma + b)}, \quad m = 1, 2, \cdots$$
$$(2.4.11)$$

以及

$$u_k^{(m+1)} = g_k(U_m) = \frac{\lambda k(1-\alpha U_m)U_m}{\gamma + b + \lambda k(1-\alpha U_m)U_m}, \quad m = 1, 2, \cdots \quad (2.4.12)$$

于是由式(2.4.2)可得，$\limsup\limits_{t\to\infty} I_k(t) \leq u_k^{(1)}$。然后，反复应用引理2.2.5可得

$$\limsup_{t\to\infty} I_k(t) \leq u_k^{(m)}, \quad k = 1, 2, \cdots, n; \quad m = 1, 2, \cdots \quad (2.4.13)$$

由式(2.4.11)可知，对每个 k，$\{u_k^{(m)}\}_{m=1}^{\infty}$ 是单调递减数列，记其极限为 $\lim\limits_{m\to\infty} u_k^{(m)} = u_k$。分别对式(2.4.12)和式(2.4.13)取极限得

$$u_k = \frac{\lambda k \left(1 - \alpha \langle k \rangle^{-1} \sum\limits_{j=1}^{n} jP(j)u_j\right) \langle k \rangle^{-1} \sum\limits_{j=1}^{n} jP(j)u_j}{\gamma + b + \lambda k \left(1 - \alpha \langle k \rangle^{-1} \sum\limits_{j=1}^{n} jP(j)u_j\right) \langle k \rangle^{-1} \sum\limits_{j=1}^{n} jP(j)u_j} \quad (2.4.14)$$

$$\limsup_{t\to\infty} I_k(t) \leq u_k, \quad k = 1, 2, \cdots, n$$

定义函数 $f: [0, \alpha^{-1}) \to \mathbb{R}$ 如下：

$$f(x) = \frac{1}{\langle k \rangle} \sum_{j=1}^{n} \frac{\lambda j^2 P(j)x(1-\alpha x)}{\gamma + b + \lambda jx(1-\alpha x)} - x, \quad x \in [0, \alpha^{-1})$$

于是，$f'(0) = R_0 - 1$。因此，对充分小的 x，有 $f(x) > 0$，注意到式(2.4.2)，可取 $l_k^{(1)}$ 使得

$$0 < l_k^{(1)} < \liminf_{t\to\infty} I_k(t) < \frac{1}{\alpha}, \quad f\left(\langle k \rangle^{-1} \sum_{j=1}^{n} jP(j)l_j^{(1)}\right) > 0 \quad (2.4.15)$$

定义数列 $\{l_k^{(m)}\}_{m=1}^{\infty}$ 如下：

$$l_k^{(m+1)} = g_k(L_m), \quad L_m = \langle k \rangle^{-1} \sum_{j=1}^{n} jP(j)l_j^{(m)}, \quad m = 1, 2, \cdots$$

由于 $1 < R_0 \leq 2$，类似于上述推理可得

$$0 < l_k^{(m)} < \frac{\lambda k}{4\alpha(\gamma + b)}, \quad 0 < L_m < \frac{1}{2\alpha}, \quad m = 1, 2, \cdots$$

注意到 g_k 的性质，有

$$l_k^{(m+1)} = \frac{\lambda k(1-\alpha L_m)L_m}{\gamma + b + \lambda k(1-\alpha L_m)L_m}, \quad m = 1, 2, \cdots \quad (2.4.16)$$

注意到式(2.4.15)，并反复应用引理2.2.5得

$$\liminf_{t\to\infty} I_k(t) \geq l_k^{(m)}, \quad k = 1, 2, \cdots, n; \quad m = 1, 2, \cdots \quad (2.4.17)$$

联合式(2.4.15)及式(2.4.16)，有 $1/(2\alpha) > L_2 > L_1 > 0$，因此由式(2.4.9)得

$$l_k^{(3)} = \frac{\lambda k(1-\alpha L_2)L_2}{\gamma + b + \lambda k(1-\alpha L_2)L_2} \geq \frac{\lambda k(1-\alpha L_1)L_1}{\gamma + b + \lambda k(1-\alpha L_1)L_1} = l_k^{(2)}$$

所以 $1/(2\alpha) > L_3 \geq L_2 > 0$，故

$$l_k^{(4)} = \frac{\lambda k(1-\alpha L_3)L_3}{\gamma + b + \lambda k(1-\alpha L_3)L_3} \geqslant \frac{\lambda k(1-\alpha L_2)L_2}{\gamma + b + \lambda k(1-\alpha L_2)L_2} = l_k^{(3)}$$

以此类推，可得到单调递增数列 $\{l_k^{(m)}\}_{m=2}^{\infty}$，记其极限为 $\lim_{m\to\infty} l_k^{(m)} = l_k$。分别对式(2.4.16)及式(2.4.17)取极限得

$$l_k = \frac{\lambda k\left(1 - \alpha\langle k\rangle^{-1}\sum_{j=1}^{n}jP(j)l_j\right)\langle k\rangle^{-1}\sum_{j=1}^{n}jP(j)l_j}{\gamma + b + \lambda k\left(1 - \alpha\langle k\rangle^{-1}\sum_{j=1}^{n}jP(j)l_j\right)\langle k\rangle^{-1}\sum_{j=1}^{n}jP(j)l_j}$$

$$\liminf_{t\to\infty} I_k(t) \geqslant l_k, \quad k = 1, 2, \cdots, n$$

最后由方程 $f(s) = 0$ 正解的唯一性可得 $u_k = l_k = I_k^*$，于是

$$\liminf_{t\to\infty} I_k(t) = \limsup_{t\to\infty} I_k(t) = I_k^*$$

证毕。

注 2.4.2 依据定理2.4.3，如果 $R_0 \in (1, 2]$ 及 $\alpha > 0$，或者 $R_0 > 2$ 及 $\alpha \geqslant \alpha_n$，那么 E^* 是全局渐近稳定的。对于无标度网络，即 $P(k) \sim k^{-c}(2 < c \leqslant 3)$，当 $n \to +\infty$ 时，$R_0 \to +\infty$ 以及 $\alpha_n \to +\infty$。这表明：当 n 充分大时，$R_0 > 2$，因此对充分大的 α，E^* 是全局渐近稳定的。

▶▶▶ 2.4.2 数值模拟 ▶▶▶

本部分提供一些数值模拟以验证理论结果。考虑无标度网络，其中 $P(k) = ak^{-3}$，$n = 500$，常数 a 满足 $\sum_{k=1}^{500} P(x) = 1$。

例 2.4.1 图2.4.1模拟了 $I_{150}(t)$ 的时间序列图，其中 $b = 0.25$，$\gamma = 0.35$，$\lambda = 0.18$，则 $R_0 = 1.2404 < 2$，$\alpha_{500} = 1.4086$。在图2.4.1(a)中，$\alpha = 2$；而在图2.4.1(b)中，α 的值分别为 $0, 1.2, 2.4, \cdots, 6$。显然，图中所有轨线均趋于稳态，这与定理2.4.3一致。

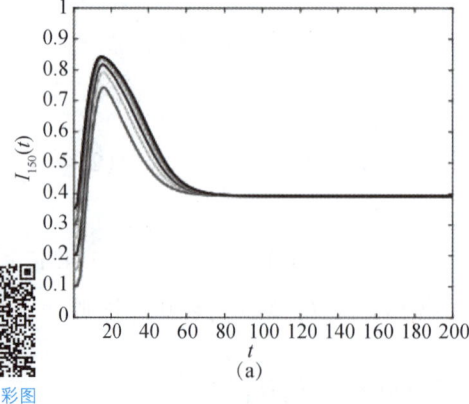

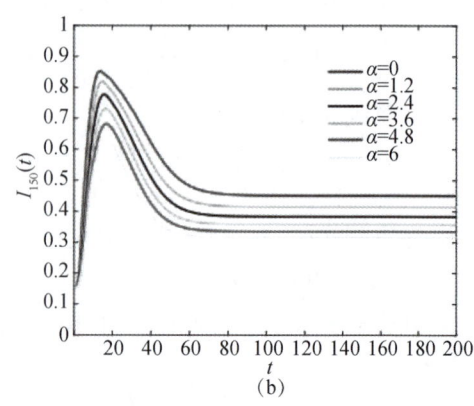

图2.4.1 $1 < R_0 < 2$ 时 $I_{150}(t)$ 的时间序列图

(a)具有不同初值的 $I_{150}(t)$ 的时间序列图；(b)具有不同 α 值的 $I_{150}(t)$ 的时间序列图

例 2.4.2 图 2.4.2 模拟了 $I_{160}(t)$ 和 $I_{400}(t)$ 的时间序列图，其中 $b=0.4$，$\gamma=0.3$，$\lambda=0.34$，则 $R_0=2.0082>2$，$\alpha_{500}=15.3028$。取七个不同的 α 值，即 $\alpha=0,5,10,\cdots,30$。显然，图中所有轨线均趋于稳态，从而验证了定理 2.4.2 的正确性。

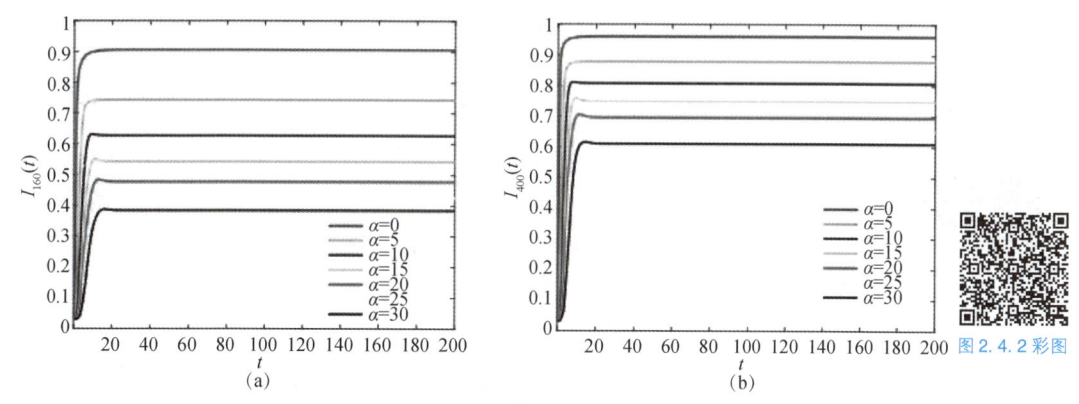

图 2.4.2 $R_0>2$ 时 $I_{160}(t)$ 和 $I_{400}(t)$ 的时间序列图
(a) $I_{160}(t)$ 的时间序列图；(b) $I_{400}(t)$ 的时间序列图

例 2.4.3 图 2.4.3 模拟了整个网络的平均密度 $I(t)=\sum_{k=1}^{500}P(k)I_k(t)$ 的时间序列图，其中 $b=0.31$，$\gamma=0.41$，$\lambda=0.26$，α 取七个不同的值，则 $R_0=1.4930<2$。显然，图中轨线均趋于稳态，从而验证了定理 2.4.2 的正确性。而且，α 的值越大，传染病的传染力越弱。这个观察结果与理论结果式 (2.4.2) 一致。

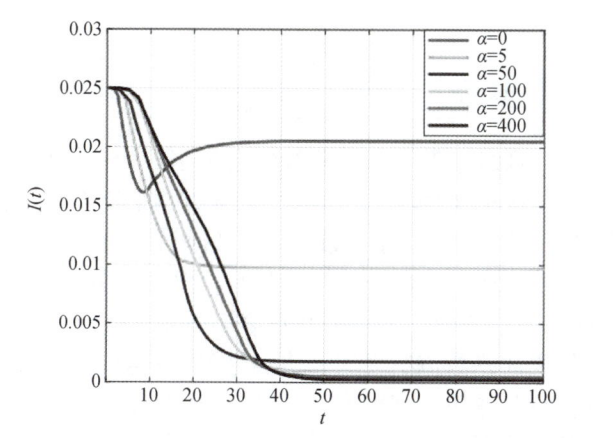

图 2.4.3 $I(t)$ 随 α 变化的时间序列图

例 2.4.4 图 2.4.4 模拟了 $I(t)$ 的时间序列图，其中 $b=0.4$，$\gamma=0.3$，$\lambda=0.34$，则 $R_0=2.0082>2$，$\alpha_{500}=15.3028$。在图 2.4.4(a) 中，$\alpha=30$；在图

2.4.4(b)中，$\alpha = 15$。$\alpha = 30$ 满足定理 2.4.2 的条件，而 $\alpha = 15$ 不满足。尽管如此，地方病平衡点仍是全局渐近稳定的。

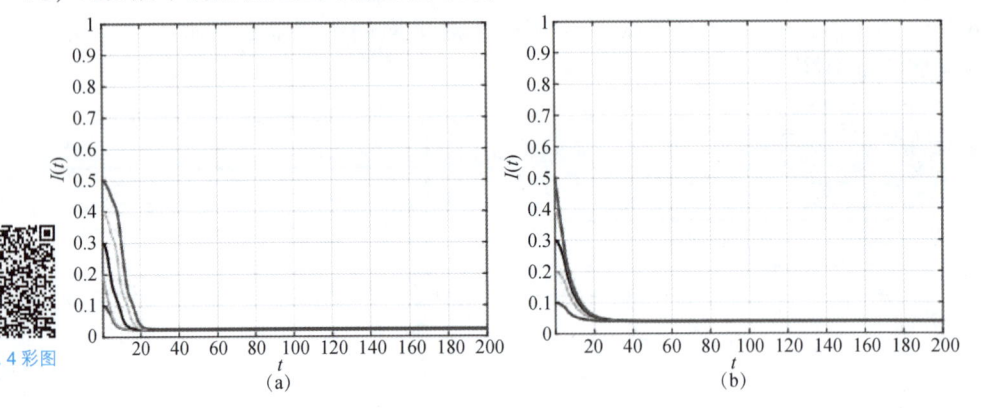

图 2.4.4 $R_0 > 2$ 时 $I(t)$ 的时间序列图
(a) $\alpha = 30$；(b) $\alpha = 15$

▶▶▶ 2.4.3 本节小结 ▶▶▶ ▶

本节着重研究了系统(2.1.4)地方病平衡点的全局渐近稳定性，证明了：如果 $R_0 \in (1, 2]$ 或者 $R_0 > 2$ 且 $\alpha \geq \alpha_n$，那么地方病平衡点是全局渐近稳定的，数值结果也验证了这一理论结果。由数值结果可以推断：只要 $R_0 > 1$，地方病平衡点就是全局渐近稳定的。然而，严格地证明这个推断仍然是非常困难的。

像第一个模型一样，尽管 R_0 的值与 α 无关，但是 α 的增大会导致传染病的传染力减弱。

2.5 本章小结

本章研究了复杂网络上带有两类非线性发生率的传播模型，并利用 Lyapunov 函数方法证明了：当 α 充分大时，两个模型的地方病平衡点都是全局渐近稳定的。值得指出的是，当 α 较小时，由于函数 $g(s)$ 在区间 $[0, 1]$ 上是单调递增的，从而可利用单调迭代技巧完成全局吸引性的证明[72]，但对 α 的其他情形，地方病平衡点是否全局渐近稳定仍然未知。然而，从数值结果可推测结论是肯定的。

无论是理论结果还是数值结果均表明：尽管 α 不会改变阈值，但是它的确起到了削弱传染病流行的作用，即染病者的密度会随着 α 的增加而下降，从而很好地模拟了人们在传染病爆发后的心理反应。

比较两个模型及数值算例可发现：当 α 充分大时，第二个模型的染病者数量下降得更快一些。理论上也的确如此，只需注意到如下事实：$\Theta/(1 + \alpha\Theta^2) \geq \Theta(1 - \alpha\Theta)$，$\forall \Theta \in (0, 1)$。

第三章
复杂网络上具有出生和死亡的动力学模型

3.1 引言

许多描述传染病在复杂网络上的传播行为的模型均假设种群总数是固定不变的，这种假设仅在传染病在种群中传播速度快且流行时间较短，短期内出生和死亡可以忽略不计或出生率和死亡率相互均衡等情况下才成立。当传染病的流行时间较长时，就应当考虑种群总数发生变化的因素。Liu 和 Tang 等[45]考虑了具有空格子的网络(度分布是给定的，但个体死亡表示为空格子，个体出生后只能放在空格子中)，建立了如下 SIS 动力学模型：

$$\begin{cases} \dfrac{dS_k(t)}{dt} = b(1 - S_k(t) - I_k(t)) - dS_k(t) - \lambda k S_k(t)\Theta(t) + \gamma I_k(t) \\ \dfrac{dI_k(t)}{dt} = \lambda k S_k(t)\Theta(t) - \gamma I_k(t) - \mu I_k(t), \quad k = 1, 2, \cdots, n \end{cases} \quad (3.1.1)$$

式中，$S_k(t)$ 和 $I_k(t)$ 分别是度为 k 的易感者节点和染病者节点的相对密度，而 $(1 - S_k(t) - I_k(t))$ 是度为 k 的空节点的密度；参数 b、γ、λ、d、μ 都是正的常数，分别表示出生率、治愈率、传染率、自然死亡率、因病死亡和自然死亡的比值；n 是所有节点的最大度；$\Theta(t)$ 是任意一条边与一个被感觉节点相连的概率。对于无关联网络，$\Theta(t)$ 有如下形式：

$$\Theta(t) = \langle k \rangle^{-1} \sum_{k=1}^{n} k P(k) I_k(t) \quad (3.1.2)$$

式中，$P(k)$ 是度分布；$\langle k \rangle = \sum_{k=1}^{n} k P(k)$。他们求出了传播阈值 $\lambda_c = \dfrac{(b+d)(\gamma+\mu)\langle k \rangle}{b\langle k^2 \rangle}$，其中 $\langle k^2 \rangle = \sum_{k=1}^{n} k^2 P(k)$，并证明了：如果 $\lambda > \lambda_c$，那么系

统(3.1.1)存在唯一平衡点，即传染病将在网络上爆发并持续传播。一个自然的问题是：当 $\lambda > \lambda_c$ 时，该正平衡点是全局渐近稳定的吗？这将是本章重点要解决的第一个问题。

对于一个易感者任意一条边指向度为 j 的染病者节点，因为染病者节点一定有一个染病者邻居，所以与这个节点自由连接的边仅有 $(j-1)$ 条，这样就得到任意一条给定的边与一个染病者节点相连的概率为[30,46,139-140]

$$\Theta(t) = \langle k \rangle^{-1} \sum_{k=1}^{n} (k-1)P(k)I_k(t) \qquad (3.1.3)$$

Zhang 和 Jin[46] 求出 Θ 满足式(3.1.3)时的系统(3.1.1)的一个阈值 R_0：

$$R_0 = \frac{b\lambda}{(b+d)(\gamma+\mu)} \left(\frac{\langle k^2 \rangle}{\langle k \rangle} - 1 \right)$$

式中，$\langle k^2 \rangle = \sum_{k=1}^{n} k^2 P(k)$。并证明了：当 $R_0 < 1$ 时，无病平衡点是全局渐近稳定的，即传染病最终会灭绝；而当 $R_0 > 1$ 时，存在唯一地方病平衡点 $E^*(S_1^*, I_1^*, S_2^*, I_2^*, \cdots, S_n^*, I_n^*)$：

$$S_k^* = \frac{b(\mu+\gamma)}{(\mu+\gamma)(d+b)+\lambda(b+\mu)k\Theta^*}, \quad I_k^* = \frac{b\lambda k\Theta^*}{(\mu+\gamma)(d+b)+\lambda(b+\mu)k\Theta^*}$$

式中，$\Theta^* = \langle k \rangle^{-1} \sum_{k=1}^{n} (k-1)P(k)I_k^*$。而且，当 $\gamma > b$ 时，E^* 是局部渐近稳定的。此外，他们还研究了四种免疫策略(比例免疫、目标免疫、熟人免疫和主动免疫)及其效果比较。一个自然的问题是：当 $R_0 > 1$ 时，E^* 是全局渐近稳定的吗？这将是本章重点要解决的第二个问题。

尽管系统(3.1.1)很好地描述了在种群总数发生变化的情况下传染病在网络上的传播行为，但是仍有一定的局限性。实际上，一些染病者因死亡或者获得免疫而移出，以及一些移出者由于失去免疫可能会死亡或转变为易感者的实际情况都无法在模型中得以体现。基于这样的背景，我们建立了一个一般性的 SIRS 动力学模型，旨在把由出生和死亡导致的可能发生的情况尽可能地考虑在内，使模型具有一定的普适性，有关这个模型的动力学行为和最优控制策略研究是本章的重点内容。

本章的结构安排：在 3.2 节，我们研究前述所提的两个问题，从数学的角度看，回答第一个问题就是要证明系统(3.1.1)的地方病平衡点 E^* 是全局渐近稳定的。为控制染病者数量及治疗费用，我们提出了一个最优控制问题，并利用最优控制理论找到了一个动态控制策略。数值例子验证了理论结果的正确性。在 3.3 节，我们提出了一个网络上具有出生和死亡的 SIRS 动力学模型，并研究其动力学行为。而且，我们提出了一个最优控制问题，其主要任务是寻找一个控制治疗成本的动态控制策略。为验证理论结果，提供了几个数值例子。在 3.4 节，我们总结了本章的主要研究工作。

3.2 具有出生和死亡的 SIS 动力学模型

假设系统(3.1.1)的初值满足如下条件：
$$\Theta(0) > 0, \ S_k(0) > 0, \ I_k(0) \geqslant 0, \ S_k(0) + I_k(0) \leqslant 1, \ k = 1, 2, \cdots, n$$
(3.2.1)

本节首先研究系统(3.1.1)解的性质。

3.2.1 解的性质

定理 3.2.1 设初值满足式(3.2.1)。如果 $\{(S_k, I_k)\}_{k=1}^{n}$ 是 Θ 满足式(3.1.3)时的系统(3.1.1)的一个解，则
$$S_k(t) \text{、} I_k(t) > 0, \ S_k(t) + I_k(t) \leqslant 1, \ \forall t > 0, \ k = 1, 2, \cdots, n$$

证明 注意到 Θ 满足
$$\frac{d\Theta(t)}{dt} = \left[\frac{\lambda}{\langle k \rangle} \sum_{k=1}^{n} k(k-1) P(k) S_k(t) - (\mu + d)\right] \Theta(t) =: Y(t) \Theta(t)$$

于是
$$\Theta(t) = \Theta(0) \exp\left\{\int_0^t Y(s) ds\right\} > 0, \ \forall t \geqslant 0$$

由于解是连续的，因此如下集合非空：
$$\Gamma_k = \{\tau > 0 \mid S_k(t) > 0, \ \forall t \in [0, \tau)\}, \ k = 1, 2, \cdots, n$$

并且，对每个 k，$\tau_k = \inf \Gamma_k > 0$。往证 $\tau_k = \infty$ ($k = 1, 2, \cdots, n$)。否则，必存在某个 m，使得 $\tau_m = \infty$。于是，由连续性知，$S_m(t) > 0, \ \forall t \in [0, \tau_m)$，且 $S_m(\tau_m) = 0$。基于系统(3.1.1)的第二个方程，有
$$I_m(t) = e^{-(\mu+\gamma)t} I_m(0) + \lambda m \int_0^t S_m(s) \Theta(s) e^{-(\mu+\gamma)(t-s)} ds > 0, \ \forall t \in (0, \tau_m]$$

将系统(3.1.1)中的两个方程相加得
$$\frac{d(S_m + I_m)}{dt} = b - (b + \mu)(S_m + I_m) + (\mu - d) S_m$$
$$= b - (b + d)(S_m + I_m) + (d - \mu) I_m, \ \forall t \in (0, \tau_m]$$

当 $\mu \leqslant d$ 时，有
$$\frac{d(S_m + I_m)}{dt} \leqslant (b + \mu)(1 - S_m - I_m), \ \forall t \in (0, \tau_m]$$

于是
$$\frac{d}{dt}\left[e^{(b+\mu)t}(1 - S_m - I_m)\right] \geqslant 0, \ \forall t \in (0, \tau_m]$$

据此及 $S_m(0) + I_m(0) \leq 1$ 得 $S_m(t) + I_m(t) \leq 1$，$\forall t \in (0, \tau_m]$。类似可证，当 $\mu \geq d$ 时，上述结论也成立。所以，$1 - S_m(t) - I_m(t) \geq 0$，$\forall t \in (0, \tau_m]$。由此及系统(3.1.1)的第一个方程得

$$S_m(\tau_m) = \exp\left\{-\int_0^{\tau_m}[d + \lambda m \Theta(s)]\mathrm{d}s\right\}S_m(0) +$$

$$\int_0^{\tau_m}[b(1 - I_m(s) - S_m(s)) + \gamma I_m(s)]\exp\left\{-\int_s^{\tau_m}[d + \lambda m \Theta(s)]\mathrm{d}s\right\}\mathrm{d}s > 0$$

这与 $S_m(\tau_m) = 0$ 矛盾，因此，$\tau_k = \infty$（$k = 1, 2, \cdots, n$）。所以，$S_k(t) > 0$，$\forall t > 0$。重复上述过程可得，$S_k(t)$、$I_k(t) > 0$，$S_k(t) + I_k(t) \leq 1$，$\forall t > 0$。证毕。

3.2.2 稳定性分析

定理 3.2.2 如果 $R_0 > 1$，那么 Θ 满足式(3.1.3)时的系统(3.1.1)的地方病平衡点 E^* 是全局渐近稳定的，即传染病最终形成地方病。

证明 设 $\{(S_k, I_k)\}_{k=1}^n$ 是系统(3.1.1)的正解，令

$$N_k = S_k + I_k,\ N_k^* = S_k^* + I_k^*,\ k = 1, 2, \cdots, n$$

将系统(3.1.1)中的两个方程相加得

$$\frac{\mathrm{d}N_k}{\mathrm{d}t} = b - (b + \mu)N_k + (\mu - d)S_k, \quad k = 1, 2, \cdots, n \qquad (3.2.2)$$

由系统(3.1.1)的第二个方程有

$$\frac{\mathrm{d}\Theta(t)}{\mathrm{d}t} = \left[\frac{\lambda}{\langle k \rangle}\sum_{k=1}^n k(k-1)P(k)S_k(t) - (\gamma + \mu)\right]\Theta(t) \qquad (3.2.3)$$

定义函数 V_i（$i = 1, 2, 3, 4$）如下：

$$V_1(S_1, I_1, S_2, I_2, \cdots, S_n, I_n) = \frac{1}{2}\sum_{k=1}^n c_k(S_k(t) - S_k^*)^2 + \Theta(t) - \Theta^* -$$

$$\Theta^* \ln \frac{\Theta(t)}{\Theta^*}$$

$$V_2(S_1, I_1, S_2, I_2, \cdots, S_n, I_n) = \frac{1}{2}\sum_{k=1}^n c_k(N_k(t) - N_k^*)^2$$

$$V_3(S_1, I_1, S_2, I_2, \cdots, S_n, I_n) = \frac{1}{2}(S_1(t) - S_1^*)^2$$

$$V_4(S_1, I_1, S_2, I_2, \cdots, S_n, I_n) = \frac{1}{2}(N_1(t) - N_1^*)^2$$

式中，$c_k = (k-1)P(k)/(\langle k \rangle S_k^*)$。定义如下 Lyapunov 函数：

$$V_{M, \sigma} = V_1 + MV_2 + \sigma(V_3 + MV_4)$$

式中，M 和 σ 是待定的正常数。下面计算 $V_{M, \sigma}$ 的导数。

由系统(3.1.1)的第一个方程、式(3.2.3)及等式

$$b = (b-\gamma)N_k^* + \lambda k S_k^* \Theta^* + (d+\gamma)S_k^*, \quad \gamma+\mu = \lambda \langle k \rangle^{-1} \sum_{k=1}^{n} k(k-1)P(k)S_k^*$$

有

$$\frac{dV_1}{dt} = \sum_{k=1}^{n} c_k (S_k - S_k^*)[b + (\gamma - b)N_k - \lambda k S_k \Theta - (d+\gamma)S_k] +$$

$$\left[\frac{\lambda}{\langle k \rangle} \sum_{k=1}^{n} k(k-1)P(k)S_k - (\gamma+\mu)\right](\Theta - \Theta^*)$$

$$= (\gamma - b)\sum_{k=1}^{n} c_k (S_k - S_k^*)(N_k - N_k^*) - (d+\gamma)\sum_{k=1}^{n} c_k (S_k - S_k^*)^2 -$$

$$\lambda \Theta \sum_{k=1}^{n} k c_k (S_k - S_k^*)^2 +$$

$$\lambda \sum_{k=1}^{n} k \left[\frac{(k-1)P(k)}{\langle k \rangle} - c_k S_k^*\right](S_k - S_k^*)(\Theta - \Theta^*)$$

由于 $c_k = (k-1)P(k)/(\langle k \rangle S_k^*)$，上面等式等号右端最后一项是零，因此

$$\frac{dV_1}{dt} \le (\gamma - b)\sum_{k=1}^{n} c_k (S_k - S_k^*)(N_k - N_k^*) - (d+\gamma)\sum_{k=1}^{n} c_k (S_k - S_k^*)^2$$

(3.2.4)

利用式(3.2.2)和等式 $b = (b+\mu)N_k^* - (\mu - d)S_k^*$，有

$$\frac{dV_2}{dt} = -(b+\mu)\sum_{k=1}^{n} c_k (N_k - N_k^*)^2 + (\mu - d)\sum_{k=1}^{n} c_k (N_k - N_k^*)(S_k - S_k^*)$$

(3.2.5)

因此，由式(3.2.4)及式(3.2.5)得

$$\frac{dV_1}{dt} + M\frac{dV_2}{dt} \le -\sum_{k=1}^{n} c_k F_k(M), \quad \forall M > 0 \quad (3.2.6)$$

式中

$$F_k(M) = M(b+\mu)(N_k - N_k^*)^2 - [M(\mu - d) + \gamma - b](N_k - N_k^*)(S_k - S_k^*) + (d+\gamma)(S_k - S_k^*)^2$$

$$= M(b+\mu)\left[(N_k - N_k^*) - \frac{M(\mu - d) + \gamma - b}{2M(b+\mu)}(S_k - S_k^*)\right]^2 +$$

$$2\alpha(M)(S_k - S_k^*)^2$$

$$= (d+\gamma)\left[(S_k - S_k^*) - \frac{M(\mu - d) + \gamma - b}{2(d+\gamma)}(N_k - N_k^*)\right]^2 +$$

$$2\beta(M)(N_k - N_k^*)^2$$

(3.2.7)

式中，$\alpha(M) = -\dfrac{\Delta(M)}{8M(b+\mu)}$；$\beta(M) = -\dfrac{\Delta(M)}{8(d+\gamma)}$。且

$$\Delta(M) = (\mu - d)^2 M^2 + 2[(\gamma - b)(\mu - d) - 2(b + \mu)(d + \gamma)]M + (\gamma - b)^2$$

我们断言：存在一个常数 $M_* > 0$ 使得 $\Delta(M_*) < 0$。事实上：

(1) 当 $\mu = d$, $\gamma = b$ 时，取 $M_* = 1$，得
$$\Delta(1) = -4(b + \mu)(d + \gamma) < 0$$

(2) 当 $\mu = d$, $\gamma \neq b$ 时，取 $M_* = \dfrac{(b - \gamma)^2}{2(b + \mu)(d + \gamma)}$，得
$$\Delta(M_*) = -(\gamma - b)^2 < 0$$

(3) 当 $\mu \neq d$, $b = \gamma$ 时，取 $M_* = \dfrac{3(b + \mu)(d + \gamma)}{(d - \mu)^2}$，得
$$\Delta(M_*) = -M_*(b + \mu)(d + \gamma) < 0$$

(4) 当 $\mu \neq d$, $b \neq \gamma$ 时，注意到
$$\bar{\Delta} := 16(b + \mu)(d + \gamma)[(b + \mu)(d + \gamma) - (\gamma - b)(\mu - d)] > 0$$

及
$$(\gamma - b)(\mu - d) - 2(b + \mu)(d + \gamma) < 0$$

可知方程 $\Delta(M) = 0$ 有两个正根，记为 $\underline{M}$ 和 $\bar{M}$ ($\underline{M} < \bar{M}$)。这样，选取 $M_* \in (\underline{M}, \bar{M})$ 得到 $\Delta(M_*) < 0$。于是，上述断言成立。因此，$\alpha(M_*) > 0$，$\beta(M^*) > 0$。记 $\eta^* := \min\{\alpha(M^*), \beta(M^*)\}/4$，由式(3.2.7)有
$$F_k(M^*) \geq \alpha(M^*)(S_k - S_k^*)^2 + \beta(M^*)(N_k - N_k^*)^2$$
$$\geq 4\eta^*[(S_k - S_k^*)^2 + (N_k - N_k^*)^2]$$

利用不等式 $(a - b)^2 \leq 2(a^2 + b^2)$ 得
$$F_k(M^*) \geq 2\eta^*[(S_k - S_k^*)^2 + (N_k - N_k^*)^2] + \eta^*(I_k - I_k^*)^2, \quad k = 1, 2, \cdots, n \tag{3.2.8}$$

注意到 $c_k = (k - 1)P(k)/(\langle k \rangle S_k^*)$，有
$$\sum_{k=1}^n c_k F_k(M^*) \geq 2\eta^* \sum_{k=1}^n c_k[(S_k - S_k^*)^2 + (N_k - N_k^*)^2] +$$
$$\eta^* \rho \sum_{k=1}^n [(k-1)P(k)(I_k - I_k^*)]^2 \tag{3.2.9}$$

式中，$\rho = (\langle k \rangle \max\limits_{2 \leq k \leq n}\{kP(k)S_k^*\})^{-1}$。由 Cauchy 不等式 $(\sum\limits_{i=1}^n a_i)^2 \leq n \sum\limits_{i=1}^n a_i^2$ 得
$$\sum_{k=1}^n [(k-1)P(k)(I_k - I_k^*)]^2 \geq \frac{\langle k \rangle^2}{n}(\Theta - \Theta^*)^2$$

将其代入式(3.2.9)得
$$\sum_{k=1}^n c_k F_k(M^*) \geq 2\eta^* \sum_{k=1}^n c_k[(S_k - S_k^*)^2 + (N_k - N_k^*)^2] + \varrho(\Theta - \Theta^*)^2$$

式中，$\varrho = \eta^* \langle k \rangle / [n \max\limits_{2 \leq k \leq n}\{(k-1)P(k)S_k^*\}]$。将其代入式(3.2.6)得

$$\frac{dV_1}{dt} + M^* \frac{dV_2}{dt} \leq -2\eta^* \sum_{k=1}^{n} c_k [(S_k - S_k^*)^2 + (N_k - N_k^*)^2] - \varrho(\Theta - \Theta^*)^2$$
(3.2.10)

类似地，基于系统(3.1.1)中的方程可得

$$\frac{dV_3}{dt} = (\gamma - b)(S_1 - S_1^*)(N_1 - N_1^*) - \lambda(S_1 - S_1^*)^2\Theta - \\ \lambda S_1^*(S_1 - S_1^*)(\Theta - \Theta^*) - (d + \gamma)(S_1 - S_1^*)^2$$

$$\frac{dV_4}{dt} = -(b + \mu)(N_1 - N_1^*)^2 + (\mu - d)(S_1 - S_1^*)(N_1 - N_1^*)$$

由式(3.2.8)有

$$\frac{d(V_3 + M^* V_4)}{dt} \leq -\lambda S_1^*(S_1 - S_1^*)(\Theta - \Theta^*) - 2\eta^*(S_1 - S_1^*)^2 - 2\eta^*(N_1 - N_1^*)^2$$

应用 Cauchy 不等式 $|ab| \leq 1/(4\varepsilon)a^2 + \varepsilon b^2 (\varepsilon > 0)$ 可得

$$\frac{d(V_3 + M^* V_4)}{dt} \leq \frac{\lambda^2 (S_1^*)^2}{4\eta^*}(\Theta - \Theta^*)^2 - \eta^*(S_1 - S_1^*)^2 - 2\eta^*(N_1 - N_1^*)^2$$
(3.2.11)

联合式(3.2.10)及式(3.2.11)，并取 $\sigma^* = 2\eta^* \varrho / [\lambda^2 (S_1^*)^2]$，有

$$\frac{dV_{M^*, \sigma^*}}{dt} = \frac{dV_1}{dt} + M^* \frac{dV_2}{dt} + \sigma^* \frac{d(V_3 + M^* V_4)}{dt}$$

$$\leq -2\eta^* \sum_{k=1}^{n} c_k [(S_k - S_k^*)^2 + (N_k - N_k^*)^2] - \frac{\varrho}{2}(\Theta - \Theta^*)^2 - \\ \sigma^* \eta^* (S_1 - S_1^*)^2 - 2\sigma^* \eta^* (N_1 - N_1^*)^2 \leq 0$$

注意到，$\frac{dV_{M^*, \sigma^*}}{dt} = 0$ 当且仅当 $(S_k, I_k) = (S_k^*, I_k^*)(k = 1, 2, \cdots, n)$。因此，由 LaSalle[138]不变性原理可知 E^* 是全局渐近稳定的，证毕。

注 3.2.1 依据上述定理，R_0 本质上就是 Θ 满足式(3.1.3)时系统(3.1.1)的基本再生数。

注 3.2.2 由式(3.2.2)可推得如下集合：
$$\Omega = \{(S_1, I_1, S_2, I_2, \cdots, S_n, I_n) \mid S_k \geq 0, I_k(0) \geq 0, \\ S_k + I_k \leq b/(b+\varrho), k = 1, 2, \cdots, n\}$$
这是一个正向不变集，其中 $\varrho = \min\{\mu, d\}$。

注 3.2.3 就 Θ 满足式(3.1.2)时的系统(3.1.1)而言，类似文献[46]中的相关证明，可知其无病平衡点是全局渐近稳定的；类似于式(3.2.10)的证明，可知其他地方病平衡点是全局渐近稳定的，这样就解决了本章开头提出的一个问题。因此，$R_0 := \lambda / \lambda_c$ 本质上就是 Θ 满足式(3.1.2)时系统(3.1.1)的基本再生数，于是得到如下定理。

定理 3.2.3 就 Θ 满足式(3.1.2)时的系统(3.1.1)而言，当 $R_0 := \lambda / \lambda_c < 1$

时，其无病平衡点是全局渐近稳定的，而当 $R_0 > 1$ 时，其地方病平衡点是全局渐近稳定的。

3.2.3 最优控制策略

本节提出一个最优控制问题，旨在寻找一种动态控制策略，目标是使染病者数量及治疗成本达到最小，假设状态方程为

$$\begin{cases} \dfrac{\mathrm{d}S_k(t)}{\mathrm{d}t} = b(1 - S_k(t) - I_k(t)) - dS_k(t) - \lambda k S_k(t)\Theta(t) + \gamma_k(t)I_k(t) \\ \dfrac{\mathrm{d}I_k(t)}{\mathrm{d}t} = \lambda k S_k(t)\Theta(t) - \gamma_k(t)I_k(t) - \mu I_k(t), \quad k = 1, 2, \cdots, n \end{cases}$$

(3.2.12)

式中，$S_1(t)$, $S_2(t)$, $\cdots$, $S_n(t)$, $I_1(t)$, $I_2(t)$, $\cdots$, $I_n(t)$ 是状态变量；$\gamma_1(t)$, $\gamma_2(t)$, $\cdots$, $\gamma_n(t)$ 是控制变量。假设这些控制变量是给定时间区间 $[0, T]$ 上的 Lebesgue 可测函数，定义一个容许控制集 U：

$$U = \{\boldsymbol{u} = (\gamma_1(t), \gamma_2(t), \cdots, \gamma_n(t)) \mid \underline{\gamma}_k \leq \gamma_k(t) \leq \overline{\gamma}_k, t \in [0, T], k = 1, 2, \cdots, n\}$$

式中，$\underline{\gamma}_k$ 和 $\overline{\gamma}_k$ 是正常数。定义如下一个目标泛函：

$$J(\boldsymbol{u}) = \sum_{k=1}^{n} \int_0^T \left(I_k(t) + \frac{1}{2} a_k \gamma_k^2(t) \right) \mathrm{d}t$$

式中，$a_k > 0 (k = 1, 2, \cdots, n)$ 是加权系数。为在 U 上找到一个使 $J(\boldsymbol{u})$ 达到最小的最优控制函数 $\boldsymbol{u}^*$，提出如下最优化问题：

$$\begin{cases} \min_{\boldsymbol{u} \in U} J(\boldsymbol{u}) = \sum_{k=1}^{n} \int_0^T \left(I_k(t) + \frac{1}{2} a_k \gamma_k^2(t) \right) \mathrm{d}t \\ \mathrm{s.t.} (3.2.12), (S_1(0), I_1(0), S_2(0), I_2(0), \cdots, S_n(0), I_n(0)) \in \Omega \end{cases}$$

(3.2.13)

式中，Ω 的定义见注 3.2.2。

先讨论系统 (3.2.12) 解的存在性，为方便起见，记

$$\boldsymbol{x}_k(t) = (S_k(t), I_k(t))^\mathrm{T}, \boldsymbol{x}(t) = (x_1(t), x_2(t), \cdots, x_n(t))^\mathrm{T}$$

因此，系统 (3.2.12) 可写成如下等价形式：

$$\frac{\mathrm{d}\boldsymbol{x}(t)}{\mathrm{d}t} = \boldsymbol{A}(t)\boldsymbol{x}(t) + \boldsymbol{F}(\boldsymbol{x}(t)) =: \boldsymbol{G}(\boldsymbol{x}(t))$$

式中，$\boldsymbol{A}(t) = \mathrm{diag}(\boldsymbol{A}_1(t), \boldsymbol{A}_2(t), \cdots, \boldsymbol{A}_k(t))$；$\boldsymbol{F}(x) = (\boldsymbol{F}_1(x), \boldsymbol{F}_2(x), \cdots, \boldsymbol{F}_n(x))^\mathrm{T}$。且

$$A_k(t) = \begin{pmatrix} -(b+d) & \gamma_k(t)-b \\ 0 & -(\gamma_k(t)+\mu) \end{pmatrix}, \quad F_k(x) = \begin{pmatrix} b-\lambda k S_k(t)\Theta(t) \\ \lambda k S_k(t)\Theta(t) \end{pmatrix}$$

由于系数是有界的，因此，G 满足 $|G(x_1)-G(x_2)| \leq M|x_1-x_2|$，其中 M 是正常数，即 G 是 Lipschitz 连续的，再由 u 的定义以及 $S_k(t)$、$I_k(t) \geq 0$ 的限制，可知系统(3.1.1)存在一个非负解[126]。

为求解最优控制问题(3.2.13)，定义 Hamilton 函数 H 如下：

$$H(\pmb{x},\pmb{u},\pmb{\lambda}) = L(\pmb{x},\pmb{u}) + \sum_{k=1}^{n}\left[\lambda_{1k}(t)\frac{\mathrm{d}S_k}{\mathrm{d}t} + \lambda_{2k}(t)\frac{\mathrm{d}I_k}{\mathrm{d}t}\right]$$

式中，$L(\pmb{x},\pmb{u}) = \sum_{k=1}^{n}[I_k(t)+a_k\gamma_k^2(t)/2]$ 是 Lagrange 函数；$\lambda_{1k}(t)$、$\lambda_{2k}(t)$ 是相应的伴随函数，$\pmb{\lambda} = (\lambda_{11},\lambda_{12},\cdots,\lambda_{1n},\lambda_{21},\lambda_{22},\cdots,\lambda_{2n})$。

定理 3.2.4 最优控制问题(3.2.13)存在一个最优控制 $\pmb{u}^* = (\gamma_1^*,\gamma_2^*,\cdots,\gamma_n^*)$。

证明 由于控制变量 $\gamma_k(t)$ 和状态变量 $S_k(t)$、$I_k(t)$、$R_k(t)$ 都是非负的，所以目标函数 $J(\pmb{u})$ 是凸的。显然，控制集 U 是闭的凸集。而且，L 在控制集 U 上也是凸的。此外，易见：存在常数 $C_1 > 0$ 和 $C_2 > 0$，使得 $L(\pmb{x},\pmb{u}) \geq C_1|\pmb{u}|^2 - C_2$，其中 $|\pmb{u}| = \sqrt{\gamma_1^2+\gamma_2^2+\cdots+\gamma_n^2}$。因此，最优控制问题(3.2.13)存在一个最优控制 $\pmb{u}^*$[127]。证毕。

定理 3.2.5 设 $\{(S_k^*(t),I_k^*(t),R_k^*(t))\}_{k=1}^{n}$ 是对应于最优控制 $\pmb{u}^*$ 的状态变量，则存在伴随函数 $\{(\lambda_{1k}(t),\lambda_{2k}(t))\}_{k=1}^{n}$，使得

$$\begin{cases}\dfrac{\mathrm{d}\lambda_{1k}(t)}{\mathrm{d}t} = \lambda_{1k}(t)(b+d+\lambda k\Theta^*(t))-\lambda k\lambda_{2k}(t)\Theta^*(t) \\ \dfrac{\mathrm{d}\lambda_{2k}(t)}{\mathrm{d}t} = -1+\lambda_{1k}(t)[b+\lambda k(k-1)P(k)\langle k\rangle^{-1}S_k^*(t)-\gamma_k^*(t)] + \\ \qquad\qquad \lambda_{2k}(t)[\mu+\gamma_k^*(t)-\lambda k(k-1)P(k)\langle k\rangle^{-1}S_k^*(t)]\end{cases} \quad (3.2.14)$$

横截条件是

$$\lambda_{1k}(T) = \lambda_{2k}(T), \quad k=1,2,\cdots,n$$

而且，最优控制 $\pmb{u}^*(t)$ 的分量 $\gamma_k^*(t)$ 具有如下形式：

$$\gamma_k^*(t) = \min\left\{\max\left\{\underline{\gamma_k},\frac{(\lambda_{2k}(t)-\lambda_{1k}(t))I_k^*(t)}{a_k}\right\},\overline{\gamma_k}\right\}, \quad k=1,2,\cdots,n$$

证明 应用 Pontryagin 极大值原理[128-129]可知，存在函数 $\lambda_{1k}(t)$、$\lambda_{2k}(t)$ ($k=1,2,\cdots,n$)，使得 $\dfrac{\mathrm{d}\pmb{\lambda}}{\mathrm{d}t} = -\dfrac{\partial H}{\partial \pmb{x}}$，即

$$\frac{\mathrm{d}\lambda_{1k}(t)}{\mathrm{d}t} = -\frac{\partial H(\pmb{x}^*,\pmb{u}^*,\pmb{\lambda})}{\partial S_k}$$

$$\frac{d\lambda_{2k}(t)}{dt} = -\frac{\partial H(\boldsymbol{x}^*, \boldsymbol{u}^*, \boldsymbol{\lambda})}{\partial I_k}$$

故式(3.2.14)成立。

由极值条件 $\partial H/\partial \boldsymbol{u} = 0$ 得

$$\left.\frac{\partial H}{\partial \gamma_k}\right|_{\gamma_k = \gamma_k^*} = a_k \gamma_k^* + I_k^*(\lambda_{1k} - \lambda_{2k}) = 0$$

因此，$\gamma_k^* = \dfrac{(\lambda_{2k}(t) - \lambda_{1k}(t))I_k^*(t)}{a_k}$。再由容许控制集的定义有

$$\gamma_k^* = \begin{cases} \underline{\gamma}_k, & \dfrac{(\lambda_{2k}(t) - \lambda_{1k}(t))I_k^*(t)}{a_k} \leqslant \underline{\gamma}_k \\ \dfrac{(\lambda_{2k}(t) - \lambda_{1k}(t))I_k^*(t)}{a_k}, & \underline{\gamma}_k < \dfrac{(\lambda_{2k}(t) - \lambda_{1k}(t))I_k^*(t)}{a_k} < \overline{\gamma}_k \\ \overline{\gamma}_k, & \dfrac{(\lambda_{2k}(t) - \lambda_{1k}(t))I_k^*(t)}{a_k} \geqslant \overline{\gamma}_k \end{cases}$$

于是，最优控制 $\boldsymbol{u}^*(t)$ 中的分量 $\gamma_k^*(t)$ 可表示成如下形式：

$$\gamma_k^*(t) = \min\left\{\max\left\{\underline{\gamma}_k, \frac{(\lambda_{2k}(t) - \lambda_{1k}(t))I_k^*(t)}{a_k}\right\}, \overline{\gamma}_k\right\}, \quad k = 1, 2, \cdots, n$$

证毕。

将 $\boldsymbol{u}^*$ 代入系统(3.1.1)中，得到如下系统：

$$\begin{cases} \dfrac{dS_k^*(t)}{dt} = b(1 - S_k^*(t) - I_k^*(t)) - \lambda k S_k^*(t)\Theta^*(t) - dS_k^*(t) + \\ \qquad\qquad \min\left\{\max\left\{\underline{\gamma}_k, \dfrac{(\lambda_{2k}(t) - \lambda_{1k}(t))I_k^*(t)}{a_k}\right\}, \overline{\gamma}_k\right\} I_k^*(t) \\ \dfrac{dI_k^*(t)}{dt} = \lambda k S_k^*(t)\Theta^*(t) - \mu I_k^*(t) - \\ \qquad\qquad \min\left\{\max\left\{\underline{\gamma}_k, \dfrac{(\lambda_{2k}(t) - \lambda_{1k}(t))I_k^*(t)}{a_k}\right\}, \overline{\gamma}_k\right\} I_k^*(t) \end{cases}$$

且 Hamilton 函数 H 在 $(\boldsymbol{x}^*, \boldsymbol{u}^*, \boldsymbol{\lambda})$ 处有如下形式：

$$H(\boldsymbol{x}^*, \boldsymbol{u}^*, \boldsymbol{\lambda}) = \sum_{k=1}^{n}\left[I_k^* + \frac{1}{2}a_k(\gamma_k^*)^2\right] + \lambda_{1k}\frac{dS_k^*}{dt} + \lambda_{2k}\frac{dI_k^*}{dt}$$

3.2.4 数值模拟

本节提供几个算例来验证理论分析结果，为此，考虑 BA 无标度网络，其中 $P(k) = (\tau - 1)m^{\tau-1}k^{-\tau}$，幂指数 $\tau = 3$ 或 $\tau = 2.8$，$n = 800$，$m = 3$。

例 3.2.1 本例用于验证定理 3.2.2。图 3.2.1 模拟了 $(S_k(t), I_k(t))$ 的时间序列图,其中 $k = 1, 100, 300, 400, 600, 800$,参数取为 $\lambda = 0.19, b = 0.45, d = 0.02, \gamma = 0.35, \mu = 0.09, m = 3, \tau = 3$,则 $R_0 = 1.4133 > 1$。

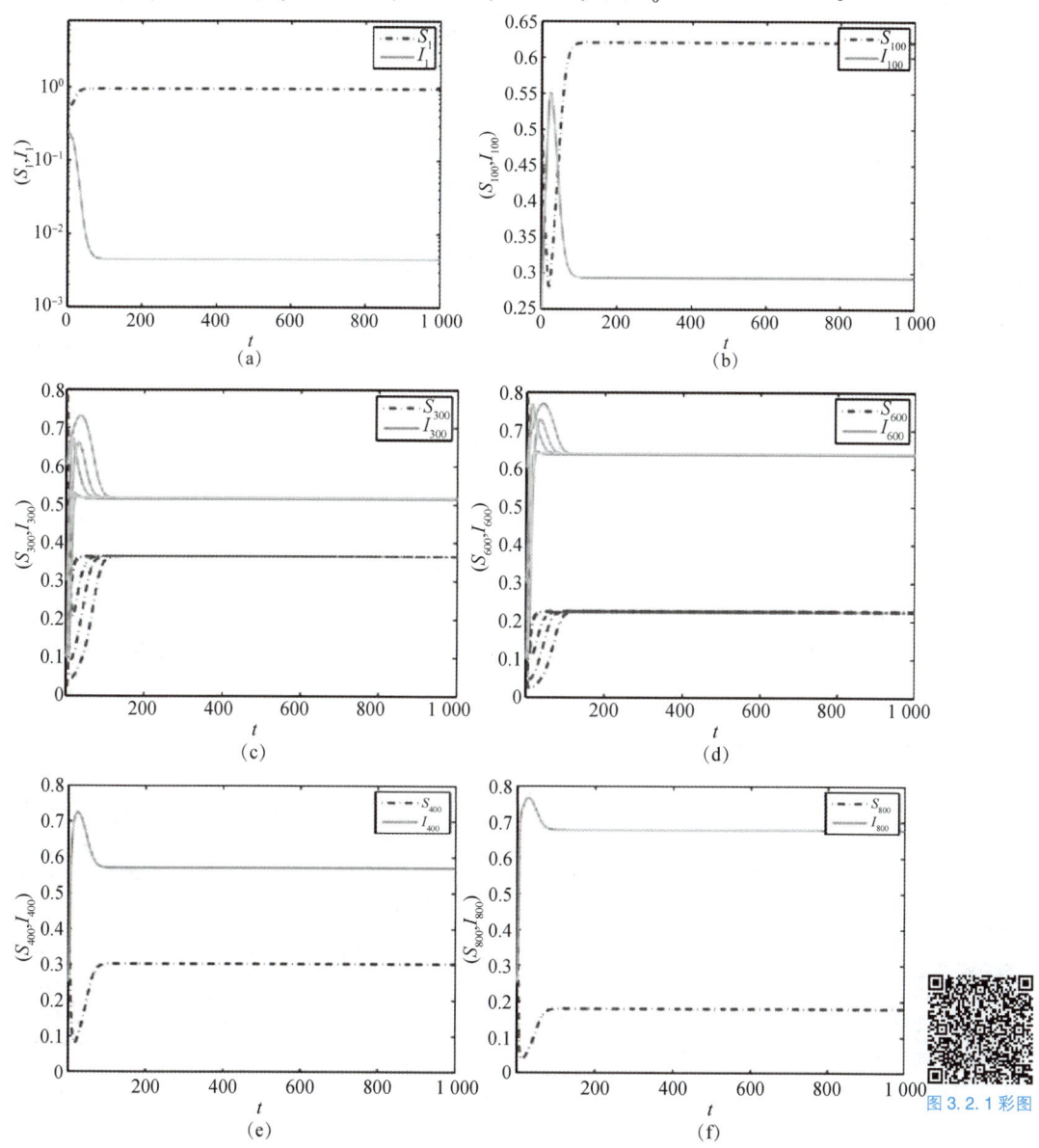

图 3.2.1 (S_k, I_k) 的时间序列图($\tau = 3$)

(a) $k=1$;(b) $k=100$;(c) $k=300$;(d) $k=600$;(e) $k=400$;(f) $k=800$

图 3.2.2 模拟了 $I(t)$ 的时间序列图,其中 $I(t) = \sum_{k=1}^{800} P(k) I_k(t)$ 是整个网络染

病者节点的平均密度,参数取为 $\lambda = 0.2$,$b = 0.36$,$d = 0.23$,$\gamma = 0.12$,$\mu = 0.25$,$m = 3$。在图 3.2.2(a)中,$\tau = 3$,则 $R_0 = 1.1275$;在图 3.2.2(b)中,$\tau = 2.8$,则 $R_0 = 2.2369$。

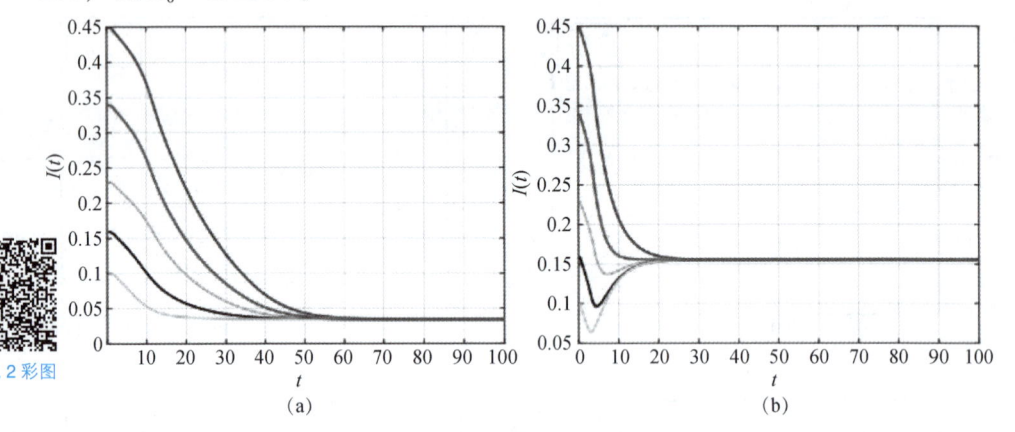

图 3.2.2 具有不同初值的 $I(t)$ 的时间序列图
(a) $\tau = 3$; (b) $\tau = 2.8$

由图 3.2.2 可知,数值结果与理论结果一致。

例 3.2.2 图 3.2.3 模拟了 γ 取不同值时 $I(t)$ 的时间序列图,其中 $\lambda = 0.35$,$b = 0.05$,$d = 0.04$,$\mu = 0.1$,$m = 3$。在图 3.2.3(a)中,$\tau = 3$;在图 3.2.3(b)中,$\tau = 2.8$。由图可知,染病者节点的平均密度随着 γ 的增大而减小,也就是说,治愈率越高,被传染的人数越少。该数值结果提供的一个建议是,医院应该通过提升医治水平来控制传染病蔓延。

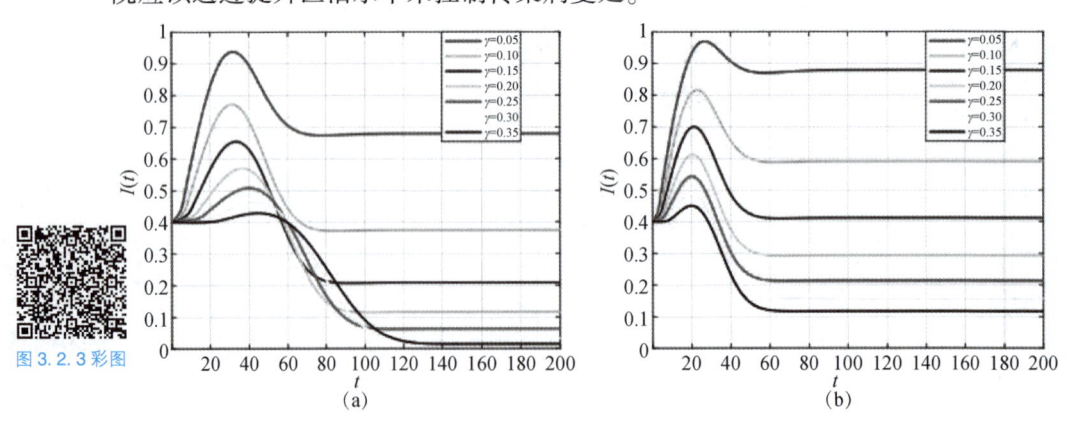

图 3.2.3 具有不同 γ 值的 $I(t)$ 的时间序列图
(a) $\tau = 3$; (b) $\tau = 2.8$

例 3.2.3 图 3.2.4 模拟了实施最优控制时 $I_k(t)$ 的时间序列图,其中 $k = 400$,800,$\tau = 3$。与图 3.2.1(e)、(f)相比不难发现:实施最优治疗控制措施导致传染病最终灭绝。

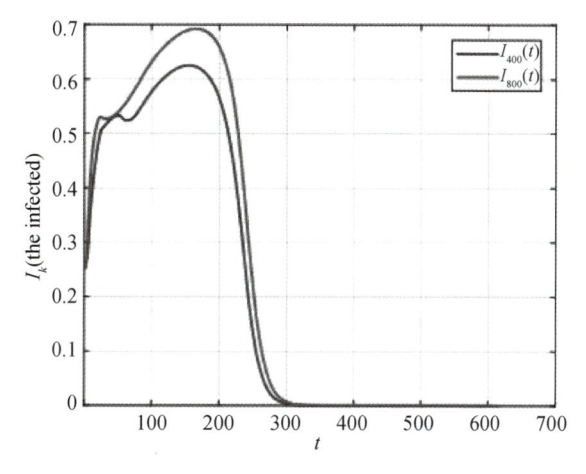

图 3.2.4　实施最优控制时 $I_k(t)$ 的时间序列图（$k = 400, 800$）

3.2.5　本节小结

本节进一步研究了复杂网络上具有出生和死亡的 SIS 动力学模型，主要内容涉及两个方面：一方面，通过构造适合的 Lyapunov 函数，并借助数学分析技巧，证明了地方病平衡点的全局渐近稳定性，从而解决了本章引言中所提出的两个问题。这样，R_0 本质上就是模型的基本再生数。数值模拟验证了理论分析结果。另一方面，通过研究一个最优控制问题，找到了一个控制成本及染病者数量的动态控制策略。数值算例显示，在实施最优控制策略后，传染病最终灭绝了。

3.3　具有出生和死亡的 SIRS 动力学模型

3.3.1　模型建立

假设网络中的每个节点是空的或者至多被一个个体占有。为方便给每个节点一个记号，用 0，1，2，3 来表示，其中 0 表示空节点，1 表示易感者节点，2 表示染病者节点，3 表示移出者节点。每个位置以一定的概率改变自己的状态，假设出生全部为易感者且只能发生在空节点上，出生率为 b，自然死亡率为 d。如果一个易感者的邻居中有染病者，那么它被任一染病者传染的概率为 λ。如果一个节点死亡，表示这个节点为空节点，染病者的因病死亡率为 α，恢复率为 δ。一些染病者由于接受了有效的治疗，以比率 γ 转变为易感者，一些移出个体由于丧失免疫以比率 β 再次变为易感者，所有的参数都是正常数，节点接触过程中的状态转移规则如图 3.3.1 所示。

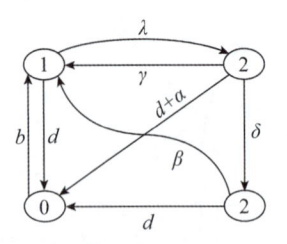

图 3.3.1 SIRS 模型的状态转移规则

利用文献[19,45,48]中的方法，我们建立如下一个一般性的 SIRS 动力学模型：

$$\begin{cases} \dfrac{dS_k(t)}{dt} = b(1 - S_k(t) - I_k(t) - R_k(t)) - \lambda k S_k(t)\Theta(t) - dS_k(t) + \\ \qquad\qquad \gamma I_k(t) + \beta R_k(t) \\ \dfrac{dI_k(t)}{dt} = \lambda k S_k(t)\Theta(t) - \alpha I_k(t) - dI_k(t) - \delta I_k(t) - \gamma I_k(t) \\ \dfrac{dR_k(t)}{dt} = \delta I_k(t) - dR_k(t) - \beta R_k(t), \quad k = 1, 2, \cdots, n \end{cases} \quad (3.3.1)$$

式中，$S_k(t)$、$I_k(t)$ 和 $R_k(t)$ 分别是度为 k 的易感者节点、染病者节点和移出者节点的相对密度；$(1 - S_k(t) - I_k(t) - R_k(t))$ 是度为 k 的空节点的密度；n 是所有节点的最大度；$\Theta(t)$ 是任意一条边与一个染病者节点相连的概率，且满足 $\Theta(t) = \langle k \rangle^{-1} \sum_{k=1}^{n} k P(k) I_k(t)$，其中 $P(k)$ 是度分布，$\langle k \rangle = \sum_{k=1}^{n} k P(k)$。

3.3.2 模型分析

假设初值满足如下条件：

$$\begin{cases} \Theta(0) > 0, \ S_k(0) > 0, \ I_k(0) \geq 0, \ R_k(0) \geq 0 \\ S_k(0) + I_k(0) + R_k(0) \leq 1, \quad k = 1, 2, \cdots, n \end{cases} \quad (3.3.2)$$

首先研究系统(3.3.1)解的性质。类似于定理 3.2.1 的证明可得以下定理.

定理 3.3.1 设初值满足式(3.3.2)。如果 $\{(S_k, I_k, R_k)\}_{k=1}^{n}$ 是系统 (3.3.1)的一个解，则
$$S_k(t), I_k(t), R_k(t) > 0, \ S_k(t) + I_k(t) + R_k(t) \leq 1, \ \forall t > 0, \ k = 1, 2, \cdots, n$$

定义
$$R_0 = \dfrac{b\lambda\langle k^2 \rangle}{(b+d)(d+\alpha+\gamma+\delta)\langle k \rangle}, \quad \langle k^2 \rangle = \sum_{k=1}^{n} k^2 P(k)$$

定理 3.3.2 系统(3.3.1)存在无病平衡点 $E^0 = \{(S_k^0, 0, 0)\}_{k=1}^{n}$，其中 $S_k^0 = b/(b+d)$。而且，如果 $R_0 > 1$，则系统(3.3.1)存在唯一地方病平衡点 $E^* = \{(S_k^*, I_k^*, R_k^*)\}_{k=1}^{n}$：

$$S_k^* = \frac{(\alpha+\delta+\gamma+d)}{\lambda k \Theta^*} I_k^*, \quad R_k^* = \frac{\gamma}{d+\beta} I_k^*$$

$$I_k^* = \frac{\lambda k b(d+\beta)\Theta^*}{(b+d)(d+\beta)(\alpha+\delta+\gamma+d) + \lambda k[(b+d)(d+\beta+\gamma)+\alpha(d+\beta)]\Theta^*}$$

(3.3.3)

式中，$\Theta^* = \langle k \rangle^{-1} \sum_{k=1}^{n} k P(k) I_k^*$。

证明 假设 $\{(S_k^*, I_k^*, R_k^*)\}_{k=1}^{n}$ 是系统(3.3.1)的一个正平衡点，记 $N_k^* = S_k^* + I_k^* + R_k^*$，则有

$$\begin{cases} \lambda k S_k^* \Theta^* - (\alpha+\delta+\gamma+d) I_k^* = 0 \\ \delta I_k^* - (d+\beta) R_k^* = 0 \\ b - (b+d) N_k^* - \alpha I_k^* = 0, \quad k=1,2,\cdots,n \end{cases}$$

式中，$\Theta^* = \langle k \rangle^{-1} \sum_{k=1}^{n} k P(k) I_k^*$。因此，$\Theta^*$ 必满足 $f(\Theta^*) = 0$，这里

$$f(s) = \frac{1}{\langle k \rangle} \sum_{k=1}^{n} \frac{\lambda b(d+\beta) k^2 P(k) s}{(b+d)(d+\beta)(\alpha+\delta+\gamma+d) + \lambda k[(b+d)(d+\beta+\gamma)+\alpha(d+\beta)]s} - s$$

易见，$f(0) = 0$，$f(1) < 0$，$f'(s)|_{s=0} = R_0 - 1$ 及 $f''(s) < 0$，$\forall s > 0$。这样，方程 $f(s) = 0$ 存在唯一正根当且仅当 $R_0 > 1$。于是结论成立，证毕。

下面研究平衡点的全局渐近稳定性。

定理 3.3.3 当 $R_0 < 1$ 时，系统(3.3.1)的无病平衡点 E^0 是局部渐近稳定的，而当 $R_0 > 1$ 时是不稳定的。

证明 令 $G_k = \frac{k P(k)}{\langle k \rangle}$ 及 $F_k = \lambda k S_k^0 G_k - (\alpha+\delta+\gamma+d)$，这里 $S_k^0 = \frac{b}{b+d}$，系统(3.3.1)在 E^0 处的 Jacobian 矩阵是

$$J(E^0) = \begin{pmatrix} J_{11} & J_{12} & J_{13} \\ J_{21} & J_{22} & J_{23} \\ J_{31} & J_{32} & J_{33} \end{pmatrix}$$

式中，J_{ij} 是 $n \times n$ 矩阵：

$$J_{11} = \begin{pmatrix} -(b+d) & 0 & \cdots & 0 \\ 0 & -(b+d) & \cdots & 0 \\ \vdots & \vdots & & \vdots \\ 0 & 0 & \cdots & -(b+d) \end{pmatrix}$$

$$J_{12} = \begin{pmatrix} \gamma - b - \lambda S_1^0 G_1 & -\lambda S_1^0 G_2 & \cdots & -\lambda S_1^0 G_n \\ -\lambda 2 S_2^0 G_1 & \gamma - b - \lambda 2 S_2^0 G_2 & \cdots & -\lambda 2 S_2^0 G_n \\ \vdots & \vdots & & \vdots \\ -\lambda n S_n^0 G_1 & -\lambda n S_n^0 G_2 & \cdots & \gamma - b - \lambda n S_n^0 G_n \end{pmatrix}$$

$$J_{13} = \begin{pmatrix} \beta - b & 0 & \cdots & 0 \\ 0 & \beta - b & \cdots & 0 \\ \vdots & \vdots & & \vdots \\ 0 & 0 & \cdots & \beta - b \end{pmatrix}$$

$$J_{21} = J_{31} = J_{23} = \begin{pmatrix} 0 & 0 & \cdots & 0 \\ 0 & 0 & \cdots & 0 \\ \vdots & \vdots & & \vdots \\ 0 & 0 & \cdots & 0 \end{pmatrix}, \quad J_{32} = \begin{pmatrix} \delta & 0 & \cdots & 0 \\ 0 & \delta & \cdots & 0 \\ \vdots & \vdots & & \vdots \\ 0 & 0 & \cdots & \delta \end{pmatrix}$$

$$J_{22} = \begin{pmatrix} F_1 & \lambda S_1^0 G_2 & \cdots & \lambda S_1^0 G_n \\ \lambda 2 S_2^0 G_1 & F_2 & \cdots & \lambda 2 S_2^0 G_n \\ \vdots & \vdots & & \vdots \\ \lambda n S_n^0 G_1 & \lambda n S_n^0 G_2 & \cdots & F_n \end{pmatrix}$$

$$J_{33} = \begin{pmatrix} -(d+\beta) & 0 & \cdots & 0 \\ 0 & -(d+\beta) & \cdots & 0 \\ \vdots & \vdots & & \vdots \\ 0 & 0 & \cdots & -(d+\beta) \end{pmatrix}$$

经初等变换，矩阵 J_{22} 可化为

$$\begin{pmatrix} -(\alpha+\delta+\gamma+d) & 0 & \cdots & 0 \\ 0 & -(\alpha+\delta+\gamma+d) & \cdots & \lambda 2 S_2^0 G_n \\ \vdots & \vdots & & \vdots \\ 0 & 0 & \cdots & \lambda \sum_{k=1}^{n} k S_k^0 G_k - (\alpha+\delta+\gamma+d) \end{pmatrix}$$

易见，Jacobian 矩阵 $J(E^0)$ 有 $3n$ 个特征根，其中 $-b-d$ 和 $-d-\beta$ 都是 n 重特征根，$-(\alpha+\delta+\gamma+d)$ 是其 $n-1$ 重特征根，而

$$\lambda \sum_{k=1}^{n} k S_k^0 G_k - (\alpha+\delta+\gamma+d) = (\alpha+\delta+\gamma+d)(R_0 - 1)$$

是单重特征根。因此，当 $R_0 < 1$ 时，E^0 是局部渐近稳定的，而当 $R_0 > 1$ 时是不稳定的。

引理 3.3.1 设 $\{(S_k(t), I_k(t), R_k(t))\}_{k=1}^{n}$ 是系统(3.3.1)的一个正解。令 $N_k(t) = S_k(t) + I_k(t) + R_k(t)$，其中 $k = 1, 2, \cdots, n$，则有

$$\frac{b}{b+d+\alpha} \leq \liminf_{t \to \infty} N_k(t) \leq \limsup_{t \to \infty} N_k(t) \leq \frac{b}{b+d}, \quad k = 1, 2, \cdots, n$$

证明 将系统(3.3.1)中的方程相加得

$$\frac{dN_k(t)}{dt} = b - (b+d)N_k(t) - \alpha I_k(t)$$

$$= b - (b+d+\alpha)N_k(t) + \alpha S_k(t) + \alpha R_k(t) \quad (3.3.4)$$

于是

$$b - (b+d+\alpha)N_k \leqslant \frac{dN_k}{dt} \leqslant b - (b+d)N_k$$

最后利用比较原理即可证明此引理，证毕。

注 3.3.1 依引理 3.3.1 可知，下面的集合

$$\Omega = \left\{ \{(S_k, I_k, R_k)\}_{k=1}^n \mid S_k, I_k, R_k \geqslant 0, S_k + I_k + R_k \leqslant \frac{b}{b+d}, k = 1, 2, \cdots, n \right\}$$

是一个正向不变区域。

定理 3.3.4 如果 $R_0 < 1$，那么无病平衡点 E^0 是全局渐近稳定的，即传染病最终会灭绝。

证明 依定理 3.3.3，为证明这个定理，仅需证明 E^0 是全局吸引的。由于 $R_0 < 1$，因此存在常数 $\varepsilon \in (0, b/(b+d))$，使得

$$-\tau := \frac{\lambda \langle k^2 \rangle}{\langle k \rangle} \left(\frac{b}{b+d} + \varepsilon \right) - (\alpha + \delta + \gamma + d) < 0$$

由引理 3.3.1 知，存在常数 $T > 0$，使得 $N_k(t) \leqslant \frac{b}{b+d} + \varepsilon$，$\forall t > T$，$k = 1, 2, \cdots, n$。于是，$S_k(t) \leqslant b/(b+d) + \varepsilon$，$\forall t > T$，$k = 1, 2, \cdots, n$。所以

$$\frac{d\Theta(t)}{dt} = \left[\frac{\lambda}{\langle k \rangle} \sum_{k=1}^n k^2 P(k) S_k(t) - (\alpha + \delta + \gamma + d) \right] \Theta(t)$$

$$\leqslant \left[\frac{\lambda \langle k^2 \rangle}{\langle k \rangle} \left(\frac{b}{b+d} + \varepsilon \right) - (\alpha + \delta + \gamma + d) \right] \Theta(t)$$

$$= -\tau \Theta(t), \quad \forall t > T \quad (3.3.5)$$

其蕴含 $\lim_{t \to \infty} \Theta(t) = 0$。因此，$\lim_{t \to \infty} I_k(t) = 0$。再利用系统(3.3.1)中的第一个和第三个方程，可得到 $\lim_{t \to \infty} R_k(t) = 0$ 及 $\lim_{t \to \infty} S_k(t) = S_k^0$。证毕。

令 $I(t)$ 表示整个网络上染病者节点的平均密度，即 $I(t) = \sum_{k=1}^n P(k) I_k(t)$。

定理 3.3.5 如果 $R_0 > 1$，那么存在一个常数 $\xi > 0$，使得

$$\liminf_{t \to \infty} I(t) \geqslant \xi$$

证明 将利用定理 4.6[145] 来证明这个结论。为此，定义

$$x_t = (S_1(t), I_1(t), R_1(t), \cdots, S_n(t), I_n(t), R_n(t))$$

$$\Omega = \left\{ x_t \mid S_k(t), I_k(t), R_k(t) \geqslant 0, S_k(t) + I_k(t) + R_k(t) \leqslant \frac{b}{b+d}, k = 1, 2, \cdots, n \right\}$$

$$X_0 = \{x_t \in \Omega \mid I(t) > 0\}, \quad \partial X_0 = \Omega \setminus X_0$$

依引理 3.3.1，Ω 是一个正的不变集，由式(3.3.5)得

$$\frac{d\Theta(t)}{dt} = \frac{1}{\langle k \rangle} \sum_{k=1}^{n} k P(k) I_k'(t) \geqslant -(d + \gamma + \alpha + d)\Theta(t)$$

由此及 $\Theta(0) > 0$ 立得 $\Theta(t) > 0$，$\forall t > 0$。这蕴含：$I(t) > 0$，$\forall t > 0$。于是，X_0 也是正向不变集。这样，定理 4.6[145] 中的条件 ($C4.2$) 成立。

令 $\omega(x_0)$ 是初值为 x_0 的系统(3.3.1)的 ω-极限集，$\Omega_0 = U_{y \in Y} \{\omega(y)\}$，其中 $Y = \{x_0 \in \partial X_0 : x_t \in \partial X_0, t > 0\}$。将系统(3.3.1)限制在集合 $M_\partial = \{x_0 : x_t \in \partial X_0, t \geqslant 0\}$ 上，有

$$\begin{cases} \dfrac{dS_k(t)}{dt} = b(1 - S_k(t) - I_k(t) - R_k(t)) - dS_k(t) + \gamma I_k(t) + \beta R_k(t) \\ \dfrac{dI_k(t)}{dt} = -\alpha I_k(t) - dI_k(t) - \delta I_k(t) - \gamma I_k(t) \\ \dfrac{dR_k(t)}{dt} = \delta I_k(t) - dR_k(t) - \beta R_k(t), \quad k = 1, 2, \cdots, n \end{cases} \quad (3.3.6)$$

显然，系统(3.3.6)存在唯一平衡点 $E^0 \in \Omega$。所以，E^0 也是系统(3.3.1)在 M_∂ 上的唯一平衡点。因此，不难验证：E^0 是局部渐近稳定的。由于系统(3.3.6)是一个线性系统，故 E^0 是全局渐近稳定的。因此，$\Omega_0 = \{E^0\}$。这样，为证明此定理，只需证明：E^0 是 X_0 的一个弱排斥，即

$$\limsup_{t \to \infty} \text{dist}((S_1(t), I_1(t), R_1(t), \cdots, S_n(t), I_n(t), R_n(t)), E^0) > 0$$

为此，仅需证明：$W^s(E^0) \cap X_0 = \varnothing$，其中 $W^s(E^0)$ 是 E^0 的一个稳态流形。否则，必存在一个解 $x_t \in X_0$，使得 $\lim_{t \to \infty} S_k(t) = b/(b+d)$，$\lim_{t \to \infty} I_k(t) = \lim_{t \to \infty} R_k(t) = 0$。因 $R_0 > 1$，故存在一个充分小的常数 $\varepsilon > 0$ 以及一个常数 $T > 0$，使得 $S_k(t) \geqslant b/(b+d) - \varepsilon > 0$，$\forall t > T$，以及 $[b/(b+d) - \varepsilon]\langle k^2 \rangle / \langle k \rangle - (\alpha + \delta + \gamma + d) = \tau > 0$。由式(3.3.5)，得

$$\frac{d\Theta(t)}{dt} \geqslant \left[\left(\frac{b}{b+d} - \varepsilon\right)\frac{\langle k^2 \rangle}{\langle k \rangle} - (\alpha + \delta + \gamma + d)\right]\Theta(t) =: \tau \Theta(t), \quad \forall t > T$$

因此，$\Theta(t) \geqslant \Theta(T) \exp\{\tau(t - T)\}$，$\forall t > T$，所以 $\lim_{t \to \infty} \Theta(t) = \infty$。矛盾，证毕。

现在研究系统(3.3.1)的地方病平衡点 E^* 的全局渐近稳定性。主要定理如下。

定理 3.3.6 如果 $R_0 > 1$，那么系统(3.3.1)的地方病平衡点 E^* 是全局渐近稳定的，即传染病最终形成地方病。

为证明这个定理,只需证明地方病平衡点 E^* 既是局部渐近稳定的也是全局吸引的。首先,利用 Lyapunov 函数方法研究 E^* 的局部渐近稳定性。

定理 3.3.7 如果 $R_0 > 1$,那么地方病平衡点 E^* 是局部渐近稳定的。

证明 设 $\{(S_k, I_k, R_k)\}_{k=1}^n$ 是系统(3.3.1)的正解。令 $x_k(t) = S_k(t) - S_k^*$,$y_k(t) = I_k(t) - I_k^*$,$z_k(t) = R_k(t) - R^*$,则有

$$\begin{cases} \dfrac{\mathrm{d}x_k}{\mathrm{d}t} = -b(x_k + y_k + z_k) - \dfrac{\lambda k x_k}{\langle k \rangle}\sum_{i=1}^n iP(i)y_i - \lambda k \Theta^* x_k - \\ \qquad \dfrac{\lambda k S_k^*}{\langle k \rangle}\sum_{i=1}^n iP(i)y_i - dx_k + \gamma y_k + \beta z_k \\ \dfrac{\mathrm{d}y_k}{\mathrm{d}t} = \dfrac{\lambda k x_k}{\langle k \rangle}\sum_{i=1}^n iP(i)y_i + \lambda k \Theta^* x_k + \dfrac{\lambda k S_k^*}{\langle k \rangle}\sum_{i=1}^n iP(i)y_i - \\ \qquad (\alpha + \delta + \gamma + d)y_k \\ \dfrac{\mathrm{d}z_k}{\mathrm{d}t} = \delta y_k - (d + \beta)z_k \end{cases} \quad (3.3.7)$$

因此,E^* 的局部渐近稳定性与系统(3.3.7)零解的局部渐近稳定性等价。接下来证明:系统(3.3.7)的零解是局部渐近稳定的,令 $u_k = (x_k, y_k, z_k)$,$u = (u_1, u_2, \cdots, u_n)$,并定义函数 $V_i(u)(i = 1, 2, 3, 4)$ 如下:

$$V_1(u) = \frac{1}{2}\sum_{k=1}^n \alpha_k(x_k + y_k)^2, \quad V_2(u) = \frac{1}{2}\sum_{k=1}^n \beta_k y_k^2$$

$$V_3(u) = \frac{1}{2}\sum_{k=1}^n \xi_k z_k^2, \quad V_4(u) = \frac{1}{2}\sum_{k=1}^n \eta_k(x_k + y_k + z_k)^2$$

式中,α_k、β_k、ξ_k 及 η_k 都是待定的正常数。

由系统(3.3.7)得

$$\frac{\mathrm{d}V_1}{\mathrm{d}t} = \sum_{k=1}^n \alpha_k(x_k + y_k)[-(b+d)x_k - (b + \alpha + \delta + d)y_k + (\beta - b)z_k]$$

$$= \sum_{k=1}^n \alpha_k[-(b+d)x_k^2 - F_1 x_k y_k - F_2 y_k^2 + (\beta - b)z_k(x_k + y_k)]$$

(3.3.8)

式中,$F_1 = \alpha + \delta + 2b + 2d$,$F_2 = b + \alpha + \delta + d$。类似有

$$\frac{\mathrm{d}V_2}{\mathrm{d}t} = H(u) + \Theta^* \sum_{k=1}^n \lambda k \beta_k x_k y_k + \frac{1}{\langle k \rangle}\sum_{k=1}^n \lambda k \beta_k S_k^* y_k \sum_{i=1}^n iP(i)y_i - F_3 \sum_{k=1}^n \beta_k y_k^2$$

(3.3.9)

式中,$H(u) = \dfrac{1}{\langle k \rangle}\sum_{k=1}^n \lambda k \beta_k y_k x_k \sum_{i=1}^n iP(i)y_i$;$F_3 = \alpha + \delta + \gamma + d$。

$$\frac{dV_3}{dt} = \sum_{k=1}^{n} \xi_k [\delta y_k z_k - (d+\beta) z_k^2] \qquad (3.3.10)$$

以及

$$\frac{dV_4}{dt} = \sum_{k=1}^{n} \eta_k (x_k + y_k + z_k)[-(b+d)(x_k + y_k + z_k) - \alpha y_k] \qquad (3.3.11)$$

$$\leq \sum_{k=1}^{n} \eta_k (-\alpha y_k^2 - \alpha x_k y_k - \alpha y_k z_k)$$

应用 Young 不等式 $ab \leq 1/(2\varepsilon) a^2 + \varepsilon/2 b^2 (\varepsilon > 0)$,得

$$\frac{dV_1}{dt} \leq \sum_{k=1}^{n} \alpha_k \left[-\frac{1}{2}(b+d) x_k^2 - \frac{1}{2} F_2 y_k^2 - F_1 x_k y_k + F_4 z_k^2 \right] \qquad (3.3.12)$$

式中,$F_4 = F_1 (\beta + b)^2 / [2 F_2 (b+d)]$。

应用 Cauchy 不等式 $\left(\sum_{k=1}^{n} a_k b_k \right)^2 \leq \sum_{k=1}^{n} a_k^2 \sum_{k=1}^{n} b_k^2$,得

$$\left| \sum_{k=1}^{n} \lambda k \beta_k S_k^* y_k \right| \leq \sqrt{\sum_{k=1}^{n} \beta_k (\lambda k S_k^*)^2} \sqrt{\sum_{k=1}^{n} \beta_k y_k^2}$$

$$\left| \sum_{i=1}^{n} i P(i) y_i \right| \leq \sqrt{\sum_{k=1}^{n} \frac{k^2 P^2(k)}{\beta_k}} \sqrt{\sum_{k=1}^{n} \beta_k y_k^2}$$

选取 $\beta_k = P(k)/(\lambda S_k^*)$,利用等式 $\frac{\lambda}{\langle k \rangle} \sum_{k=1}^{n} k^2 P(k) S_k^* = \alpha + \delta + \gamma + d = F_3$,有

$$\frac{1}{\langle k \rangle} \sum_{k=1}^{n} \lambda k \beta_k S_k^* y_k \sum_{k=1}^{n} i P(i) y_i \leq \frac{\lambda}{\langle k \rangle} \sum_{k=1}^{n} k^2 P(k) S_k^* \sum_{k=1}^{n} \beta_k y_k^2 = F_3 \sum_{k=1}^{n} \beta_k y_k^2$$

将其代入式(3.3.9)得

$$\frac{dV_2}{dt} \leq H(u) + \Theta^* \sum_{k=1}^{n} \lambda k \beta_k x_k y_k \qquad (3.3.13)$$

选取 $\alpha_k = \lambda k \beta_k \Theta^* / F_1$,并利用式(3.3.12)和式(3.3.13)得

$$\frac{d}{dt}(V_1 + V_2) \leq \sum_{k=1}^{n} \alpha_k \left[-\frac{1}{2}(b+d) x_k^2 - \frac{1}{2} F_2 y_k^2 + F_4 z_k^2 \right] + H(u)$$

$$(3.3.14)$$

选取 $\xi_k = \alpha \eta_k / \delta$ 及 $\eta_k = \lambda k \Theta^* \beta_k / \alpha$,并利用式(3.3.10)、式(3.3.11)及式(3.3.13)有

$$\frac{d}{dt}(V_2 + V_3 + V_4) \leq - \sum_{k=1}^{n} \eta_k \left[\alpha y_k^2 + \frac{\alpha(d+\beta)}{\delta} z_k^2 \right] + H(u) \qquad (3.3.15)$$

令 $V(u) = A(V_2 + V_3 + V_4) + (V_1 + V_2)$,其中 $A = 2\delta F_4 / ((d+\beta) F_1)$,注意到 $\eta_k = F_1 \alpha_k / \alpha$,由式(3.3.14)及式(3.3.15)得

$$\frac{\mathrm{d}V}{\mathrm{d}t} \leq \sum_{k=1}^{n} \alpha_k \left[-\frac{1}{2}(b+d)x_k^2 - \frac{1}{2}F_2 y_k^2 - F_4 z_k^2 \right] + H(u)$$

$$= -\sum_{k=1}^{n}(A_k x_k^2 + B_k y_k^2 + C_k z_k^2) + H(u)$$

式中，$A_k = (b+d)\alpha_k/2$；$B_k = F_2 \alpha_k/2$；$C_k = F_4 \alpha_k$。令 $\theta = \min\limits_{1 \leq k \leq n}\{A_k, B_k, C_k\}$，则 $\theta > 0$，因此

$$\frac{\mathrm{d}V}{\mathrm{d}t} \leq -\theta |u(t)|^2 + o(|u(t)|^2)$$

式中，$|u(t)| = \sqrt{\sum_{i=1}^{n}(x_k^2 + y_k^2 + z_k^2)}$；$o(|u(t)|^2)$ 是 $|u(t)|^2$ 的高阶无穷小。因此，V' 在 $u=0$ 的一个邻域内是负定的，故系统(3.3.7)的零解是局部渐近稳定的。证毕。

定理 3.3.8 如果 $R_0 > 1$，那么地方病平衡点 E^* 是全局吸引的，即

$$\lim_{t \to \infty} S_k(t) = S_k^*, \quad \lim_{t \to \infty} I_k(t) = I_k^*, \quad \lim_{t \to \infty} R_k(t) = R_k^*, \quad k = 1, 2, \cdots, n$$

证明 由定理 3.3.5 可知，存在常数 $\xi > 0$ 和 $T_0 > 0$，使得

$$1 \geq \Theta(t) \geq \xi, \quad \forall\, t > T_0 \tag{3.3.16}$$

依引理 3.3.1 知，对任意常数 $0 < \xi_1 < b/(2(b+d))$，存在常数 $T_1 > T_0$，使得

$$N_k(t) \leq W_{k,1} - \xi_1, \quad \forall\, t > T_1 \tag{3.3.17}$$

式中

$$W_{k,1} = \frac{b}{b+d} + 2\xi_1 < 1$$

由系统(3.3.1)的第一个方程得

$$\frac{\mathrm{d}S_k(t)}{\mathrm{d}t} \leq b(1 - S_k(t)) - \lambda \xi k S_k(t) - d S_k(t) + (\gamma + \beta)(N_k(t) - S_k(t))$$

$$\leq b + (\gamma + \beta)W_{k,1} - (b + \lambda k \xi + d + \gamma + \beta)S_k(t)$$

于是，对任意常数 $0 < \xi_2 < \min\left\{\dfrac{1}{3}, \xi_1, \dfrac{(b+d+\lambda k\xi)W_{k,1} - b}{2(b+\lambda k\xi + d + \gamma + \beta)}\right\}$，存在常数 $T_2 > T_1$，使得 $S_k(t) \leq X_{k,1} - \xi_2$，$\forall\, t > T_2$，其中

$$X_{k,1} := \frac{b + (\gamma + \beta)W_{k,1}}{b + \lambda k\xi + d + \gamma + \beta} + 2\xi_2 < W_{k,1}$$

由系统(3.3.1)的第二个方程得

$$\frac{\mathrm{d}I_k(t)}{\mathrm{d}t} \leq \lambda k(N_k(t) - I_k(t)) - (\alpha + \delta + \gamma + d)I_k(t)$$

$$= \lambda k W_{k,1} - (\lambda k + \alpha + \delta + \gamma + d) I_k(t), \quad \forall t > T_2$$

因此，对任意常数 $0 < \xi_3 < \min\left\{\dfrac{1}{4}, \xi_2, \dfrac{(\alpha + \delta + \gamma + d) W_{k,1}}{2(\lambda k + \alpha + \delta + \gamma + d)}\right\}$，存在常数 $T_3 > T_2$，使得

$$I_k(t) \leqslant Y_{k,1} - \xi_3, \quad \forall t > T_3$$

式中

$$Y_{k,1} = \frac{\lambda k W_{k,1}}{\lambda k + \alpha + \delta + \gamma + d} + 2\xi_3 < W_{k,1}$$

由系统(3.3.1)的第三个方程得

$$\frac{dR_k(t)}{dt} \leqslant \delta(N_k - R_k) - (d + \beta) R_k(t)$$

$$\leqslant \delta W_{k,1} - (\delta + d + \beta) R_k(t), \quad \forall t > T_3$$

于是，对任意常数 $0 < \xi_4 < \min\left\{\dfrac{1}{5}, \xi_3, \dfrac{(d + \beta) W_{k,1}}{2(\delta + d + \beta)}\right\}$，存在常数 $T_4 > T_3$，使得

$$R_k(t) \leqslant Z_{k,1} - \xi_4, \quad \forall t > T_4$$

式中，

$$Z_{k,1} = \frac{\delta W_{k,1}}{\delta + d + \beta} + 2\xi_4 < W_{k,1}$$

依引理 3.3.1 可知，对任意常数 $0 < \xi_5 < \min\left\{\dfrac{1}{6}, \xi_4, \dfrac{b}{2(b + \gamma + d)}\right\}$，存在常数 $T_5 > T_4$，使得

$$N_k(t) \geqslant w_{k,1} + \xi_5, \quad \forall t > T_5 \qquad (3.3.18)$$

式中

$$w_{k,1} = \frac{b}{b + \gamma + d} - 2\xi_5 > 0$$

于是

$$\frac{dS_k(t)}{dt} \geqslant b(1 - W_{k,1}) - \lambda k S_k(t) - d S_k(t)$$

因此，对任意常数 $0 < \xi_6 < \min\left\{\dfrac{1}{7}, \xi_5, \dfrac{b(1 - W_{k,1})}{2(\lambda k + d)}\right\}$，存在常数 $T_6 > T_5$，使得

$$S_k(t) \geqslant x_{k,1} + \xi_6, \quad \forall t > T_6$$

式中

$$x_{k,1} = \frac{b(1-W_{k,1})}{\lambda k + d} - 2\xi_6 > 0$$

由系统(3.3.1)的第二个方程得

$$\frac{\mathrm{d}I_k(t)}{\mathrm{d}t} \geqslant \lambda k \xi x_{k,1} - (\alpha + \delta + \gamma + d)I_k(t)$$

于是，对任意常数 $0 < \xi_7 < \min\left\{\dfrac{1}{8}, \xi_6, \dfrac{\lambda k \xi x_{k,1}}{2(\alpha + \delta + \gamma + d)}\right\}$，存在常数 $T_7 > T_6$，使得

$$I_k(t) \geqslant y_{k,1} + \xi_7, \quad \forall t > T_7$$

式中

$$y_{k,1} = \frac{\lambda k \xi x_{k,1}}{\alpha + \delta + \gamma + d} - 2\xi_7 > 0$$

由系统(3.3.1)的第三个方程得

$$\frac{\mathrm{d}R_k(t)}{\mathrm{d}t} \geqslant \delta y_{k,1} - (d+\beta)R_k(t), \quad \forall t > T_7$$

于是，对任意常数 $0 < \xi_8 < \min\left\{\dfrac{1}{9}, \xi_7, \dfrac{\delta y_{k,1}}{2(d+\beta)}\right\}$，存在常数 $T_8 > T_7$，使得

$$R_k(t) \geqslant z_{k,1} + \xi_8, \quad \forall t > T_8$$

式中

$$z_{k,1} = \frac{\delta y_{k,1}}{d+\beta} - 2\xi_8 > 0$$

由于

$$\frac{\mathrm{d}N_k(t)}{\mathrm{d}t} \leqslant b - (b+d+\alpha)N_k(t) + \alpha X_{k,1} + \alpha Z_{k,1}, \quad \forall t > T_8$$

因此，对任意常数 $0 < \xi_9 < \min\left\{\dfrac{1}{10}, \xi_8\right\}$，存在常数 $T_9 > T_8$，使得

$$N_k(t) \leqslant W_{k,2}, \quad \forall t > T_9$$

式中

$$W_{k,2} = \min\left\{W_{k,1} - \xi_1, \frac{b + \alpha X_{k,1} + \alpha Z_{k,1}}{b+d+\alpha} + \xi_9\right\}$$

于是

$$\frac{\mathrm{d}S_k(t)}{\mathrm{d}t} \leqslant b(1 - w_{k,1}) - \lambda k S_k(t)\underline{\Theta}_1 - dS_k(t) + \gamma Y_{k,1} + \beta Z_{k,1}, \quad \forall t > T_9$$

式中，$\underline{\Theta}_1 = \langle k \rangle^{-1} \sum_{k=1}^{n} kP(k)y_{k,1}$。因此，对任意常数 $0 < \xi_{10} < \min\left\{\dfrac{1}{11}, \xi_9\right\}$，存在常数 $T_{10} > T_9$，使得

$$S_k(t) \leq \min\left\{X_{k,1} - \xi_2, \dfrac{b(1 - w_{k,1}) + \gamma Y_{k,1} + \beta Z_{k,1}}{\lambda k \underline{\Theta}_1 + d} + \xi_{10}\right\} =: X_{k,2}, \quad \forall t > T_{10}$$

据此有

$$\dfrac{\mathrm{d}I_k(t)}{\mathrm{d}t} \leq \lambda k X_{k,2} \overline{\Theta}_1 - (\alpha + \delta + \gamma + d)I_k(t), \quad \forall t > T_{10} \quad (3.3.19)$$

式中，$\overline{\Theta}_1 = \langle k \rangle^{-1} \sum_{k=1}^{n} kP(k)Y_{k,1}$。因此，对任意常数 $0 < \xi_{11} < \min\left\{\dfrac{1}{12}, \xi_{10}\right\}$，存在常数 $T_{11} > T_{10}$，使得

$$I_k(t) \leq \min\left\{Y_{k,1} - \xi_3, \dfrac{\lambda k X_{k,2} \overline{\Theta}_1}{\alpha + \delta + \gamma + d} + \xi_{11}\right\} =: Y_{k,2}, \quad \forall t > T_{11}$$

故

$$\dfrac{\mathrm{d}R_k(t)}{\mathrm{d}t} \leq \delta Y_{k,2} - (d + \beta)R_k(t) \quad (3.3.20)$$

所以，对任意常数 $0 < \xi_{12} < \min\left\{\dfrac{1}{13}, \xi_{11}\right\}$，存在常数 $T_{12} > T_{11}$，使得

$$R_k(t) \leq \min\left\{Z_{k,1} - \xi_4, \dfrac{\delta Y_{k,2}}{d + \beta} + \xi_{12}\right\} =: Z_{k,2}, \quad \forall t > T_{12}$$

由于

$$\dfrac{\mathrm{d}N_k(t)}{\mathrm{d}t} \geq b - (b + d + \alpha)N_k(t) + \alpha x_{k,1} + \alpha y_{k,1}, \quad \forall t > T_{12}$$

因此，对任意常数 $0 < \xi_{13} < \min\left\{\dfrac{1}{14}, \xi_{12}, \dfrac{b + \alpha x_{k,1} + \alpha y_{k,1}}{2(b + d + \alpha)}\right\}$，存在常数 $T_{13} > T_{12}$，使得

$$N_k(t) \geq w_{k,2} + \xi_{13}, \quad \forall t > T_{13}$$

式中

$$w_{k,2} = \max\left\{w_{k,1} + \xi_5, \dfrac{b + \alpha x_{k,1} + \alpha y_{k,1}}{b + d + \alpha} - 2\xi_{13}\right\}$$

据此有

$$\dfrac{\mathrm{d}S_k(t)}{\mathrm{d}t} \geq b(1 - W_{k,1}) - \lambda k S_k(t) \overline{\Theta}_1 - dS_k(t) + \gamma y_{k,1} + \beta z_{k,1}, \quad \forall t > T_{13}$$

因此，对任意常数 $0 < \xi_{14} < \min\left\{\dfrac{1}{15}, \xi_{13}, \dfrac{b(1-W_{k,1}) + \gamma y_{k,1} + \beta z_{k,1}}{2(\lambda k \overline{\Theta}_1 + d)}\right\}$，存在常数 $T_{14} > T_{13}$，使得

$$S_k(t) \geq x_{k,2} + \xi_{14}, \quad \forall t > T_{14}$$

式中

$$x_{k,2} = \max\left\{x_{k,1} + \xi_6, \dfrac{b(1-W_{k,1}) + \gamma y_{k,1} + \beta z_{k,1}}{\lambda k \overline{\Theta}_1 + d} - 2\xi_{14}\right\}$$

由系统(3.3.1)的第二个方程得

$$\dfrac{dI_k(t)}{dt} \geq \lambda k x_{k,2} \underline{\Theta}_1 - (\alpha + \delta + \gamma + d)I_k(t), \quad \forall t > T_{14}$$

于是，对任意常数 $0 < \xi_{15} < \min\left\{\dfrac{1}{16}, \xi_{14}, \dfrac{\lambda k x_{k,2} \underline{\Theta}_1}{2(\alpha + \delta + \gamma + d)}\right\}$，存在常数 $T_{15} > T_{14}$，使得

$$I_k(t) \geq y_{k,2} + \xi_{15}, \quad \forall t > T_{15}$$

式中

$$y_{k,2} = \max\left\{y_{k,1} + \xi_7, \dfrac{\lambda k x_{k,2} \underline{\Theta}_1}{\alpha + \delta + \gamma + d} - 2\xi_{15}\right\}$$

所以

$$\dfrac{dR_k(t)}{dt} \geq \delta y_{k,2} - (d + \beta)R_k(t), \quad \forall t > T_{16}$$

因此，对任意常数 $0 < \xi_{16} < \min\left\{\dfrac{1}{17}, \xi_{15}, \dfrac{\delta y_{k,2}}{2(d+\beta)}\right\}$，存在常数 $T_{16} > T_{15}$，使得

$$R_k(t) \geq z_{k,2} + \xi_{16}, \quad \forall t > T_{16}$$

式中

$$z_{k,2} = \max\left\{z_{k,1} + \xi_8, \dfrac{\delta y_{k,2}}{d+\beta} - 2\xi_{16}\right\}$$

重复上述过程可得到如下八个数列：

$$\{W_{k,m}\}_{m=1}^{\infty}, \{X_{k,m}\}_{m=1}^{\infty}, \{Y_{k,m}\}_{m=1}^{\infty}, \{Z_{k,m}\}_{m=1}^{\infty}$$
$$\{w_{k,m}\}_{m=1}^{\infty}, \{x_{k,m}\}_{m=1}^{\infty}, \{y_{k,m}\}_{m=1}^{\infty}, \{z_{k,m}\}_{m=1}^{\infty}$$

由于上述八个数列中的前四个是单调递增的，后四个是单调递减的，因而存在充分大的常数 $M > 10$，使得当 $m > M$ 时，有

$$\begin{cases}
W_{k,m} = \dfrac{b + \alpha X_{k,m-1} + \alpha Y_{k,m-1}}{b + d + \alpha} + \xi_{8m-7} \\[6pt]
X_{k,m} = \dfrac{b(1 - w_{k,m-1}) + \gamma Y_{k,m-1} + \beta Z_{k,m-1}}{\lambda k \underline{\Theta}_{m-1} + d} + \xi_{8m-6} \\[6pt]
Y_{k,m} = \dfrac{\lambda k X_{k,m} \overline{\Theta}_{m-1}}{\alpha + \delta + \gamma + d} + \xi_{8m-5} \\[6pt]
Z_{k,m} = \dfrac{\delta Y_{k,m}}{d + \beta} + \xi_{8m-4} \\[6pt]
w_{k,m} = \dfrac{b + \alpha x_{k,m-1} + \alpha y_{k,m-1}}{b + d + \alpha} - 2\xi_{8m-3} \\[6pt]
x_{k,m} = \dfrac{b(1 - W_{k,m-1}) + \gamma y_{k,m-1} + \beta z_{k,m-1}}{\lambda k \overline{\Theta}_{m-1} + d} - 2\xi_{8m-2} \\[6pt]
y_{k,m} = \dfrac{\lambda k x_{k,m} \underline{\Theta}_{m-1}}{\alpha + \delta + \gamma + d} - 2\xi_{8m-1} \\[6pt]
z_{k,m} = \dfrac{\delta y_{k,m}}{d + \beta} - 2\xi_{8m}
\end{cases} \qquad (3.3.21)$$

式中，$\underline{\Theta}_m = \langle k \rangle^{-1} \sum_{k=1}^{n} kP(k) y_{k,m}$；$\overline{\Theta}_m = \langle k \rangle^{-1} \sum_{k=1}^{n} kP(k) Y_{k,m}$；$\xi_m$ 满足 $0 < \xi_m < \dfrac{1}{m+1}$。而且，对任意常数 $m > M$ 及 $t > T_{8m}$，有

$$W_{k,m} \geq N_k(t) \geq w_{k,m}, \quad X_{k,m} \geq S_k(t) \geq x_{k,m}$$
$$Y_{k,m} \geq I_k(t) \geq y_{k,m}, \quad Z_{k,m} \geq R_k(t) \geq z_{k,m}$$

因此，上述数列都存在极限且是正的。设

$$\lim_{m \to \infty} (W_{k,m}, X_{k,m}, Y_{k,m}, Z_{k,m}, w_{k,m}, x_{k,m}, y_{k,m}, z_{k,m})$$
$$= (W_k, X_k, Y_k, Z_k, w_k, x_k, y_k, z_k)$$

对式(3.3.21)中每个序列取极限 $m \to \infty$，得

$$\begin{cases}
W_k = \dfrac{b + \alpha X_k + \alpha Z_k}{b + d + \alpha}, & w_k = \dfrac{b + \alpha x_k + \alpha z_k}{b + d + \alpha} \\[6pt]
X_k = \dfrac{b(1 - w_k) + \gamma Y_k + \beta Z_k}{\lambda k \underline{\Theta} + d}, & x_k = \dfrac{b(1 - W_k) + \gamma y_k + \beta z_k}{\lambda k \overline{\Theta} + d} \\[6pt]
Z_k = \dfrac{\delta Y_k}{d + \beta}, & z_k = \dfrac{\delta y_k}{d + \beta}
\end{cases} \qquad (3.3.22)$$

以及

$$Y_k = \frac{\lambda k X_k \overline{\Theta}}{\alpha + \delta + \gamma + d}, \quad y_k = \frac{\lambda k x_k \underline{\Theta}}{\alpha + \delta + \gamma + d} \tag{3.3.23}$$

式中，$\overline{\Theta} = 1/\langle k \rangle \sum_{k=1}^{n} kP(k)Y_k$；$\underline{\Theta} = 1/\langle k \rangle \sum_{k=1}^{n} kP(k)y_k$。由式(3.3.23)得

$$\frac{1}{\langle k \rangle}\sum_{k=1}^{n} k^2 P(k) X_k = \alpha + \delta + \gamma + d = \frac{1}{\langle k \rangle}\sum_{k=1}^{n} k^2 P(k) x_k$$

即 $\sum_{k=1}^{n} k^2 P(k)(X_k - x_k) = 0$，所以 $X_k = x_k$。再由式(3.3.22)得

$$\lambda k X_k (\overline{\Theta} - \underline{\Theta}) + \beta(Y_k - y_k) + b(W_k - w_k) = 0$$

因此，$Y_k = y_k$，$W_k = w_k$，$Z_k = z_k$。最后，利用方程 $f(\Theta) = 0$ 正解的唯一性得 $X_k = S_k^*$，$Y_k = I_k^*$，$Z_k = R_k^*$。证毕。

注 3.3.2 由定理 3.3.4 和定理 3.3.6 可知，R_0 本质上就是系统(3.3.1)的基本再生数。

令 $\beta_c = (1 + d/b)(d + \alpha + \gamma + \delta)\langle k \rangle/\langle k^2 \rangle$。易见，$R_0 > 1$ 当且仅当 $\lambda > \lambda_c$。而且，当 $\lambda < \lambda_c$ 时，传染病最终灭绝；当 $\lambda > \lambda_c$ 时，传染病会持续传播且形成地方病。对于无标度网络，当网络规模趋于无穷大时，二阶矩 $\langle k^2 \rangle$ 发散，从而 λ_c 趋于零。因此，当网络规模趋于无穷大时，只要 $\lambda > 0$ 而无论它多么小，传染病都将长期存在。这说明网络结构的异质性对传染病的传播行为有实质影响。

3.3.3 最优控制策略

本节提出一个最优控制问题，旨在寻找一种动态控制策略，目标是使易感者数量、染病者数量和治疗成本达到最小，假设状态方程为

$$\begin{cases} \dfrac{dS_k(t)}{dt} = b(1 - S_k(t) - I_k(t) - R_k(t)) - \lambda k S_k(t)\Theta(t) - dS_k(t) + \\ \qquad\qquad \gamma_k(t) I_k(t) + \beta R_k(t) \\ \dfrac{dI_k(t)}{dt} = \lambda k S_k(t)\Theta(t) - \alpha I_k(t) - dI_k(t) - \delta I_k(t) - \gamma_k(t) I_k(t) \\ \dfrac{dR_k(t)}{dt} = \delta I_k(t) - dR_k(t) - \beta R_k(t), \quad k = 1, 2, \cdots, n \end{cases} \tag{3.3.24}$$

式中，$S_1(t)$，$I_1(t)$，$R_1(t)$，$S_2(t)$，$I_2(t)$，$R_2(t)$，$\cdots$，$S_n(t)$，$I_n(t)$，$R_n(t)$ 是状态变量；$\gamma_1(t)$，$\gamma_2(t)$，$\cdots$，$\gamma_n(t)$ 是控制变量。假设控制变量是给定区间 $[0, T]$ 上的 Lebesgue 可测函数，容许控制集 U 是

$$U = \{\boldsymbol{u} = (\gamma_1(t), \cdots, \gamma_n(t)) \mid \underline{\gamma}_k \leq \gamma_k(t) \leq \overline{\gamma}_k, t \in [0, T], k = 1, 2, \cdots, n\}$$

式中，$\underline{\gamma}_k$ 和 $\overline{\gamma}_k$ 是正常数。定义如下一个目标泛函：

$$J(\boldsymbol{u}) = \sum_{k=1}^{n}\int_0^T \left(b_k S_k(t) + c_k I_k(t) + \frac{1}{2}a_k \gamma_k^2(t)\right)dt$$

式中，a_k，b_k，$c_k \geqslant 0(k=1, 2, \cdots, n)$ 是加权系数。目标是在 U 上找到使 $J(u)$ 达到最小的最优控制函数 u^*。因此，提出如下最优化问题：

$$\begin{cases} \min_{u \in U} J(u) = \sum_{k=1}^{n} \int_{0}^{T} \left(b_k S_k(t) + c_k I_k(t) + \frac{1}{2} a_k \gamma_k^2(t) \right) \mathrm{d}t \\ \mathrm{s.t.}\ (3.3.24),\ (S_1(0), I_1(0), R_1(0), \cdots, S_k(0), I_k(0), R_k(0)) \in \Omega \end{cases} \quad (3.3.25)$$

式中，Ω 的定义见注 3.3.1。先讨论系统(3.3.24)解的存在性。记

$$\boldsymbol{x}_k(t) = (S_k(t), I_k(t), R_k(t))^{\mathrm{T}}, \quad \boldsymbol{x}(t) = (x_1(t), x_2(t), \cdots, x_n(t))^{\mathrm{T}}$$

因此，系统(3.3.24)可写成如下等价的向量形式：

$$\frac{\mathrm{d}\boldsymbol{x}(t)}{\mathrm{d}t} = \boldsymbol{A}(t)\boldsymbol{x}(t) + \boldsymbol{F}(\boldsymbol{x}(t)) =: \boldsymbol{G}(\boldsymbol{x}(t))$$

式中，$\boldsymbol{A}(t) = \mathrm{diag}(\boldsymbol{A}_1(t), \boldsymbol{A}_2(t), \cdots, \boldsymbol{A}_k(t))$；$\boldsymbol{F}(x) = (\boldsymbol{F}_1(x), \boldsymbol{F}_2(x), \cdots, \boldsymbol{F}_n(x))^{\mathrm{T}}$。且

$$\boldsymbol{A}_k(t) = \begin{pmatrix} -(b+d) & \gamma_k(t) - b & \beta - b \\ 0 & -(\alpha + \delta + \gamma_k(t) + d) & 0 \\ 0 & \delta & -\beta - d \end{pmatrix}$$

$$\boldsymbol{F}_k(x) = \begin{pmatrix} b - \lambda k S_k(t) \Theta(t) \\ \lambda k S_k(t) \Theta(t) \\ 0 \end{pmatrix}$$

由于系统(3.3.24)中的系数是有界的，因此，$\boldsymbol{G}$ 满足 $|\boldsymbol{G}(x_1) - \boldsymbol{G}(x_2)| \leqslant M|x_1 - x_2|$，其中 M 是正常数，即 $\boldsymbol{G}$ 是 Lipschitz 连续的。再由 u 的定义以及 $S_k(t)$、$I_k(t)$、$R_k(t) \geqslant 0$ 的限制，可知系统(3.3.24)存在一个非负解[126]。

为便于求解最优控制问题(3.3.25)，定义 Hamilton 函数 H 如下：

$$H(\boldsymbol{x}, \boldsymbol{u}, \boldsymbol{\lambda}) = L(\boldsymbol{x}, \boldsymbol{u}) + \sum_{k=1}^{n} \left(\lambda_{1k}(t) \frac{\mathrm{d}S_k}{\mathrm{d}t} + \lambda_{2k}(t) \frac{\mathrm{d}I_k}{\mathrm{d}t} + \lambda_{3k}(t) \frac{\mathrm{d}R_k}{\mathrm{d}t} \right)$$

式中，$L(\boldsymbol{x}, \boldsymbol{u}) = \sum_{k=1}^{n} \left(b_k S_k(t) + c_k I_k(t) + \frac{1}{2} a_k \gamma_k^2(t) \right)$ 是 Lagrange 函数；$\lambda_{1k}(t)$、$\lambda_{2k}(t)$、$\lambda_{3k}(t)$ 是相应的伴随函数；$\boldsymbol{\lambda} = (\lambda_{11}, \lambda_{12}, \cdots, \lambda_{1n}, \lambda_{21}, \lambda_{22}, \cdots, \lambda_{2n}, \lambda_{31}, \lambda_{32}, \cdots, \lambda_{3n})$。

定理 3.3.9 最优控制问题(3.3.25)存在一个最优控制 $\boldsymbol{u}^* = (\gamma_1^*, \gamma_2^*, \cdots, \gamma_n^*)$。

证明 由于控制变量 $\gamma_k(t)$ 和状态变量 $S_k(t)$、$I_k(t)$、$R_k(t)$ 都是非负的，所以目标函数 $J(u)$ 是凸的，显然，控制集 U 是闭的凸集。而且，L 在控制集 U 上也是凸的。此外，易见：存在常数 $C_1 > 0$ 和 $C_2 > 0$，使得 $L(\boldsymbol{x}, \boldsymbol{u}) \geqslant C_1 |\boldsymbol{u}|^2 - C_2$，其中 $|\boldsymbol{u}| = \sqrt{\gamma_1^2 + \gamma_2^2 + \cdots + \gamma_n^2}$。因此，控制问题(3.3.25)存在一个最优控制 $\boldsymbol{u}^*$ [127]。证毕。

定理 3.3.10 设 $\{(S_k^*(t), I_k^*(t), R_k^*(t))\}_{k=1}^{n}$ 是对应于控制问题(3.3.25)

的最优控制 u^* 的状态变量,则存在伴随函数 $\{(\lambda_{1k}(t), \lambda_{2k}(t), \lambda_{3k}(t))\}_{k=1}^{n}$,使得

$$\begin{cases} \dfrac{\mathrm{d}\lambda_{1k}(t)}{\mathrm{d}t} = -b_k + \lambda_{1k}(t)(b+d+\lambda k\Theta(t)) - \lambda k\lambda_{2k}(t)\Theta(t) \\ \dfrac{\mathrm{d}\lambda_{2k}(t)}{\mathrm{d}t} = -c_k + \lambda_{1k}(t)\left(b + \dfrac{\lambda k^2 P(k)}{\langle k \rangle}S_k^*(t) - \gamma_k^*(t)\right) - \delta\lambda_{3k}(t) + \\ \qquad\qquad\qquad \lambda_{2k}(t)\left(d+\alpha+\delta+\gamma_k^*(t) - \dfrac{\lambda k^2 P(k)}{\langle k \rangle}S_k^*(t)\right) \\ \dfrac{\mathrm{d}\lambda_{3k}(t)}{\mathrm{d}t} = (d+\beta)\lambda_{3k}(t) - (\beta-b)\lambda_{1k}(t) \end{cases} \quad (3.3.26)$$

其横截条件是

$$\lambda_{1k}(T) = \lambda_{2k}(T) = \lambda_{3k}(T) = 0, \quad k=1,2,\cdots,n$$

而且,最优控制 $u^*(t)$ 的分量 $\gamma_k^*(t)$ 具有如下形式:

$$\gamma_k^*(t) = \min\left\{\max\left\{\underline{\gamma_k}, \dfrac{(\lambda_{2k}(t)-\lambda_{1k}(t))I_k^*(t)}{a_k}\right\}, \overline{\gamma_k}\right\}, \quad k=1,2,\cdots,n$$

证明 应用 Pontryagin 极大值原理[128-129]可知,存在函数 λ_{1k}、λ_{2k}、λ_{3k}($k=1,2,\cdots,n$),使得

$$\dfrac{\mathrm{d}\lambda_{1k}(t)}{\mathrm{d}t} = -\dfrac{\partial H(\boldsymbol{x}^*, \boldsymbol{u}^*, \boldsymbol{\lambda})}{\partial S_k}$$

$$\dfrac{\mathrm{d}\lambda_{2k}(t)}{\mathrm{d}t} = -\dfrac{\partial H(\boldsymbol{x}^*, \boldsymbol{u}^*, \boldsymbol{\lambda})}{\partial I_k}$$

$$\dfrac{\mathrm{d}\lambda_{3k}(t)}{\mathrm{d}t} = -\dfrac{\partial H(\boldsymbol{x}^*, \boldsymbol{u}^*, \boldsymbol{\lambda})}{\partial R_k}$$

故式(3.3.26)成立。

由极值条件,得

$$\left.\dfrac{\partial H}{\partial \gamma_k}\right|_{\gamma_k=\gamma_k^*} = a_k\gamma_k^* + I_k^*(\lambda_{1k} - \lambda_{2k}) = 0$$

因此,$\gamma_k^* = \dfrac{(\lambda_{2k}(t)-\lambda_{1k}(t))I_k^*(t)}{a_k}$。再由控制集的定义,有

$$\gamma_k^* = \begin{cases} \underline{\gamma_k}, & \dfrac{(\lambda_{2k}(t)-\lambda_{1k}(t))I_k^*(t)}{a_k} \leq \underline{\gamma_k} \\ \dfrac{(\lambda_{2k}(t)-\lambda_{1k}(t))I_k^*(t)}{a_k}, & \underline{\gamma_k} < \dfrac{(\lambda_{2k}(t)-\lambda_{1k}(t))I_k^*(t)}{a_k} < \overline{\gamma_k} \\ \overline{\gamma_k}, & \dfrac{(\lambda_{2k}(t)-\lambda_{1k}(t))I_k^*(t)}{a_k} \geq \overline{\gamma_k} \end{cases}$$

于是，最优控制 $\boldsymbol{u}^*(t)$ 中的分量 $\gamma_k^*(t)$ 可表示成如下形式：

$$\gamma_k^*(t) = \min\left\{\max\left\{\underline{\gamma_k}, \frac{(\lambda_{2k}(t) - \lambda_{1k}(t))I_k^*(t)}{a_k}\right\}, \overline{\gamma_k}\right\}, \quad k = 1, 2, \cdots, n$$

证毕。

将 u^* 代入系统(3.3.24)中，便得到如下系统：

$$\begin{cases} \dfrac{\mathrm{d}S_k^*(t)}{\mathrm{d}t} = b(1 - S_k^*(t) - I_k^*(t) - R_k^*(t)) - \lambda k S_k^*(t)\Theta(t) - dS_k^*(t) + \\ \qquad\qquad \min\left\{\max\left\{\underline{\gamma_k}, \dfrac{(\lambda_{2k}(t) - \lambda_{1k}(t))I_k^*(t)}{a_k}\right\}, \overline{\gamma_k}\right\} I_k^*(t) + \beta R_k^*(t) \\ \dfrac{\mathrm{d}I_k^*(t)}{\mathrm{d}t} = \lambda k S_k^*(t)\Theta(t) - \alpha I_k^*(t) - dI_k^*(t) - \delta I_k^*(t) - \\ \qquad\qquad \min\left\{\max\left\{\underline{\gamma_k}, \dfrac{(\lambda_{2k}(t) - \lambda_{1k}(t))I_k^*(t)}{a_k}\right\}, \overline{\gamma_k}\right\} I_k^*(t) \\ \dfrac{\mathrm{d}R_k^*(t)}{\mathrm{d}t} = \delta I_k^*(t) - dR_k^*(t) - \beta R_k^*(t), \quad k = 1, 2, \cdots, n \end{cases}$$

3.3.4 数值模拟

本节提供几个数值算例验证理论结果。考虑无标度网络，其中 $P(k) = ak^{-3}$，$n = 500$，常数 a 满足 $\sum\limits_{k=1}^{500} P(k) = 1$。

例 3.3.1 图 3.3.2 模拟了 $(S_k, I_k, R_k)(k = 80, 300)$ 的时间序列图，其中参数取为 $b = 0.35$，$d = 0.2$，$\gamma = 0.15$，$\beta = 0.45$，$\delta = 0.1$ 及 $\lambda = 0.22$，则 $R_0 = 0.9647 < 1$。显然，数值结果与定理 3.3.3 是一致的。

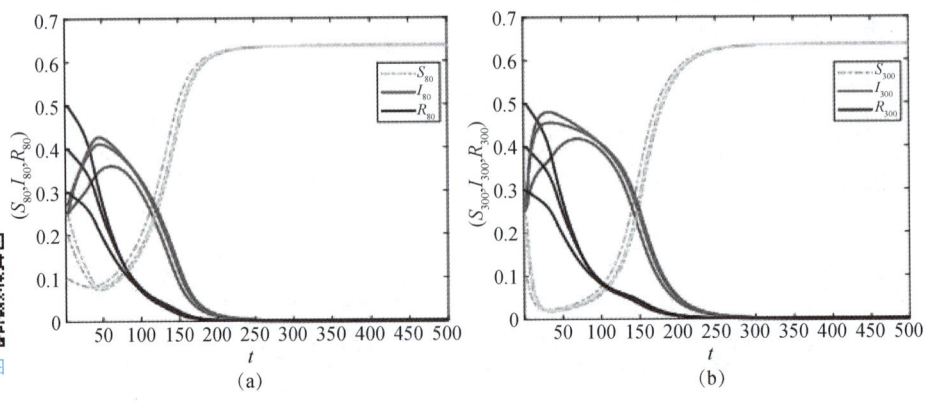

图 3.3.2 彩图

图 3.3.2 具有不同初值的 $(S_k(t), I_k(t), R_k(t))$ 的时间序列图（$R_0 < 1$）

(a) $k = 80$；(b) $k = 300$

例 3.3.2 图 3.3.3 模拟了常值控制与最优控制下的 $(S_k, I_k, R_k)(k = 80, 300)$ 的时间序列图，其中 $b = 0.35$，$d = 0.2$，$\gamma = 0.15$，$\beta = 0.45$，$\delta = 0.1$，$\lambda = 0.25$，则 $R_0 = 1.0963 > 1$。由图可知，每一条轨线都趋于正的稳态，数值结果与定理 3.3.5 一致。

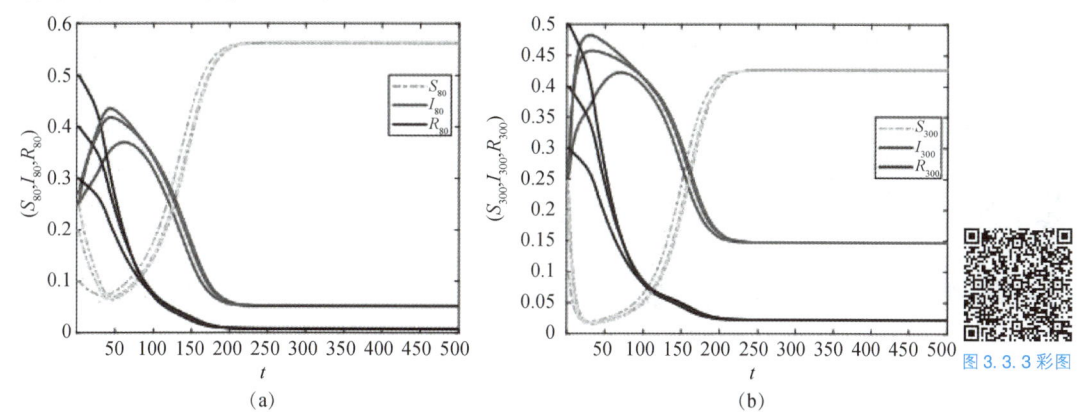

图 3.3.3 具有不同初值的 $(S_k(t), I_k(t), R_k(t))$ 的时间序列图（$R_0 > 1$）
(a) $k = 80$；(b) $k = 300$

例 3.3.3 图 3.3.4 模拟了 $I_k(k = 25, 50, 150, 250)$ 的时间序列图，其中 $b = 0.16$，$d = 0.2$，$\lambda = 0.3$，$\delta = 0.1$，$\alpha = 0.15$，$\beta = 0.45$。在图 3.3.4(a) 中，$\gamma = 0$，这是没有实施任何控制的情形，则 $R_0 = 1.2251 > 1$。图 3.3.4(b) 是实施了最优控制的情形，对比两个图可知，最优控制的效果非常明显。事实上，通过实施最优控制策略，传染病在某一时刻之后灭绝。

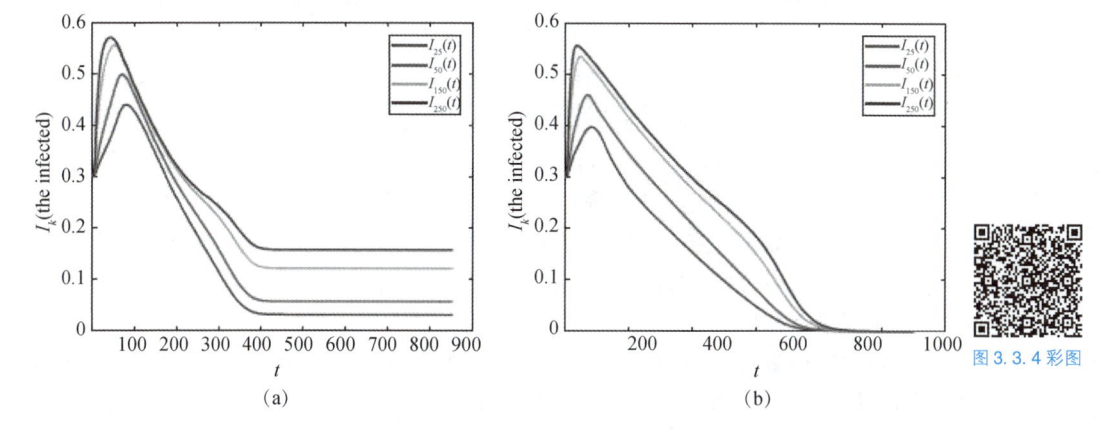

图 3.3.4 $I_k(k = 25, 50, 150, 250)$ 的时间序列图
(a) 没有实施任何控制的情形；(b) 实施了最优控制的情形

例 3.3.4 图 3.3.5 模拟了 $I_k(k = 1, 70, 180, 290, 320)$ 的时间序列图，其中 $b = 0.25$，$d = 0.1$，$\lambda = 0.2$，$\delta = 0.1$，$\alpha = 0.15$，$\beta = 0.45$。在图 3.3.5(a) 中，

$\gamma = 0.05$，这是实施了常值控制的情形，则 $R_0 = 1.4766 > 1$。图 3.3.5(b) 是实施了最优控制的情形。对比两个图可知，通过实施最优控制策略，传染病最终灭绝。

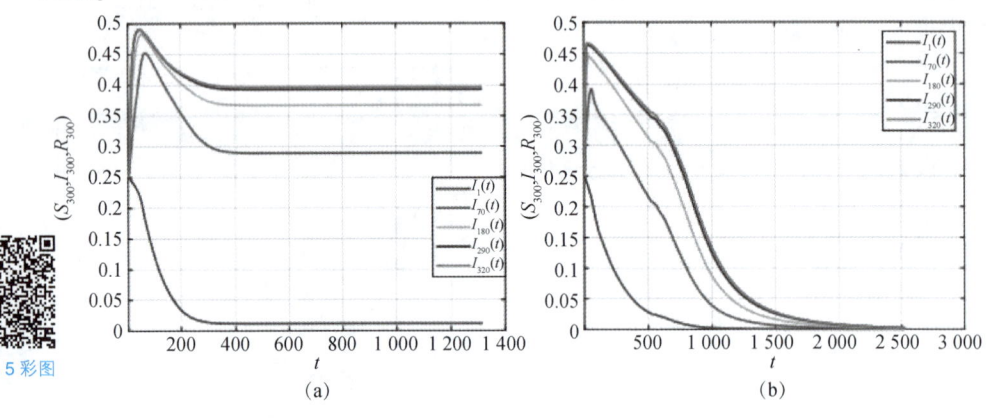

图 3.3.5 $I_k(k=1, 70, 180, 290, 320)$ 的时间序列图
(a) 实施常值控制的情形；(b) 实施了最优控制的情形

3.3.5 本节小结

我们建立了网络上具有出生和死亡的 SIRS 动力学模型，旨在把由出生和死亡导致的可能发生的情况尽可能地体现在一个模型中，使模型具有一定的普适意义。

我们求出了基本再生数 R_0，它与网络结构、出生率、死亡率、隔离率及恢复率等密切相关。进一步证明了：当 $R_0 < 1$ 时，传染病最终会灭绝；当 $R_0 > 1$ 时，模型存在唯一且全局稳定的正平衡点，即传染病会在网络上长期存在且形成地方病。需要指出的是，由于方程组是高维的且具有高度的耦合性，所以直接运用 Lyapunov 方法来证明地方病平衡点的全局渐近稳定性是非常困难的。为克服这个困难，首先利用 Lyapunov 方法证明地方病平衡点是局部渐近稳定的，然后运用单调迭代技巧证明地方病平衡点是全局吸引的，这样便证明了全局渐近稳定性。由基本再生数的构成可知，网络的异质性导致当网络规模趋于无穷大时，基本再生数趋于无穷大。这说明传染病传播不存在阈值，无论传染率多么小，传染病都会在网络上持续传播。

此外，应用最优控制理论找到了一种控制易感者数量和染病者数量及治疗成本的动态控制策略。数值算例显示，采用最优控制策略后，传染病最终灭绝。

3.4 本章小结

Zhang 和 Jin[46] 研究了度相关网络上具有出生和死亡的 SIS 传播模型的动力

学行为，证明了当基本再生数大于 1 时，该模型存在唯一且局部稳定的正平衡点。一个更为重要的问题是该正平衡点是不是全局渐近稳定的。通过详细的数学分析，我们完全解决了这一问题。基于平均场方法，我们提出了一个更具有一般意义的 SIRS 传播模型，并研究了其动力学行为。特别地，通过 Lyapunov 方法与单调迭代技巧相结合的方法，我们证明了该模型地方病平衡点的全局渐近稳定性。这种方法将被用于研究下一章中更为复杂的动力学模型的相同问题。

此外，我们针对每一个模型均提出了一个最优控制问题，并运用最优控制理论找到了一个控制治疗成本及染病规模的动态策略，数值算例验证了最优控制策略的有效性。

第四章
复杂网络上带有隔离项和治疗项的动力学模型

4.1 引言

在控制像天花和 SARS 这样传染力很强的传染病的过程中，对症状明显的染病者采取隔离措施已被证明是非常有效的。关于传统带隔离项的传播模型的研究已很丰富，但是基于复杂网络的带有隔离项的传播模型研究却不多见。为探究网络的异质性与隔离措施对控制传染病传播行为的影响，Li 和 Wang 等[60]以及 Huang 和 Chen 等[61]均建立了无标度网络上带有隔离项的 SIQRS 模型，研究结果表明提高隔离率能有效抑制传染病的传播。Kang 和 Fu 等[62]提出了无标度网络上隔离率依赖度值的 SEIQR 动力学模型并研究了其动力学行为。然而，上述模型都忽略了一个重要因素，即有效的治疗也可以在控制传染病传播过程中发挥重要作用。

为探究同时实施隔离和治疗措施对控制传染病在网络上传播的效果，我们将提出一个网络上带有隔离项和治疗项的动力学模型，并研究其动力学行为。为控制治疗成本及染病者数量，我们提出了一个最优混合控制问题。本章的结构安排如下：在 4.2 节，介绍模型的建立过程。在 4.3 节，着重研究传染病是否能爆发，如果爆发，那么是不是全局稳定的问题。在 4.4 节，研究最优混合控制问题。在 4.5 节，提供一些数值算例来验证理论结果。在 4.6 节，总结本章的主要研究工作。

4.2 模型建立

令 $S_k(t)$、$I_k(t)$、$Q_k(t)$ 和 $R_k(t)$ 分别表示度为 k 的易感者节点、染病者节点、隔离者节点和移出者节点的相对密度，其中 $k = 1, 2, \cdots, n$，n 是所有节点的最大度。参数 β、α、δ、γ、σ 和 ε 都是正常数。β 是传染率，α 是接种者的比率，γ 是恢复率，σ 是被隔离者的比率。经过科学的治疗后，一部分被隔离者以比率 ε 转变成移出者。然而，由于免疫力的丧失，一些移出者以比率 δ 再次成为易感者。ν 是染病者接受治疗的比率，由于治疗水平的局限，染病者再次以比率 $\tau\nu$ 变成易感者，其他全部以比率 $(1-\tau)\nu$ 转变为移出者，其中 ν 是正常数，常数 $\tau \in [0, 1]$。传染病的传播机制框图见图 4.2.1。利用平均场方法[19,22]可建立如下动力学模型：

$$\begin{cases} \dfrac{dS_k(t)}{dt} = -\beta k S_k(t)\Theta(t) - \alpha S_k(t) + \delta R_k(t) + \tau\nu I_k(t) \\ \dfrac{dI_k(t)}{dt} = \beta k S_k(t)\Theta(t) - \gamma I_k(t) - \sigma I_k(t) - \nu I_k(t) \\ \dfrac{dQ_k(t)}{dt} = \sigma I_k(t) - \varepsilon Q_k(t) \\ \dfrac{dR_k(t)}{dt} = \gamma I_k(t) + \varepsilon Q_k(t) + \alpha S_k(t) - \delta R_k(t) + (1-\tau)\nu I_k(t) \end{cases} \quad (4.2.1)$$

式中，$\Theta(t) = \langle k \rangle^{-1} \sum_{k=1}^{n} kP(k)I_k(t)$，此处 $P(k)$ 是度分布，$\langle k \rangle = \sum_{k=1}^{n} kP(k)$。

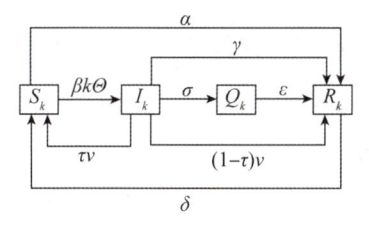

图 4.2.1 传染病的传播机制框图

4.3 模型分析

假设初值条件满足

$$\begin{cases} S_k(0) > 0, \ I_k(0) \geq 0, \ Q_k(0) \geq 0, \ R_k(0) \geq 0, \ \Theta(0) > 0 \\ S_k(0) + I_k(0) + Q_k(0) + R_k(0) = 1, \ k = 1, 2, \cdots, n \end{cases} \quad (4.3.1)$$

由于 $\dfrac{d}{dt}(S_k(t) + I_k(t) + Q_k(t) + R_k(t)) = 0$，则 $S_k(t) + I_k(t) + Q_k(t) + R_k(t) = 1$。因此，如下集合

$$\Omega = \{\{(S_k, I_k, Q_k, R_k)\}_{k=1}^{n} \mid S_k, I_k, Q_k, R_k \geq 0, S_k + I_k + Q_k + R_k = 1\}$$

是一个正向不变集。

4.3.1 解的性质

定理 4.3.1 设 $\{(S_k, I_k, Q_k, R_k)\}_{k=1}^{n}$ 是具有初值条件(4.3.1)的系统(4.2.1)的一个解，则

$$0 < S_k(t), I_k(t), Q_k(t), R_k(t) < 1, \quad \forall t > 0, k = 1, 2, \cdots, n$$

证明 注意到 Θ 满足

$$\frac{d\Theta(t)}{dt} = \left[\frac{\lambda}{\langle k \rangle}\sum_{k=1}^{n}k^2 P(k)S_k(t) - (\delta + \gamma + \nu)\right]\Theta(t) =: Y(t)\Theta(t)$$

则

$$\Theta(t) = \Theta(0)\exp\left\{\int_0^t Y(s)ds\right\} > 0, \quad \forall t \geq 0$$

由于解是连续的，因而如下集合非空：

$$\Gamma_k = \{\tau > 0 \mid S_k(t) > 0, \forall t \in [0, \tau)\}, \quad k = 1, 2, \cdots, n$$

并且，对每个 k，$\tau_k = \inf \Gamma_k > 0$。往证 $\tau_k = \infty$ ($\forall k = 1, 2, \cdots, n$)。若不然，则存在某个 m，使得 $\tau_m < \infty$。于是，由连续性得 $S_m(t) > 0$，$\forall t \in [0, \tau_m)$，且 $S_m(\tau_m) = 0$。由系统(4.2.1)的第二个方程得

$$I_m(t) = e^{-(\delta+\gamma+\nu)t}I_m(0) + \lambda m \int_0^t e^{-(\delta+\gamma+\nu)(t-s)}S_m(s)\Theta(s)ds > 0, \quad \forall t \in (0, \tau_m]$$

据此及系统(4.2.1)的第三个方程得

$$Q_m(t) = e^{-\varepsilon t}Q_m(0) + \sigma \int_0^t e^{-\varepsilon(t-s)}I_m(s)ds > 0, \quad \forall t \in (0, \tau_m]$$

因而由系统(4.2.1)的第四个方程得

$$R_m(t) = e^{-\delta t}R_m(0) + \int_0^t e^{-\delta(t-s)}\{[\gamma + (1-\tau)\nu]I_m(s) + \alpha S_m(s) + \varepsilon Q_m(s)\}ds > 0$$

$$\forall t \in (0, \tau_m]$$

据此及系统(4.2.1)的第一个方程得

$$S_m(t) = \exp\left\{-\int_0^t (\alpha + \beta k\Theta(s))ds\right\}S_m(0) +$$

$$\int_0^t (\tau\nu I_m(s) + \delta R_m(s))\exp\left\{-\int_s^t (\alpha + \beta k\Theta(s))ds\right\}ds > 0$$

$$\forall t \in (0, \tau_m]$$

特别地，$S_m(\tau_m) > 0$，这与 $S_m(\tau_m) = 0$ 矛盾。于是，$\tau_k = \infty$ ($\forall k = 1, 2, \cdots, n$)。所以，$S_k(t) > 0$，$\forall t > 0$。重复上述过程可得，$I_k(t) > 0$，$Q_k(t) > 0$，$R_k(t) > 0$，$\forall t > 0$。证毕。

定义：

$$R_0 = \frac{\delta\beta\langle k^2 \rangle}{(\delta + \alpha)(\gamma + \sigma + \nu)\langle k \rangle}$$

式中，$\langle k^2 \rangle = \sum_{k=1}^{n} k^2 P(k)$。

定理 4.3.2 系统(4.2.1)存在无病平衡点 $E_0 = \{S_k^0, 0, 0, R_k^0\}_{k=1}^{n}$，其中 $S_k^0 = \delta/(\delta+\alpha)$，$R_k^0 = \alpha/(\delta+\alpha)$。而且，如果 $R_0 > 1$，则系统(4.2.1)存在唯一地方病平衡点 $E^* = \{(S_k^*, I_k^*, Q_k^*, R_k^*)\}_{k=1}^{n}$：

$$\begin{cases} S_k^* = \dfrac{\gamma+\sigma+\nu}{\beta k \Theta^*} I_k^*, \quad Q_k^* = \dfrac{\sigma}{\varepsilon} I_k^*, \quad R_k^* = \dfrac{1}{\delta}(\hat\gamma I_k^* + \alpha S_k^* + \varepsilon Q_k^*) \\ I_k^* = \dfrac{\delta \beta k \Theta^*}{\beta k \Theta^*[\hat\gamma + \sigma + \delta(1+\sigma/\varepsilon)] + (\gamma+\sigma+\nu)(\alpha+\delta)} \end{cases}$$

式中，$\Theta^* = \langle k \rangle^{-1} \sum_{k=1}^{n} k P(k) I_k^*$；$\hat\gamma = \gamma + (1-\tau)\nu$。

证明 假设 $\{(S_k^*, I_k^*, Q_k^*, R_k^*)\}_{k=1}^{n}$ 是系统(4.2.1)的一个正平衡解，则

$$\begin{cases} S_k^* + I_k^* + Q_k^* + R_k^* = 1 \\ \beta k S_k(t) \Theta^* - \gamma I_k^* - \sigma I_k^* - \nu I_k^* = 0 \\ \sigma I_k^* - \varepsilon Q_k^* = 0 \\ \gamma I_k^* + \varepsilon Q_k^* + \alpha S_k^* - \delta R_k^* + (1-\tau)\nu I_k^* = 0 \end{cases}$$

式中，$\Theta^* = \langle k \rangle^{-1} \sum_{k=1}^{n} k P(k) I_k^*$。那么，$\Theta^*$ 必满足 $f(\Theta^*) = 0$，其中

$$f(\Theta) = \frac{1}{\langle k \rangle} \sum_{k=1}^{n} \frac{\delta \beta k^2 P(k) \Theta}{\beta k \Theta[\hat\gamma + \sigma + \delta(1+\sigma/\varepsilon)] + (\gamma+\sigma+\nu)(\alpha+\delta)} - \Theta$$

显然，有 $f(0) = 0$，$f(1) < 0$，$f'(\Theta)|_{\Theta=0} = R_0 - 1$，$f''(\Theta) < 0$，$\forall \Theta > 0$。易见，方程 $f(\Theta) = 0$ 有唯一正根的充分必要条件是 $f'(\Theta)|_{\Theta=0} > 0$，即 $R_0 > 1$。证毕。

4.3.2 稳定性分析

利用类似于证明定理 3.2.1 的方法可得如下定理。

定理 4.3.3 系统(4.2.1)的无病平衡点 E^0 当 $R_0 < 1$ 时是局部渐近稳定的，而当 $R_0 > 1$ 时是不稳定的。

定理 4.3.4 如果 $R_0 < 1$，则无病平衡点 E^0 是全局渐近稳定的，即传染病最终会灭绝。

证明 依定理 4.3.6，为证明 E^0 的全局渐近稳定性，仅需证明：E^0 是全局吸引的。设 $\{(S_k, I_k, Q_k, R_k)\}_{k=1}^{n}$ 是系统(4.2.1)的正解，$N_k = S_k + I_k + Q_k$，则有

$$\frac{\mathrm{d} N_k}{\mathrm{d} t} = \delta(1 - N_k) - \alpha S_k - \varepsilon Q_k - \hat\gamma I_k \leqslant \delta - (\delta+\alpha) S_k$$

两端关于 t 在 $(0, t)$ 上积分，有

$$\frac{1}{t}\int_0^t S_k(s)\,\mathrm{d}s \leqslant \frac{\delta}{\delta+\alpha} - \frac{N_k(t)-N_k(0)}{t} \tag{4.3.2}$$

另外，从下式

$$\frac{\mathrm{d}\Theta(t)}{\mathrm{d}t} = \left[\frac{\lambda}{\langle k\rangle}\sum_{k=1}^n k^2 P(k)S_k(t) - (\delta+\gamma+\nu)\right]\Theta(t)$$

得

$$\frac{\mathrm{d}(\ln\Theta(t))}{\mathrm{d}t} = \frac{\lambda}{\langle k\rangle}\sum_{k=1}^n k^2 P(k)S_k(t) - (\delta+\gamma+\nu)$$

两端关于 t 在 $(0, t)$ 上积分，有

$$\frac{\ln\Theta(t)-\ln\Theta(0)}{t} = \frac{\lambda}{\langle k\rangle}\sum_{k=1}^n k^2 P(k)\left(\frac{1}{t}\int_0^t S_k(s)\,\mathrm{d}s\right) - (\delta+\gamma+\nu)$$

将式(4.3.2)代入上式得

$$\frac{\ln\Theta(t)-\ln\Theta(0)}{t} \leqslant \frac{\lambda\delta\langle k^2\rangle}{(\delta+\alpha)\langle k\rangle} - (\delta+\gamma+\nu) + \frac{\lambda}{\langle k\rangle}\sum_{k=1}^n k^2 P(k)\frac{N_k(0)}{t}$$

$$= (\delta+\gamma+\nu)(R_0-1) + \frac{\lambda}{\langle k\rangle}\sum_{k=1}^n k^2 P(k)\frac{N_k(0)}{t}$$

两边同时取上极限得 $\limsup\limits_{t\to\infty}\dfrac{\ln\Theta(t)}{t} \leqslant (\delta+\gamma+\nu)(R_0-1) < 0$。从而得到 $\lim\limits_{t\to\infty} I_k(t)=0$。据此及系统(4.2.1)中的方程可得 $\lim\limits_{t\to\infty} Q_k(t)=0$，$\lim\limits_{t\to\infty} S_k(t)=\delta/(\delta+\alpha)$，$\lim\limits_{t\to\infty} R_k(t)=\alpha/(\delta+\alpha)$。证毕。

利用类似于证明定理 3.2.2 的方法可得如下定理。

定理 4.3.5 如果 $R_0 > 1$，那么存在一个常数 $\xi > 0$，使得 $\liminf\limits_{t\to\infty}\Theta(t) \geqslant \xi$。

定理 4.3.6 如果 $R_0 > 1$，那么系统(4.2.1)的地方病平衡点 E^* 是全局渐近稳定的，即传染病最终形成地方病。

为证明这个定理，只需证明地方病平衡点 E^* 既是局部渐近稳定的，也是全局吸引的。首先利用 Lyapunov 函数方法研究 E^* 的局部渐近稳定性。

定理 4.3.7 如果 $R_0 > 1$，那么系统(4.2.1)的地方病平衡点 E^* 是局部渐近稳定的。

证明 令

$$x_k(t)=S_k(t)-S_k^*,\quad y_k(t)=I_k(t)-I_k^*$$

$$z_k(t)=Q_k(t)-Q^*,\quad w_k(t)=R_k(t)-R^*,\quad k=1,2,\cdots,n$$

则 $x_k+y_k+z_k+w_k=0$。依此变换，系统(4.2.1)可转化为

$$\begin{cases}\dfrac{\mathrm{d}x_k}{\mathrm{d}t}=-\dfrac{\beta k x_k}{\langle k\rangle}\sum_{k=1}^{n}kP(k)y_k-\beta k\Theta^*x_k-\dfrac{\beta k S_k^*}{\langle k\rangle}\sum_{k=1}^{n}kP(k)y_k-\alpha x_k+\delta w_k+\hat{\nu}y_k\\ \dfrac{\mathrm{d}y_k}{\mathrm{d}t}=\dfrac{\beta k x_k}{\langle k\rangle}\sum_{k=1}^{n}kP(k)y_k+\beta k\Theta^*x_k+\dfrac{\beta k S_k^*}{\langle k\rangle}\sum_{k=1}^{n}kP(k)y_k-(\hat{\gamma}+\sigma)y_k-\hat{\nu}y_k\\ \dfrac{\mathrm{d}z_k}{\mathrm{d}t}=\sigma y_k-\varepsilon z_k\\ \dfrac{\mathrm{d}w_k}{\mathrm{d}t}=\hat{\gamma}y_k+\varepsilon z_k+\alpha x_k-\delta w_k,\quad k=1,2,\cdots,n\end{cases} \quad (4.3.3)$$

式中，$\hat{\gamma}=\gamma+(1-\tau)\nu$；$\hat{\nu}=\tau\nu$。令 $u_k=(x_k,y_k,z_k,w_k)$，$u=(u_1,u_2,\cdots,u_n)$。定义函数 $V_i(u)(i=1,2,3,4)$ 如下：

$$V_1(u)=\frac{1}{2}\sum_{k=1}^{n}\eta_k(x_k+y_k)^2,\quad V_2(u)=\frac{1}{2}\sum_{k=1}^{n}\lambda_k y_k^2$$

$$V_3(u)=\frac{1}{2}\sum_{k=1}^{n}\gamma_k z_k^2,\quad V_4(u)=\frac{1}{2}\sum_{k=1}^{n}\eta_k w_k^2$$

式中，$\lambda_k=P(k)/(\beta S_k^*)$；$\eta_k=\beta k\Theta^*\lambda_k$；$\gamma_k=\eta_k/\sigma$。为方便起见，记

$$V_5(u)=V_2(u)+V_3(u),\quad V_6(u)=V_1(u)+(\alpha+\hat{\gamma}+\sigma)V_2(u)+\delta V_5(u)$$

我们断言：存在正常数 $c_i>0(i=1,2,3,4,5)$，使得 $V=\sum_{i=1}^{4}c_i V_i$ 满足

$$\frac{\mathrm{d}V}{\mathrm{d}t}\leqslant -c_5\sum_{k=1}^{n}\eta_k|u_k|^2+o(|u|^2) \quad (4.3.4)$$

式中，$|u_k|=\sqrt{x_k^2+y_k^2+z_k^2}$；$|u|=\sqrt{\sum_{k=1}^{n}|u_k|^2}$；$o(|u|^2)$ 是 $|u|^2$ 的高阶无穷小。

在证明式(4.3.4)之前，先进行一些基本的计算。基于系统(4.3.3)的前两个方程，得

$$\frac{\mathrm{d}V_1}{\mathrm{d}t}=\sum_{k=1}^{n}\eta_k(x_k+y_k)[-\alpha x_k+\delta w_k-(\hat{\gamma}+\sigma)y_k]$$

$$=\sum_{k=1}^{n}\eta_k[\delta x_k w_k-\alpha x_k^2-(\alpha+\hat{\gamma}+\sigma)x_k y_k+\delta y_k w_k-(\hat{\gamma}+\sigma)y_k^2]$$

(4.3.5)

类似有

$$\frac{\mathrm{d}V_2}{\mathrm{d}t}=H(u)+\sum_{k=1}^{n}\eta_k x_k y_k+\frac{1}{\langle k\rangle}\sum_{k=1}^{n}\beta k\lambda_k S_k^* y_k\sum_{k=1}^{n}kP(k)y_k-(\hat{\gamma}+\sigma)\sum_{k=1}^{n}\lambda_k y_k^2$$

(4.3.6)

$$\frac{dV_3}{dt} = \sum_{k=1}^{n} \gamma_k (\sigma y_k z_k - \varepsilon z_k^2) = \sum_{k=1}^{n} \eta_k \left(y_k z_k - \frac{\varepsilon}{\sigma} z_k^2 \right) \quad (4.3.7)$$

式中，$\eta_k = \beta k \Theta^* \lambda_k$；$\gamma_k = \eta_k / \sigma$；$H(u) = 1/\langle k \rangle \sum_{k=1}^{n} \beta k \lambda_k x_k y_k \sum_{k=1}^{n} k P(k) y_k$。

$$\frac{dV_4}{dt} = \begin{cases} \sum_{k=1}^{n} \eta_k [(\hat{\gamma} - \varepsilon) y_k w_k + (\alpha - \varepsilon) x_k w_k - (\delta + \varepsilon) w_k^2] \\ \sum_{k=1}^{n} \eta_k [(\hat{\gamma} - \alpha) y_k w_k + (\varepsilon - \alpha) z_k w_k - (\delta + \alpha) w_k^2] \\ \sum_{k=1}^{n} \eta_k [(\varepsilon - \hat{\gamma}) z_k w_k + (\alpha - \hat{\gamma}) x_k w_k - (\delta + \hat{\gamma}) w_k^2] \end{cases} \quad (4.3.8)$$

利用 Cauchy 不等式 $\left| \sum_{k=1}^{n} a_k b_k \right| \leqslant \sqrt{\sum_{k=1}^{n} a_k^2} \sqrt{\sum_{k=1}^{n} b_k^2}$ 得

$$\left| \sum_{k=1}^{n} \beta k \lambda_k S_k^* y_k \right| \leqslant \sqrt{\sum_{k=1}^{n} \lambda_k (\beta k S_k^*)^2} \sqrt{\sum_{k=1}^{n} \lambda_k y_k^2}$$

$$\left| \sum_{k=1}^{n} k P(k) y_k \right| \leqslant \sqrt{\sum_{k=1}^{n} \frac{k^2 P^2(k)}{\lambda_k}} \sqrt{\sum_{k=1}^{n} \lambda_k y_k^2}$$

再注意到等式 $\lambda_k = P(k)(\beta S_k^*)^{-1}$ 及 $\beta \langle k \rangle^{-1} \sum_{k=1}^{n} k^2 P(k) S_k^* = \hat{\gamma} + \sigma + \hat{\nu}$，有

$$\frac{1}{\langle k \rangle} \sum_{k=1}^{n} \beta k \lambda_k S_k^* y_k \sum_{k=1}^{n} k P(k) y_k \leqslant \frac{\beta}{\langle k \rangle} \sum_{k=1}^{n} k^2 P(k) S_k^* \sum_{k=1}^{n} \lambda_k y_k^2 = (\hat{\gamma} + \sigma + \hat{\nu}) \sum_{k=1}^{n} \lambda_k y_k^2$$

将其代入式(4.3.6)中得

$$\frac{dV_2}{dt} \leqslant H(u) + \sum_{k=1}^{n} \eta_k x_k y_k = H(u) - \sum_{k=1}^{n} \eta_k (y_k z_k + y_k w_k + y_k^2) \quad (4.3.9)$$

联合式(4.3.7)和式(4.3.9)，有

$$\frac{dV_5}{dt} \leqslant H(u) - \sum_{k=1}^{n} \eta_k \left(y_k w_k + y_k^2 + \frac{\varepsilon}{\sigma} z_k^2 \right) \quad (4.3.10)$$

于是，由式(4.3.5)、式(4.3.9)及式(4.3.10)可推得

$$\frac{dV_6}{dt} = \frac{dV_1}{dt} + (\alpha + \hat{\gamma} + \sigma) \frac{dV_2}{dt} + \delta \frac{dV_5}{dt}$$

$$\leqslant \omega H(u) + \sum_{k=1}^{n} \eta_k \left[\delta x_k w_k - \alpha x_k^2 - (\hat{\gamma} + \sigma + \delta) y_k^2 - \frac{\varepsilon \delta}{\sigma} z_k^2 \right] \quad (4.3.11)$$

式中，$\omega = \alpha + \hat{\gamma} + \sigma + \delta$。

下面把式(4.3.4)的证明分为三种情形进行讨论：$\hat{\gamma} \geqslant \varepsilon$，$\varepsilon \geqslant \alpha$ 以及 $\alpha < \varepsilon < \hat{\gamma}$。针对第一种情形 $\hat{\gamma} \geqslant \varepsilon$ 的证明。设 $M > 0$ 是任意常数，由式(4.3.8)、式(4.3.10)及(4.3.11)得

$$\frac{\mathrm{d}V_6}{\mathrm{d}t} + M\left[\frac{\mathrm{d}V_4}{\mathrm{d}t} + (\hat{\gamma} - \varepsilon)\frac{\mathrm{d}V_5}{\mathrm{d}t}\right]$$

$$\leq [\omega + (\hat{\gamma} - \varepsilon)M]H(u) - \sum_{k=1}^{n} \eta_k\left[(\hat{\gamma} + \sigma + \delta)y_k^2 + \frac{\varepsilon\delta}{\sigma}z_k^2\right] +$$

$$\sum_{k=1}^{n} \eta_k\{-\alpha x_k^2 + [\delta + M(\alpha - \varepsilon)]x_k w_k - M(\delta + \varepsilon)w_k^2\}$$

$$4 \leq [\omega + (\hat{\gamma} - \varepsilon)M]H(u) - \sum_{k=1}^{n} \eta_k\left[(\hat{\gamma} + \sigma + \delta)y_k^2 + \frac{\varepsilon\delta}{\sigma}z_k^2\right] -$$

$$\sum_{k=1}^{n} \eta_k\left[\frac{f(M)}{8\alpha}w_k^2 + \frac{f(M)}{8M(\delta + \varepsilon)}x_k^2\right]$$

式中，$f(M) = -\{(\alpha - \varepsilon)^2 M^2 - 2[2\alpha(\delta + \varepsilon) - \delta(\alpha - \varepsilon)]M + \delta^2\}$。在上式的推导中，用到了如下事实：

$$-\alpha x_k^2 + [\delta + M(\alpha - \varepsilon)]x_k w_k - M(\delta + \varepsilon)w_k^2$$

$$= -\alpha\left[x_k - \frac{\delta + M(\alpha - \varepsilon)}{2\alpha}w_k\right]^2 - \frac{f(M)}{4\alpha}w_k^2$$

$$= -M(\delta + \varepsilon)\left[w_k - \frac{\delta + M(\alpha - \varepsilon)}{2M(\delta + \varepsilon)}x_k\right]^2 - \frac{f(M)}{4M(\delta + \varepsilon)}x_k^2$$

$$\leq -\frac{f(M)}{8\alpha}w_k^2 - \frac{f(M)}{8M(\delta + \varepsilon)}x_k^2$$

由于 $H(u) = o(|u|^2)$，因此为证明式(4.3.4)，只需找到一个 $f(M_*) > 0$ 的正常数 M_*。实际上，当 $\alpha = \varepsilon$ 时，可取 $M_* = \delta^2/[2\alpha(\delta + \varepsilon)]$，它满足 $f(M_*) = \delta^2$；当 $\alpha \neq \varepsilon$ 时，可取 $M_* = [2\alpha(\delta + \varepsilon) - \delta(\alpha - \varepsilon)]/(\alpha - \varepsilon)^2 > 0$，它满足 $f(M_*) = 4\alpha\varepsilon(\delta + \varepsilon)(\delta + \alpha)/(\alpha - \varepsilon)^2$。因此，在第一种情形，式(4.3.4)成立。

针对第二种情形 $\varepsilon \geq \alpha$ 的证明。设 $M > 0$ 是任意常数，由式(4.3.8)的第一个方程以及式(4.3.10)和式(4.3.11)得

$$\frac{\mathrm{d}V_5}{\mathrm{d}t} + M\left(\frac{\mathrm{d}V_4}{\mathrm{d}t} + \frac{\varepsilon - \alpha}{\delta}\frac{\mathrm{d}V_6}{\mathrm{d}t}\right)$$

$$\leq \varrho(M)H(u) + \sum_{k=1}^{n} \eta_k\left\{-y_k^2 + [M(\hat{\gamma} - \varepsilon) - 1]y_k w_k - M(\delta + \varepsilon)w_k^2 - \frac{\varepsilon}{\sigma}z_k^2\right\}$$

$$= \varrho(M)H(u) - \sum_{k=1}^{n} \eta_k\left\{\left[y_k - \frac{M(\hat{\gamma} - \varepsilon) - 1}{2}w_k\right]^2 + \frac{g(M)}{4}w_k^2 + \frac{\varepsilon}{\sigma}z_k^2\right\}$$

$$\leq \varrho(M)H(u) - \sum_{k=1}^{n} \eta_k\left(\frac{g(M)}{4}w_k^2 + \frac{\varepsilon}{\sigma}z_k^2\right)$$

$$(4.3.12)$$

式中，$\varrho(M) = \dfrac{\omega(\varepsilon - \alpha)}{\delta}M + 1$；$g(M) = -\{(\hat{\gamma} - \varepsilon)^2 M^2 - 2[2(\delta + \varepsilon) + (\hat{\gamma} - \varepsilon)]M + 1\}$。

当 $\hat{\gamma} = \varepsilon$ 时，取 $M_* = \dfrac{1}{2(\delta + \varepsilon)}$；当 $\hat{\gamma} \neq \varepsilon$ 时，取 $M_* = \dfrac{2(\delta + \varepsilon) + (\hat{\gamma} - \varepsilon)}{(\hat{\gamma} - \varepsilon)^2}$，则 $g(M_*) > 0$。

由不等式 $\delta x_k y_k - \alpha x_k^2 \leqslant \dfrac{\delta^2}{2\alpha} w_k^2 - \dfrac{\alpha}{2} x_k^2$ 以及式(4.3.11)和式(4.3.12)得

$$\dfrac{\alpha g(M_*)}{4\delta^2} \dfrac{\mathrm{d}V_6}{\mathrm{d}t} + \dfrac{\mathrm{d}V_5}{\mathrm{d}t} + M_*\left(\dfrac{\mathrm{d}V_4}{\mathrm{d}t} + \dfrac{\varepsilon - \alpha}{\delta} \dfrac{\mathrm{d}V_6}{\mathrm{d}t}\right)$$

$$\leqslant \varrho_* H(u) - \sum_{k=1}^{n} \eta_k \left[\dfrac{g(M_*)}{8} w_k^2 + \dfrac{\alpha^2 g(M_*)}{8\delta^2} x_k^2 + \dfrac{\alpha(\hat{\gamma} + \sigma + \delta)g(M_*)}{4\delta^2} y_k^2 + \dfrac{\varepsilon}{\sigma} z_k^2\right]$$

式中，$\varrho_* = \varrho(M_*) + \dfrac{\alpha \omega g(M_*)}{4\delta^2}$。因此，在第二种情形下，式(4.3.4)成立。

针对第三种情形 $\alpha < \varepsilon < \hat{\gamma}$ 的证明。由式(4.3.8)的第二个和第三个方程得

$$\dfrac{\mathrm{d}V_4}{\mathrm{d}t} + \dfrac{\varepsilon - \alpha}{\hat{\gamma} - \varepsilon} \dfrac{\mathrm{d}V_4}{\mathrm{d}t} = \sum_{k=1}^{n} \eta_k \{(\hat{\gamma} - \alpha) y_k w_k - (\delta + \alpha) w_k^2\} +$$

$$\sum_{k=1}^{n} \eta_k \left\{\dfrac{\varepsilon - \alpha}{\hat{\gamma} - \varepsilon}[(\alpha - \hat{\gamma}) x_k w_k - (\delta + \hat{\gamma}) w_k^2]\right\}$$

令 M、$N > 0$ 都是常数，由式(4.3.10)和式(4.3.11)得

$$\dfrac{1}{M} \dfrac{\mathrm{d}V_5}{\mathrm{d}t} + \left(\dfrac{\mathrm{d}V_4}{\mathrm{d}t} + \dfrac{\varepsilon - \alpha}{\hat{\gamma} - \varepsilon} \dfrac{\mathrm{d}V_4}{\mathrm{d}t}\right) + \dfrac{1}{N} \dfrac{\varepsilon - \alpha}{\hat{\gamma} - \varepsilon} \dfrac{\mathrm{d}V_6}{\mathrm{d}t}$$

$$\leqslant \varrho(M, N) H(u) + \dfrac{1}{M} \sum_{k=1}^{n} \eta_k \left\{[M(\hat{\gamma} - \alpha) - 1] y_k w_k - M(\delta + \alpha) w_k^2 - y_k^2 - \dfrac{\varepsilon}{\sigma} z_k^2\right\} +$$

$$\dfrac{1}{N} \dfrac{\varepsilon - \alpha}{\hat{\gamma} - \varepsilon} \sum_{k=1}^{n} \eta_k \{[\delta + N(\alpha - \hat{\gamma})] x_k w_k - \alpha x_k^2 - N(\delta + \hat{\gamma}) w_k^2 - (\hat{\gamma} + \sigma + \delta) y_k^2\}$$

$$\leqslant -\dfrac{1}{M} \sum_{k=1}^{n} \eta_k \left(\dfrac{h(M)}{4} w_k^2 + \dfrac{\varepsilon}{\sigma} z_k^2\right) - \dfrac{1}{N} \dfrac{\varepsilon - \alpha}{\hat{\gamma} - \varepsilon} \sum_{k=1}^{n} \eta_k \left[\dfrac{l(N)}{4N(\delta + \hat{\gamma})} x_k^2 + (\hat{\gamma} + \sigma + \delta) y_k^2\right] +$$

$$\varrho(M, N) H(u) \tag{4.3.13}$$

式中

$$\varrho(M, N) = \dfrac{1}{M} + \dfrac{1}{N} \dfrac{\omega(\varepsilon - \alpha)}{\hat{\gamma} - \varepsilon}$$

$$h(M) = -\{(\hat{\gamma} - \alpha)^2 M^2 - 2[2(\delta + \alpha) + (\hat{\gamma} - \alpha)]M + 1\}$$

$$l(N) = -\{(\hat{\gamma}-\alpha)^2 N^2 - 2[2\alpha(\delta+\hat{\gamma}) + \delta(\hat{\gamma}-\alpha)]N + \delta^2\}$$

在上式的推导中用到了如下事实:

$$[M(\hat{\gamma}-\alpha)-1]y_k w_k - M(\delta+\alpha)w_k^2 - y_k^2$$
$$= -\left[y_k - \frac{M(\hat{\gamma}-\alpha)-1}{2}w_k\right]^2 - \frac{h(M)}{4}w_k^2 \leq -\frac{h(M)}{4}w_k^2$$

以及

$$[\delta+N(\alpha-\hat{\gamma})]x_k w_k - \alpha x_k^2 - N(\delta+\hat{\gamma})w_k^2$$
$$= -N(\delta+\hat{\gamma})\left[w_k - \frac{\delta+N(\alpha-\hat{\gamma})}{2N(\delta+\hat{\gamma})}x_k\right]^2 - \frac{l(N)}{4N(\delta+\hat{\gamma})}x_k^2$$
$$\leq -\frac{l(N)}{4N(\delta+\hat{\gamma})}x_k^2$$

令 $M_* = \dfrac{2(\delta+\alpha)+(\hat{\gamma}-\alpha)}{(\hat{\gamma}-\alpha)^2}$, $N_* = \dfrac{2\alpha(\delta+\hat{\gamma})+\delta(\hat{\gamma}-\alpha)}{(\hat{\gamma}-\alpha)^2}$, 则 $h(M_*) > 0$, $l(N_*) > 0$。

在式(4.3.13)中, 取 $M = M_*$ 及 $N = N_*$, 可知式(4.3.4)成立。

综上所述, 无论哪种情形, 式(4.3.4)都成立。因此, V' 在 $u=0$ 的小邻域内是负定的。由于 V 还是正定的函数, 因此 E^* 是局部渐近稳定的。证毕。

为研究 E^* 的全局吸引性, 先证明如下引理。

引理 4.3.1 设 $\{(S_k(t), I_k(t), Q_k(t), R_k(t))\}_{k=1}^n$ 是系统(4.2.1)的一个正解。令 $N_k(t) = S_k(t) + I_k(t) + Q_k(t)$, 则

$$\frac{\delta}{\delta+\delta^*} \leq \liminf_{t\to\infty} N_k(t) \leq \limsup_{t\to\infty} N_k(t) \leq \frac{\delta}{\delta+\delta_*}, \quad k=1,2,\cdots,n$$

式中, $\delta^* = \alpha + \hat{\gamma} + \varepsilon$; $\delta_* = \min\{\alpha, \hat{\gamma}, \varepsilon\}$; $\hat{\gamma} = \gamma + (1-\tau)\nu$。

证明 将系统(4.2.1)的前三个方程相加, 得

$$\frac{dN_k}{dt} = \delta - \delta N_k - \alpha S_k - \hat{\gamma} I_k - \varepsilon Q_k$$
$$= \delta - (\delta+\alpha+\hat{\gamma}+\varepsilon)N_k + (\hat{\gamma}+\varepsilon)S_k + (\alpha+\varepsilon)I_k + (\alpha+\hat{\gamma})Q_k$$
(4.3.14)

于是

$$\delta - (\delta+\alpha+\hat{\gamma}+\varepsilon)N_k \leq \frac{dN_k}{dt} \leq \delta - (\delta+\min\{\alpha,\hat{\gamma},\varepsilon\})N_k$$

最后利用比较原理立得所要证的结论。证毕。

基于上面的引理, 下面用单调迭代方法来证明 E^* 的全局吸引性。

定理 4.3.8 设 $R_0 > 1$，则有
$$\lim_{t \to \infty}(S_k(t), I_k(t), Q_k(t), R_k(t)) = (S_k^*, I_k^*, Q_k^*, R_k^*), \quad k = 1, 2, \cdots, n$$

证明 由定理 4.3.5 知，存在常数 $\xi > 0$ 及 $T_0 > 0$，使得
$$1 \geq \Theta(t) \geq \xi, \quad \forall t > T_0 \tag{4.3.15}$$

依引理 4.3.1 知，对任意常数 $0 < \varepsilon_1 < \delta_*/[2(\delta + \delta_*)]$，存在常数 $T_1 > T_0$ 使得
$$N_k(t) \leq W_{k,1} - \varepsilon_1, \quad \forall t > T_1 \tag{4.3.16}$$

式中，$W_{k,1} = \dfrac{\delta}{\delta + \delta_*} + 2\varepsilon_1 < 1$。由式 (4.3.15) 和系统 (4.2.1) 的第一个方程得
$$\frac{dS_k(t)}{dt} \leq \delta(1 - S_k(t)) - \beta\xi k S_k(t) - \alpha S_k(t) + \tau\nu(1 - S_k(t))$$
$$= \delta + \tau\nu - (\delta + \tau\nu + \beta k\xi + \alpha)S_k(t), \quad \forall t > T_1$$

因此，对任意常数 $0 < \varepsilon_2 < \min\left\{\dfrac{1}{3}, \varepsilon_1, \dfrac{(\delta + \tau\nu)\beta k\xi}{2(\delta + \tau\nu + \alpha)(\delta + \tau\nu + \beta k\xi + \alpha)}\right\}$，存在常数 $T_2 > T_1$，使得
$$S_k(t) \leq X_{k,1} - \varepsilon_2, \quad \forall t > T_2 \tag{4.3.17}$$

式中
$$X_{k,1} = \frac{\delta + \tau\nu}{\delta + \tau\nu + \beta k\xi + \alpha} + 2\varepsilon_2 < \frac{\delta + \tau\nu}{\delta + \tau\nu + \alpha}$$

由式 (4.3.15)、式 (4.3.16) 以及系统 (4.2.1) 的第二个方程得
$$\frac{dI_k(t)}{dt} \leq \beta k(N_k(t) - I_k(t)) - (\gamma + \sigma + \nu)I_k(t)$$
$$\leq \beta k W_{k,1} - (\beta k + \gamma + \sigma + \nu)I_k(t), \quad \forall t > T_2$$

因此，对任意常数 $0 < \varepsilon_3 < \min\left\{\dfrac{1}{4}, \varepsilon_2, \dfrac{(\gamma + \sigma + \nu)W_{k,1}}{2(\beta k + \gamma + \sigma + \nu)}\right\}$，存在常数 $T_3 > T_2$，使得
$$I_k(t) \leq Y_{k,1} - \varepsilon_3, \quad \forall t > T_3 \tag{4.3.18}$$

式中
$$Y_{k,1} = \frac{\beta k W_{k,1}}{\beta k + \gamma + \sigma + \nu} + 2\varepsilon_3 < W_{k,1}$$

由式 (4.3.16) 和系统 (4.2.1) 的第三个方程得
$$\frac{dQ_k(t)}{dt} \leq \sigma(N_k(t) - Q_k(t)) - \varepsilon Q_k(t)$$
$$\leq \sigma W_{k,1} - (\sigma + \varepsilon)Q_k(t), \quad \forall t > T_3$$

因此，对任意常数 $0 < \varepsilon_4 < \min\left\{\dfrac{1}{5}, \varepsilon_3, \dfrac{\varepsilon W_{k,1}}{2(\sigma + \varepsilon)}\right\}$，存在常数 $T_4 > T_3$，

使得
$$Q_k(t) \leq Z_{k,1} - \varepsilon_4, \quad \forall t > T_4 \qquad (4.3.19)$$

式中，$Z_{k,1} = \dfrac{\sigma W_{k,1}}{\sigma + \varepsilon} + 2\varepsilon_4 < W_{k,1}$。

由引理 4.3.1 知，对任意常数 $0 < \varepsilon_5 < \min\left\{\dfrac{1}{6}, \varepsilon_4, \dfrac{\delta}{2(\delta + \delta^*)}\right\}$，存在常数 $T_5 > T_4$，使得
$$N_k(t) \geq w_{k,1} + \varepsilon_5, \quad \forall t > T_5 \qquad (4.3.20)$$

式中，$w_{k,1} = \dfrac{\delta}{\delta + \delta^*} - 2\varepsilon_5 > 0$。由式(4.3.15)、式(4.3.16)及系统(4.2.1)的第一个方程得
$$\dfrac{\mathrm{d}S_k(t)}{\mathrm{d}t} \geq \delta(1 - W_{k,1}) - \beta k S_k(t) - \alpha S_k(t), \quad \forall t > T_5$$

因此，对任意常数 $0 < \varepsilon_6 < \min\left\{\dfrac{1}{7}, \varepsilon_5, \dfrac{\delta(1 - W_{k,1})}{2(\beta k + \alpha)}\right\}$，存在常数 $T_6 > T_5$ 使得
$$S_k(t) \geq x_{k,1} + \varepsilon_6, \quad \forall t > T_6 \qquad (4.3.21)$$

式中，$x_{k,1} = \dfrac{\delta(1 - W_{k,1})}{\beta k + \alpha} - 2\varepsilon_6 > 0$。据此及式(4.3.15)和式(4.3.21)，可由系统(4.2.1)的第二个方程推得
$$\dfrac{\mathrm{d}I_k(t)}{\mathrm{d}t} \geq \beta k \xi x_{k,1} - (\gamma + \sigma + \nu) I_k(t), \quad \forall t > T_6$$

因此，对任意常数 $0 < \varepsilon_7 < \min\left\{\dfrac{1}{8}, \varepsilon_6, \dfrac{\beta k \xi x_{k,1}}{2(\gamma + \sigma + \nu)}\right\}$，存在常数 $T_7 > T_6$，使得
$$I_k(t) \geq y_{k,1} + \varepsilon_7, \quad \forall t > T_7 \qquad (4.3.22)$$

式中，$y_{k,1} = \dfrac{\beta k \xi x_{k,1}}{\gamma + \sigma + \nu} - 2\varepsilon_7 > 0$。因此，由系统(4.2.1)的第三个方程得
$$\dfrac{\mathrm{d}Q_k(t)}{\mathrm{d}t} \geq \sigma y_{k,1} - \varepsilon Q_k(t), \quad \forall t > T_7$$

于是，对任意常数 $0 < \varepsilon_8 < \min\left\{\dfrac{1}{9}, \varepsilon_7, \dfrac{\sigma y_{k,1}}{2\varepsilon}\right\}$，存在常数 $T_8 > T_7$，使得
$$Q_k(t) \geq z_{k,1} + \varepsilon_8, \quad \forall t > T_8 \qquad (4.3.23)$$

式中，$z_{k,1} = \dfrac{\sigma y_{k,1}}{\varepsilon} - 2\varepsilon_8 > 0$。

将式(4.3.17)~式(4.3.19)代入式(4.3.14)得

$$\frac{dN_k}{dt} \leq \delta - (\delta + \alpha + \hat{\gamma} + \varepsilon)N_k + (\hat{\gamma} + \varepsilon)X_{k,1} + (\alpha + \varepsilon)Y_{k,1} + (\alpha + \hat{\gamma})Z_{k,1}$$

$$\forall t > T_8$$

因此，对任意常数 $0 < \varepsilon_9 < \min\{1/10, \varepsilon_8\}$，存在常数 $T_9 > T_8$，使得

$$N_k(t) \leq W_{k,2}, \quad \forall t > T_9 \tag{4.3.24}$$

式中

$$W_{k,2} = \min\left\{W_{k,1} - \varepsilon_1, \frac{\delta + (\hat{\gamma} + \varepsilon)X_{k,1} + (\alpha + \varepsilon)Y_{k,1} + (\alpha + \hat{\gamma})Z_{k,1}}{\delta + \alpha + \hat{\gamma} + \varepsilon} + \varepsilon_9\right\}$$

由式(4.3.20)及式(4.3.22)可得

$$\frac{dS_k(t)}{dt} \leq \delta(1 - w_{k,1}) - \beta k S_k(t)\underline{\Theta}_1 - \alpha S_k(t) + \tau\nu Y_{k,1}, \quad \forall t > T_9$$

式中，$\underline{\Theta}_1 = \langle k \rangle^{-1} \sum_{k=1}^{n} kP(k)y_{k,1}$。因此，对任意常数 $0 < \varepsilon_{10} < \min\{1/11, \varepsilon_9\}$，存在常数 $T_{10} > T_9$，使得

$$S_k(t) \leq \min\left\{X_{k,1} - \varepsilon_2, \frac{\delta(1 - w_{k,1}) + \tau\nu Y_{k,1}}{\beta k \underline{\Theta}_1 + \alpha} + \varepsilon_{10}\right\} =: X_{k,2}, \quad \forall t > T_{10}$$

由式(4.3.18)有

$$\frac{dI_k(t)}{dt} \leq \beta k X_{k,2}\overline{\Theta}_1 - (\gamma + \sigma + \nu)I_k(t), \quad \forall t > T_{10}$$

式中，$\overline{\Theta}_1 = \frac{1}{\langle k \rangle}\sum_{k=1}^{n} kP(k)Y_{k,1}$。因此，对任意常数 $0 < \varepsilon_{11} < \min\{1/12, \varepsilon_{10}\}$，存在常数 $T_{11} > T_{10}$，使得

$$I_k(t) \leq \min\left\{Y_{k,1} - \varepsilon_3, \frac{\beta k X_{k,2}\overline{\Theta}_1}{\gamma + \sigma + \nu} + \varepsilon_{11}\right\} =: Y_{k,2}, \quad \forall t > T_{11}$$

于是

$$\frac{dQ_k(t)}{dt} \leq \sigma Y_{k,2} - \varepsilon Q_k(t), \quad \forall t > T_{11}$$

则对任意常数 $0 < \varepsilon_{12} < \min\{1/13, \varepsilon_{11}\}$，存在常数 $T_{12} > T_{11}$，使得

$$Q_k(t) \leq \min\left\{Z_{k,1} - \varepsilon_4, \frac{\sigma Y_{k,2}}{\varepsilon} + \varepsilon_{12}\right\} =: Z_{k,2}, \quad \forall t > T_{12}$$

联合式(4.3.21)~式(4.3.23)得

$$\frac{dN_k}{dt} \geq \delta - (\delta + \alpha + \hat{\gamma} + \varepsilon)N_k + (\hat{\gamma} + \varepsilon)x_{k,1} + (\alpha + \varepsilon)y_{k,1} + (\alpha + \hat{\gamma})z_{k,1}$$

$$\forall t > T_{12}$$

因此，对任意常数

$$0 < \varepsilon_{13} < \min\left\{\frac{1}{14}, \varepsilon_{12}, \frac{\delta + (\hat{\gamma} + \varepsilon)x_{k,1} + (\alpha + \varepsilon)y_{k,1} + (\alpha + \hat{\gamma})z_{k,1}}{2(\delta + \alpha + \hat{\gamma} + \varepsilon)}\right\}, \quad 存在$$

常数 $T_{13} > T_{12}$，使得

$$N_k(t) \geq w_{k,2} + \varepsilon_{13}, \quad \forall t > T_{13}$$

式中

$$w_{k,2} = \max\left\{w_{k,1} + \varepsilon_5, \frac{\delta + (\hat{\gamma} + \varepsilon)x_{k,1} + (\alpha + \varepsilon)y_{k,1} + (\alpha + \hat{\gamma})z_{k,1}}{\delta + \alpha + \hat{\gamma} + \varepsilon} - 2\varepsilon_{13}\right\}$$

由式(4.3.24)得

$$\frac{dS_k(t)}{dt} \geq \delta(1 - W_{k,2}) - \beta k S_k(t)\overline{\Theta}_2 - \alpha S_k(t) + \tau \nu y_{k,1}, \quad \forall t > T_{13}$$

式中，$\overline{\Theta}_2 = \langle k \rangle^{-1} \sum_{k=1}^{n} kP(k)Y_{k,2}$。因此，对任意常数

$$0 < \varepsilon_{14} < \min\left\{\frac{1}{15}, \varepsilon_{13}, \frac{\delta(1 - W_{k,2}) + \tau\nu y_{k,1}}{2(\beta k\overline{\Theta}_2 + \alpha)}\right\}$$

存在常数 $T_{14} > T_{13}$，使得

$$S_k(t) \geq \max\left\{x_{k,1} + \varepsilon_6, \frac{\delta(1 - W_{k,2}) + \tau\nu y_{k,1}}{\beta k\overline{\Theta}_2 + \alpha} - 2\varepsilon_{14}\right\} + \varepsilon_{14} =: x_{k,2} + \varepsilon_{14}$$
$$\forall t > T_{14}$$

注意式(4.3.22)，有

$$\frac{dI_k(t)}{dt} \geq \beta k x_{k,2}\underline{\Theta}_1 - (\gamma + \sigma + \nu)I_k(t), \quad \forall t > T_{14}$$

于是，对任意常数 $0 < \varepsilon_{15} < \min\left\{\frac{1}{15}, \varepsilon_{14}, \frac{\beta k x_{k,2}\underline{\Theta}_1}{2(\gamma + \sigma + \nu)}\right\}$，存在常数 $T_{15} > T_{14}$，使得

$$I_k(t) \geq \max\left\{y_{k,1} + \varepsilon_7, \frac{\beta k x_{k,2}\underline{\Theta}_1}{\gamma + \sigma + \nu} - 2\varepsilon_{15}\right\} + \varepsilon_{15} =: y_{k,2} + \varepsilon_{15}, \quad \forall t > T_{15}$$

据此，得

$$\frac{dQ_k(t)}{dt} \geq \sigma y_{k,2} - \varepsilon Q_k(t), \quad \forall t > T_{15}$$

这样，对任意常数 $0 < \varepsilon_{16} < \min\left\{\frac{1}{17}, \varepsilon_{15}, \frac{\sigma y_{k,2}}{2\varepsilon}\right\}$，存在常数 $T_{16} > T_{15}$，使得

$$Q_k(t) \geqslant \max\left\{z_{k,1} + \varepsilon_8, \frac{\sigma y_{k,2}}{\varepsilon} - 2\varepsilon_{16}\right\} + \varepsilon_{16} =: z_{k,2} + \varepsilon_{16}, \quad \forall t > T_{16}$$

以此类推，可得到如下八个数列：

$$\{W_{k,m}\}_{m=1}^{\infty}, \quad \{X_{k,m}\}_{m=1}^{\infty}, \quad \{Y_{k,m}\}_{m=1}^{\infty}, \quad \{Z_{k,m}\}_{m=1}^{\infty}$$
$$\{w_{k,m}\}_{m=1}^{\infty}, \quad \{x_{k,m}\}_{m=1}^{\infty}, \quad \{y_{k,m}\}_{m=1}^{\infty}, \quad \{z_{k,m}\}_{m=1}^{\infty}$$

由于上述八个数列的前四个是单调递增的，而后四个是单调递减的，因此存在一个充分大的正整数 $m_0 \geqslant 100$，使得对任意 $m > m_0$，有

$$\begin{cases} W_{k,m} = \dfrac{\delta + (\hat{\gamma} + \varepsilon)X_{k,m-1} + (\alpha + \varepsilon)Y_{k,m-1} + (\alpha + \hat{\gamma})Z_{k,m-1}}{\delta + \alpha + \hat{\gamma} + \varepsilon} + \varepsilon_{8m-7} \\[2mm]
X_{k,m} = \dfrac{\delta(1 - w_{k,m-1}) + \tau\nu Y_{k,m-1}}{\beta k \overline{\Theta}_{m-1} + \alpha} + \varepsilon_{8m-6} \\[2mm]
Y_{k,m} = \dfrac{\beta k X_{k,m} \overline{\Theta}_{m-1}}{\gamma + \sigma + \nu} + \varepsilon_{8m-5} \\[2mm]
Z_{k,m} = \dfrac{\sigma Y_{k,m}}{\varepsilon} + \varepsilon_{8m-4} \\[2mm]
w_{k,m} = \dfrac{\delta + (\hat{\gamma} + \varepsilon)x_{k,m-1} + (\alpha + \varepsilon)y_{k,m-1} + (\alpha + \hat{\gamma})z_{k,m-1}}{\delta + \alpha + \hat{\gamma} + \varepsilon} - 2\varepsilon_{8m-3} \\[2mm]
x_{k,m} = \dfrac{\delta(1 - W_{k,m}) + \tau\nu y_{k,m-1}}{\beta k \overline{\Theta}_m + \alpha} - 2\varepsilon_{8m-2} \\[2mm]
y_{k,m} = \dfrac{\beta k x_{k,m} \underline{\Theta}_{m-1}}{\gamma + \sigma + \nu} - 2\varepsilon_{8m-1} \\[2mm]
z_{k,m} = \dfrac{\sigma y_{k,m}}{\varepsilon} - 2\varepsilon_{8m} \end{cases} \quad (4.3.25)$$

式中

$$\underline{\Theta}_m = \frac{1}{\langle k \rangle} \sum_{k=1}^{n} kP(k)y_{k,m}, \quad \overline{\Theta}_m = \frac{1}{\langle k \rangle} \sum_{k=1}^{n} kP(k)Y_{k,m}$$

ε_m 满足 $0 < \varepsilon_m < 1/(m+1)$。而且，对任意 $m > m_0$ 和 $t > T_{8m}$，有

$$\begin{cases} W_{k,m} \geqslant N_k(t) \geqslant w_{k,m}, \quad X_{k,m} \geqslant S_k(t) \geqslant x_{k,m} \\ Y_{k,m} \geqslant I_k(t) \geqslant y_{k,m}, \quad Z_{k,m} \geqslant Q_k(t) \geqslant z_{k,m} \end{cases} \quad (4.3.26)$$

显然，这八个数列都存在正的极限。因此，可设

$$\lim_{m \to \infty}(W_{k,m}, X_{k,m}, Y_{k,m}, Z_{k,m}, w_{k,m}, x_{k,m}, y_{k,m}, z_{k,m})$$
$$= (W_k, X_k, Y_k, Z_k, w_k, x_k, y_k, z_k)$$

在式(4.3.25)中，令 $m \to \infty$，取极限可得

$$\begin{cases} W_k = \dfrac{\delta + (\hat{\gamma} + \varepsilon)X_k + (\alpha + \varepsilon)Y_k + (\alpha + \hat{\gamma})Z_k}{\delta + \alpha + \hat{\gamma} + \varepsilon} \\[2mm] w_k = \dfrac{\delta + (\hat{\gamma} + \varepsilon)x_k + (\alpha + \varepsilon)y_k + (\alpha + \hat{\gamma})z_k}{\delta + \alpha + \hat{\gamma} + \varepsilon} \\[2mm] X_k = \dfrac{\delta(1 - w_k) + \tau \nu Y_k}{\beta k \underline{\Theta} + \alpha},\quad x_k = \dfrac{\delta(1 - W_k) + \tau \nu y_k}{\beta k \overline{\Theta} + \alpha} \\[2mm] Z_k = \dfrac{\sigma Y_k}{\varepsilon},\quad z_k = \dfrac{\sigma y_k}{\varepsilon} \end{cases} \quad (4.3.27)$$

以及

$$Y_k = \frac{\beta k X_k \overline{\Theta}}{\gamma + \sigma + \nu},\quad y_k = \frac{\beta k x_k \underline{\Theta}}{\gamma + \sigma + \nu} \quad (4.3.28)$$

式中，$\overline{\Theta} = \langle k \rangle^{-1} \sum_{k=1}^{n} k P(k) Y_k$；$\underline{\Theta} = \langle k \rangle^{-1} \sum_{k=1}^{n} k P(k) y_k$。而且

$$W_k \geq w_k,\ X_k \geq x_k,\ Y_k \geq y_k,\ Z_k \geq z_k$$

由式(4.3.28)得

$$\frac{\beta}{\langle k \rangle} \sum_{k=1}^{n} k^2 P(k) X_k = \gamma + \sigma = \frac{\beta}{\langle k \rangle} \sum_{k=1}^{n} k^2 P(k) x_k$$

此即 $\sum_{k=1}^{n} k^2 P(k)(X_k - x_k) = 0$。因此，$X_k = x_k$。再由式(4.3.27)得

$$X_k = \frac{\delta(1 - w_k) + \tau \nu Y_k}{\beta k \underline{\Theta} + \alpha} = \frac{\delta(1 - W_k) + \tau \nu y_k}{\beta k \overline{\Theta} + \alpha}$$

此即 $\beta k X_k (\overline{\Theta} - \underline{\Theta}) + \delta(W_k - w_k) + \tau \nu (Y_k - y_k) = 0$。于是 $W_k = w_k$，$Y_k = y_k$。由此及式(4.3.26)的前两个等式得 $Z_k = z_k$。所以，$\lim_{t \to \infty}(S_k(t), I_k(t), Q_k(t)) = (X_k, Y_k, Z_k)$。由于 $S_k(t) + I_k(t) + Q_k(t) + R_k(t) = 1$，所以 $\lim_{t \to \infty} R_k(t) = 1 - W_k$。最后，由系统(4.2.1)正平衡解的唯一性得，$X_k = S_k^*$，$Y_k = I_k^*$，$Z_k = Q_k^*$。证毕。

注 4.3.1 由定理 4.3.5 和定理 4.3.6 可知，R_0 本质上就是系统(4.2.1)的基本再生数。令 $\beta_c = \left(1 + \dfrac{\alpha}{\delta}\right)(\gamma + \sigma)\dfrac{\langle k \rangle}{\langle k^2 \rangle}$。易见，$R_0 > 1$ 当且仅当 $\beta > \beta_c$。而且，当 $\beta < \beta_c$ 时，传染病最终会灭绝；而当 $\beta > \beta_c$ 时，传染病会长久存在且形成地方病。对于无标度网络，当网络规模趋于无穷大时，节点的总数 $N \to \infty$，故 $\langle k^2 \rangle \to \infty$，这蕴含 $\beta_c \to 0$。因此，当网络规模趋于无穷大时，无论 β 多么小，传染病都将长期存在。

4.4 最优控制策略

本节提出一个最优控制问题，旨在寻找一种动态控制策略，目标是使染病者数量及因实施接种、隔离及治疗而付出的代价达到最小。假设状态方程为

$$\begin{cases} \dfrac{dS_k(t)}{dt} = -\beta k S_k(t)\Theta(t) - \alpha_k(t)S_k(t) + \delta R_k(t) + \tau \nu_k(t)I_k(t) \\ \dfrac{dI_k(t)}{dt} = \beta k S_k(t)\Theta(t) - \gamma I_k(t) - \sigma_k(t)I_k(t) - \nu_k(t)I_k(t) \\ \dfrac{dQ_k(t)}{dt} = \sigma_k(t)I_k(t) - \varepsilon Q_k(t) \\ \dfrac{dR_k(t)}{dt} = \gamma I_k(t) + \varepsilon Q_k(t) + \alpha_k(t)S_k(t) - \delta R_k(t) + (1-\tau)\nu_k(t)I_k(t) \end{cases} \quad (4.4.1)$$

式中，S_k、I_k、Q_k、R_k 是状态变量；α_k、ν_k、σ_k 是控制变量。令 $\boldsymbol{u} = (\alpha_1, \alpha_2, \cdots, \alpha_n, \nu_1, \nu_2, \cdots, \nu_n, \sigma_1, \sigma_2, \cdots, \sigma_n)$。定义一个容许控制集：

$$U = \{\boldsymbol{u} \mid \underline{\alpha}_k \leq \alpha_k(t) \leq \bar{\alpha}_k,\ \underline{\nu}_k \leq \nu_k(t) \leq \bar{\nu}_k,\ \underline{\sigma}_k \leq \sigma_k(t) \leq \bar{\sigma}_k,\ t \in [0, T]\}$$

式中，$\underline{\alpha}_k$、$\bar{\alpha}_k$、$\underline{\nu}_k$、$\bar{\nu}_k$、$\underline{\sigma}_k$ 和 $\bar{\sigma}_k$ 是正常数。考虑如下目标泛函：

$$J(\boldsymbol{u}) = \sum_{k=1}^{n} \int_0^T \left(a_k I_k(t) + b_k Q_k(t) + \frac{1}{2}c_{1k}\alpha_k^2(t) + \frac{1}{2}c_{2k}\nu_k^2(t) + \frac{1}{2}c_{3k}\sigma_k^2(t) \right) dt$$

式中，a_k、b_k、$c_{ik} > 0 (i=1, 2; k=1, 2, \cdots, n)$，是加权参数。目标是在 U 上找到使目标泛函达到最小的最优控制函数 $\boldsymbol{u}^*$。为此，提出如下最优控制问题：

$$\begin{cases} \min\limits_{\boldsymbol{u} \in U} J(\boldsymbol{u}) = J(\boldsymbol{u}) \\ \text{s.t. } (4.4.1),\ \{(S_k(0), I_k(0), Q_k(0), R_k(0))\}_{k=1}^{n} \in \Omega \end{cases} \quad (4.4.2)$$

式中，Ω 的定义见 4.3 节。

先讨论系统(4.4.1)解的存在性。为方便起见，记

$$\boldsymbol{x}_k(t) = (S_k(t), I_k(t), Q_k(t), R_k(t))^T,\ \boldsymbol{x}(t) = (x_1(t), x_2(t), \cdots, x_n(t))^T$$

则系统(4.4.1)可表示成如下形式：

$$\frac{d\boldsymbol{x}(t)}{dt} = \boldsymbol{A}(t)\boldsymbol{x}(t) + \boldsymbol{F}(\boldsymbol{x}(t))$$

式中，$\boldsymbol{A}(t) = \mathrm{diag}(\boldsymbol{A}_1(t), \boldsymbol{A}_2(t), \cdots, \boldsymbol{A}_k(t))$，$\boldsymbol{F}(\boldsymbol{x}) = (\boldsymbol{F}_1(\boldsymbol{x}), \boldsymbol{F}_2(\boldsymbol{x}), \cdots, \boldsymbol{F}_n(\boldsymbol{x}))^T$，且

$$A_k(t) = \begin{pmatrix} -\alpha_k(t) & \tau\nu_k(t) & \delta & 0 \\ 0 & -(\gamma + \sigma_k(t) + \nu_k(t)) & 0 & 0 \\ 0 & \sigma_k(t) & -\varepsilon & 0 \\ \alpha_k(t) & \gamma + (1-\tau)\nu_k(t) & \varepsilon & -\delta \end{pmatrix}$$

$$F_k(x) = \begin{pmatrix} -\lambda k S_k(t)\Theta(t) \\ \lambda k S_k(t)\Theta(t) \\ 0 \\ 0 \end{pmatrix}$$

设 $G(x(t)) = Ax(t) + F(x(t))$。由于系统(4.4.1)的系数都是有界的，所以 $|G(x_1) - G(x_2)| \le M|x_1 - x_2|$，其中 M 是一个正常数。由于 $u \in U$ 及 $S_k(t)$、$I_k(t)$、$Q_k(t)$、$R_k(t) \ge 0$ 的限制，可知系统(4.4.1)存在一个解[126]。

为求解最优控制问题(4.4.2)，定义一个 Hamilton 函数如下：

$$H(x, u, \lambda) = L(x, u) + \sum_{k=1}^{n}\left(\lambda_{1k}(t)\frac{dS_k}{dt} + \lambda_{2k}(t)\frac{dI_k}{dt} + \lambda_{3k}(t)\frac{dQ_k}{dt} + \lambda_{4k}(t)\frac{dR_k}{dt}\right)$$

式中

$$L(x, u) = \sum_{k=1}^{n}\left(a_k I_k(t) + b_k Q_k(t) + \frac{1}{2}c_{1k}\alpha_k^2(t) + \frac{1}{2}c_{2k}\nu_k^2(t) + \frac{1}{2}c_{3k}\sigma_k^2(t)\right)$$

是 Lagrange 函数；$\lambda_{ik}(t)(i=1,2,3,4)$ 是伴随函数；λ 是一个 $4n$ 维向量，即 $\lambda = (\lambda_{11}, \lambda_{12}, \cdots, \lambda_{1n}, \lambda_{21}, \lambda_{22}, \cdots, \lambda_{2n}, \lambda_{31}, \lambda_{32}, \cdots, \lambda_{3n}, \lambda_{41}, \lambda_{42}, \cdots, \lambda_{4n})$

类似于第四章定理 4.3.1 和定理 4.3.2 的证明，可得到如下定理。

定理 4.4.1 最优控制问题(4.4.2)存在一个最优控制
$$u^* = (\alpha_1^*, \cdots, \alpha_n^*, \nu_1^*, \cdots, \nu_n^*, \sigma_1^*, \cdots, \sigma_n^*)$$

定理 4.4.2 设 $\{S_k^*(t), I_k^*(t), Q_k^*(t), R_k^*(t)\}_{k=1}^{n}$ 是控制系统(4.4.2)对应于 $u^*(t)$ 的状态变量，则存在伴随函数 $\lambda_{1k}(t)$、$\lambda_{2k}(t)$、$\lambda_{3k}(t)$、$\lambda_{4k}(t)$，使得

$$\begin{cases} \dfrac{d\lambda_{1k}(t)}{dt} = [\beta k\Theta^*(t) + \alpha_k^*(t)]\lambda_{1k} - \beta k\Theta^*(t)\lambda_{2k} - \alpha_k^*(t)\lambda_{4k} \\ \dfrac{d\lambda_{2k}(t)}{dt} = -a_k + [\beta\langle k\rangle^{-1}k^2 P\langle k\rangle S_k^*(t) - \tau\nu_k^*(t)]\lambda_{1k} - \\ \qquad [\beta\langle k\rangle^{-1}k^2 P\langle k\rangle S_k^*(t) - \gamma - \sigma_k^* - \nu_k^*(t)]\lambda_{2k} - \\ \qquad \sigma_k^*\lambda_{3k} - [\gamma + (1-\tau)u_2^*(t)]\lambda_{4k} \\ \dfrac{d\lambda_{3k}(t)}{dt} = -b_k + \varepsilon(\lambda_{3k} - \lambda_{4k}) \\ \dfrac{d\lambda_{4k}(t)}{dt} = \delta(\lambda_{4k} - \lambda_{1k}) \end{cases}$$

其横截条件是

$$\lambda_{1k}(T) = \lambda_{2k}(T) = \lambda_{3k}(T) = \lambda_{4k}(T) = 0$$

式中，$\Theta^*(t) = \langle k \rangle^{-1} \sum_{k=1}^{n} kP(k)I_k^*(t)$。而且，最优控制 $\boldsymbol{u}^*$ 的分量有如下形式：

$$\alpha_k^* = \min\left\{\max\left\{\underline{\alpha}_k, \frac{(\lambda_{1k} - \lambda_{4k})S_k^*}{c_{1k}}\right\}, \overline{\alpha}_k\right\}$$

$$\nu_k^* = \min\left\{\max\left\{\underline{\nu}_k, -\frac{[\tau\lambda_{1k}^* - \lambda_{2k}^* + (1-\tau)\lambda_{4k}^*]I_k^*}{c_{2k}}\right\}, \overline{\nu}_k\right\}$$

$$\sigma_k^* = \min\left\{\max\left\{\underline{\sigma}_k, \frac{(\lambda_{2k}^* - \lambda_{3k}^*)I_k^*}{c_{3k}}\right\}, \overline{\sigma}_k\right\}$$

4.5 数值模拟

本节提供几个数值算例验证理论结果。为此，考虑无标度网络，其中 $P(k) = a_\varrho k^{-\varrho}$，$n = 1\,000$，幂指数 $\varrho = 3$ 或 $\varrho = 2.7$，a_ϱ 满足 $\sum_{k=1}^{1000} P(k) = 1$。

例 4.5.1 图 4.5.1 模拟了 $I(t)$ 的时间序列图，其中 $I(t) = \sum_{k=1}^{1000} P(k)I_k(t)$ 为整个网络染病者节点的平均密度，$\beta = 0.4$，$\alpha = 0.1$，$\delta = 0.15$，$\sigma = 0.22$，$\gamma = 0.12$，$\varepsilon = 0.25$，$\nu = 0.25$，$\tau = 1\,000$。在图 4.5.1(a) 中，$\varrho = 3$，而在图 4.5.1(b) 中，$\varrho = 2.8$。简单的数值计算给出：当 $\varrho = 3$ 时，$R_0 = 1.852\,2 > 1$；当 $\varrho = 2.7$ 时，$R_0 = 4.719\,6 > 1$。

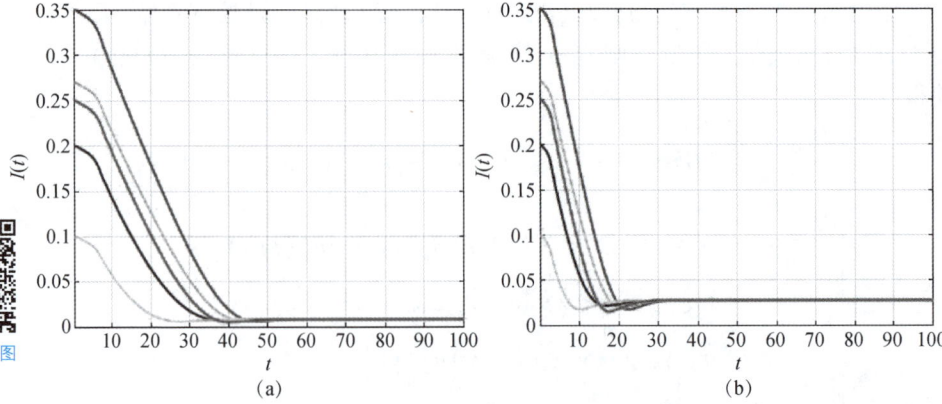

图 4.5.1 彩图

图 4.5.1 具有不同初值的 $I(t)$ 的时间序列图
(a) $\varrho = 3$；(b) $\varrho = 2.7$

例 4.5.2 在图 4.5.2 中，取参数 $\beta = 0.34$，$\alpha = 0.11$，$\delta = 0.35$，$\gamma = 0.1$，

$\varepsilon=0.15$, $\nu=0.1$, $\tau=0.3$ 以及七个不同的 σ 值来模拟 $I(t)$ 的时间序列图。在图 4.5.2(a)中，$\varrho=3$, $\sigma=k\times0.07$，其中 $k=0,1,\cdots,6$。在图 4.5.2(b)中，$\varrho=2.7$, $\sigma=k\times0.1$，其中 $k=0,1,\cdots,6$。不同的 σ 所对应的 R_0 的值如表 4.5.1 所示。

表 4.5.1 图 4.5.2 中不同的 σ 所对应的 R_0 的值

	σ	0	0.07	0.14	0.21	0.28	0.35	0.42
图 4.5.2(a)	R_0	5.889 7	4.362 7	3.464 5	2.873 0	2.454 0	2.141 7	1.899 9
	σ	0	0.1	0.2	0.3	0.4	0.5	0.6
图 4.5.2(b)	R_0	15.007 5	10.005 0	7.503 8	6.003 0	5.002 5	4.287 9	3.751 9

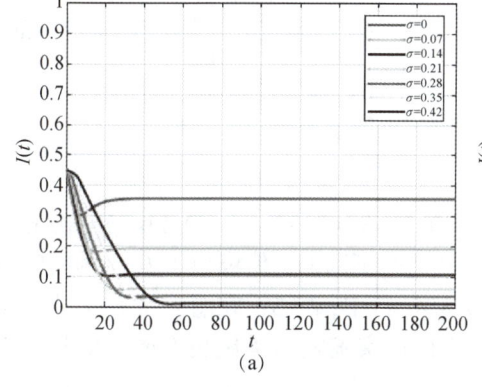

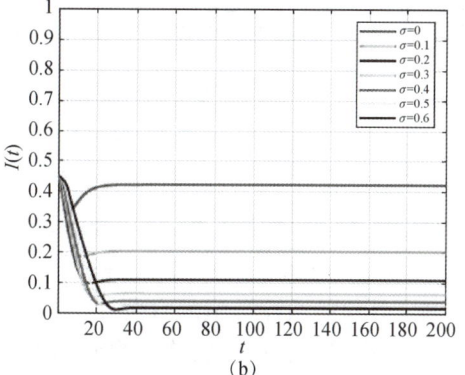

图 4.5.2 具有不同 σ 初值的 $I(t)$ 的时间序列图
(a) $\varrho=3$; (b) $\varrho=2.7$

从上面的两个例子可以清晰地看出，图中所有轨线都趋于稳态，这验证了地方病平衡点的全局渐近稳定性。图 4.5.1 显示，随着隔离率的增加，染病规模明显下降了。这说明隔离措施是控制传染病的有效措施。

例 4.5.3 在图 4.5.3 中，取参数 $\varrho=3$, $\beta=0.22$, $\alpha=0.1$, $\delta=0.34$, $\gamma=0.1$, $\nu=0.25$, $\varepsilon=0.3$, $\tau=0.4$ 以及七个不同的 σ 值模拟了 $I(t)$ 的时间序列图，并检验隔离措施的有效性。在图 4.5.3(a)中，取 $\sigma=0,0.05,0.11,0.2,0.43,0.55,0.64$。在图 4.5.3(b)中，取 $\sigma=0.44,0.54,0.64,0.69,0.76,0.89$。不同的 σ 所对应的 R_0 的值如表 4.5.2 所示。由图可知，数值结果与理论结果是一致的。而且，提高隔离者数量将有益于抑制传染病的蔓延。

表 4.5.2 图 4.5.3 中不同的 σ 所对应的 R_0 的值

	σ	0	0.05	0.11	0.2	0.43	0.55	0.64
图 4.5.3(a)	R_0	2.211 6	1.935 2	1.682 8	1.407 4	0.992 4	0.860 1	0.781 9

续表

图 4.5.3(b)	σ	0.44	0.54	0.59	0.64	0.69	0.76	0.89
	R_0	0.9798	0.8697	0.8235	0.7819	0.7443	0.6974	0.6243

图 4.5.3　具有不同 σ 值的时间序列图($\varrho = 3$)

(a)包含了 $R_0 < 1$ 和 $R_0 > 1$ 这两种情形；(b) $R_0 < 1$

例 4.5.4　在图 4.5.4 中，取参数 $\tau = 0.2$，$\beta = 0.34$，$\alpha = 0.11$，$\delta = 0.35$，$\gamma = 0.05$，$\sigma = 0.1$，$\varepsilon = 0.3$，$\tau = 0.45$ 以及七个不同的 ν 值模拟了 $I(t)$ 的时间序列图，并检验治疗措施的有效性。在图 4.5.4(a) 中，$\varrho = 3$；在图 4.5.4(b) 中，$\varrho = 2.7$。由图可知，同时实施隔离和治疗措施比仅实施隔离措施更有效。而且，染病者数量随着有效治疗率的提高而减少。

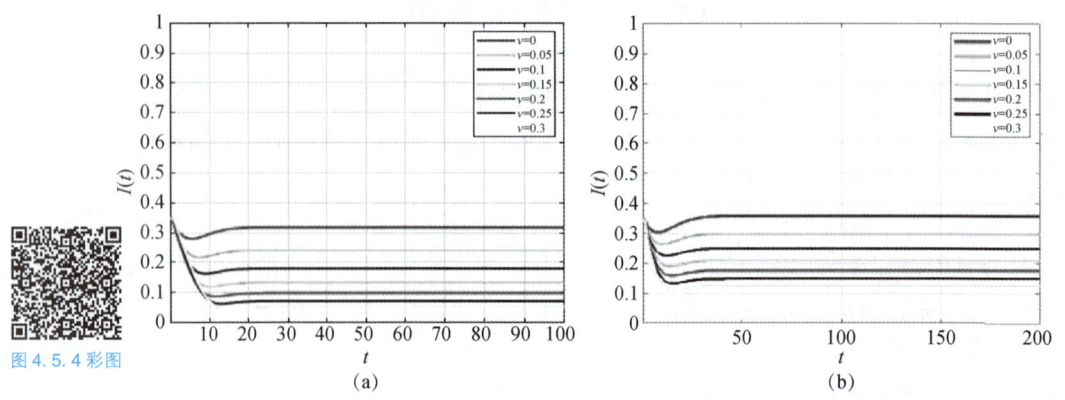

图 4.5.4　具有不同 ν 初值的 $I(t)$ 的时间序列图

(a) $\varrho = 3$；(b) $\varrho = 2.7$

例 4.5.5　图 4.5.5 和图 4.5.6 分别为实施了常值控制和最优控制时的 $I_k(t)$ 的时间序列图，其中 $\beta = 0.2$，$\alpha = 0.11$，$\delta = 0.35$，$\gamma = 0.1$，$\varepsilon = 0.1$，$\sigma = 0.26$，$\nu = 0.25$，$\tau = 0.3$，$\varrho = 3$，则 $R_0 = 1.1359 > 1$。图 4.5.5(a) 是实施了常值控制的情形，图 4.5.5(b) 和图 4.5.6 都是实施了最优控制的情形，其中图 4.5.5(b) 对

接种和治疗实施了控制，而图 4.5.6 除了对接种和治疗实施了控制，还对隔离实施了最优控制。

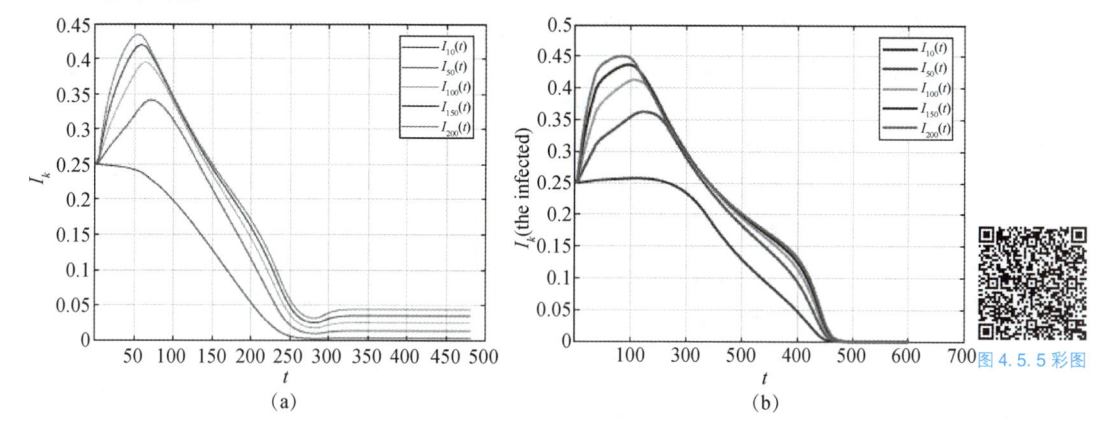

(a)

(b)

图 4.5.5　分别实施了常值控制和最优控制时 $I(t)$ 的时间序列图($\varrho=3$)

（a）常值控制；（b）最优控制

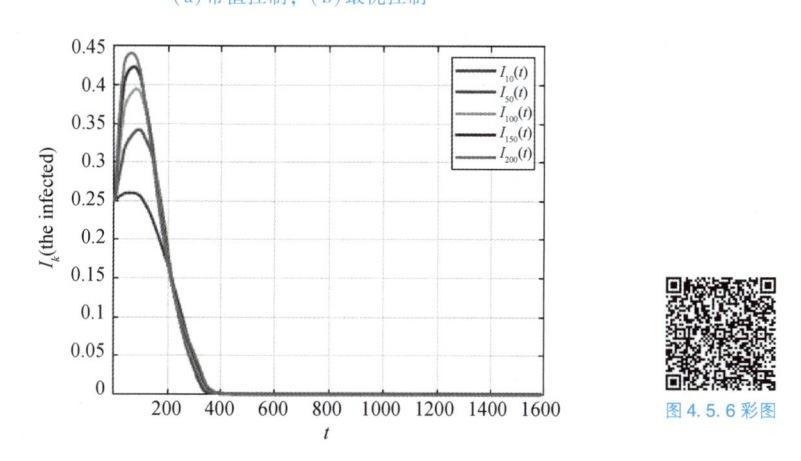

图 4.5.6　实施了最优混合控制时的 $I(t)$ 的时间序列图

由图可知，无论实施哪种最优控制，传染病最终都灭绝了，说明这两种最优控制都是非常有效的。然而，比较图 4.5.5（b）和图 4.5.6 会发现，在对接种、治疗以及隔离这三种措施都实施了控制的情形下，传染病灭绝的时间更短，这说明实施这种混合控制更有效。

4.6　本章小结

我们提出了一个复杂网络上带有隔离项和治疗项的动力学模型，旨在为探究同时实施隔离和治疗措施对控制传染病在网络上传播的效果。通过详细的数学分析，我们求出了模型的基本再生数，并进一步证明了：当基本再生数小于 1 时，无病平衡点是全局渐近稳定的，即传染病最终会灭绝；当基本再生数大于 1 时，系统存在唯一且全局渐近稳定的地方病平衡点，即传染病在爆发后会保持全局稳定，从而有益于抑制传染病的进一步传播。地方病平衡点的全局渐近稳定性研究仍然是本章的重点内容之一，尽管使用了与上一章相同的方法，但是由于本章所研究的模型更为复杂，因此研究起来更为困难。我们首先利用 Lyapunov 方法证明了地方病平衡点的局部渐近稳定性；然后通过迭代方法证明了地方病平衡点的全局吸引性，这样就证明了地方病平衡点的全局渐近稳定性。应用这种方法可以完全解决文献[61]中 SIQRS 模型的全局稳定性问题。事实上，该文献仅证明了地方病平衡点的全局吸引性，且附加了某些额外的条件。应用本章的方法和技巧，一方面，可以去掉这些额外的条件，使当基本再生数大于 1 时全局吸引性成立；另一方面，可以构造一个与本文类似的 Lyapunov 函数，从而能得到局部稳定性。数值算例也显示，随着被隔离人数的增加，传染病传播规模明显下降了，从而验证了隔离措施的有效性。

为使控制代价以及染病者数量达到最小，我们提出了一个把接种、隔离以及治疗作为控制对象的最优混合控制策略，并且给出了最优控制的表达式。数值算例显示，通过采用最优混合控制策略，传染病最终灭绝了。

第五章 基于复杂网络的随机动力学模型

5.1 引言

在自然界中,各种各样的随机因素的干扰无时不在、无处不在。传染病的传播行为难免要受到各种随机因素的影响。尽管传统的随机模型的理论与应用研究已取得很多成果,但是随机因素还没有在复杂网络研究中给予充分的考虑。基于这个背景,本章的主要任务是探究随机干扰如何影响传染病在网络上的传播行为。

在第三章,研究了网络上具有出生和死亡的 SIS 传染病模型:

$$\begin{cases} \dfrac{dS_k(t)}{dt} = b(1 - S_k(t) - I_k(t)) - \nu S_k(t) - \lambda k S_k(t)\Theta(t) + \gamma I_k(t) \\ \dfrac{dI_k(t)}{dt} = \lambda k S_k(t)\Theta(t) - \gamma I_k(t) - \mu I_k(t), \quad k = 1, 2, \cdots, n \end{cases} \quad (5.1.1)$$

式中,$\Theta(t) = \langle k \rangle^{-1} \sum_{i=1}^{n} i P(i) I_i(t)$;$b$ 是出生率;ν 是自然死亡率(为不与微分符号 "d" 混淆,本章用 ν 代替了原模型中的自然死亡率 d);μ 是自然死亡和因病死亡的比率;γ 是治愈率。根据注 3.2.2 及定理 3.2.3 可知,当基本再生数 $R_0 > 1$ 时,系统(5.1.1)存在唯一且全局渐近稳定的地方病平衡点 $E^* = \{(S_k^*, I_k^*)\}_{k=1}^{n}$。

本章主要研究上述模型分别在三种随机干扰下的动力学行为。这三种随机干扰分别是死亡率系数受到扰动的情形、系统自身受到扰动的情形以及地方病平衡点受到扰动的情形。

具体内容和结构安排如下:在 5.2 节,介绍有关随机微分方程的基础知识。在 5.3 节,针对第一种情形,首先定义了一个系统随机持久的概念,然后研究区分传染病传播与否的阈值;针对第二种情形,在 5.4 节研究传染病灭绝的充分条件以及系统平稳分布的存在性；在 5.5 节，针对第三种情形，研究随机渐近稳定性；验证理论结果的数值算例将在 5.6 节给出；5.7 节总结了本章的主要工作。

5.2 预备知识

本节介绍有关随机微分方程的一些基本知识与结论[18,131-135]。记

$$\mathbb{R}_+^N = \{(x_1, x_2, \cdots, x_N) \in \mathbb{R}^N \mid x_i > 0, i = 1, 2, \cdots, N\}$$

$$a \wedge b = \min\{a, b\}, \ a \vee b = \max\{a, b\}, \ \forall a, b \in \mathbb{R}$$

$$S_h = \{x \in \mathbb{R}^N \mid |x| < h, h > 0\}$$

$$\langle x(t) \rangle = \frac{1}{t}\int_0^t x(s)\,\mathrm{d}s, \ \forall x \in L_{\mathrm{loc}}^1[0, \infty)$$

5.2.1 随机过程

定义 5.2.1 设 $(\Omega, \mathcal{F}, \mathbb{P})$ 为一概率空间，X 是 Ω 上的实值函数。若 $\forall x \in \mathbb{R}$，有 $\{\omega \mid X(\omega) \leqslant x\} \in \mathcal{F}$，则称 $X(\omega)$ 为 $\mathcal{F}$ 上的随机变量，也称 X 是 $\mathcal{F}$- 可测的。

定义 5.2.2 设 $I \subseteq \overline{\mathbb{R}}_+ = [0, +\infty)$。若 $\forall x \in I$，有定义在概率空间 $(\Omega, \mathcal{F}, \mathbb{P})$ 上的一个随机变量 (t, ω) 与之对应，则称 $\{X(t, \omega), t \in I\}$ 为 $(\Omega, \mathcal{F}, \mathbb{P})$ 上的一个随机过程，简记为 $X(t)$ 或 X_t。

定义 5.2.3 设 $(\Omega, \mathcal{F}, \mathbb{P})$ 为一概率空间。考虑 $\{\mathcal{F}_t\}_{t \geqslant 0}$ 为 $\mathcal{F}$ 的部分 σ 代数流构成的类。如果下列条件成立：

(1) 当 $t \geqslant s > 0$ 时，有 $\mathcal{F}_t \supset \mathcal{F}_s$；

(2) $\forall t > 0, \mathcal{F}_t = \cap_{t<s}\mathcal{F}_s$，

则称 $\{\mathcal{F}_t\}_{t \geqslant 0}$ 为概率空间 $(\Omega, \mathcal{F}, \mathbb{P})$ 上的一个流，并称这个流满足通常条件。

在下文中，均假设 $\{\mathcal{F}_t\}_{t \geqslant 0}$ 是流且满足通常条件。

定义 5.2.4 设 $(\Omega, \mathcal{F}, \mathbb{P})$ 为一概率空间，若 $\forall t \geqslant 0, X_t$ 是 $\mathcal{F}_t$- 可测的，则称随机过程 $X = \{X_t\}_{t \geqslant 0}$ 是 $\{\mathcal{F}_t\}_{t \geqslant 0}$ 适应的。

定义 5.2.5 称定义在概率空间 $(\Omega, \mathcal{F}, \mathbb{P})$ 上的 $\mathcal{F}_t$ 适应过程 $X = \{X_t\}_{t \geqslant 0}$ 为鞅，如果下列条件成立：

(1) $\forall t \geqslant 0, \mathbb{E}[X_t] < \infty$；

(2) $\forall t \geqslant s \geqslant 0, \mathbb{E}[X_t \mid \mathcal{F}_s] = X_s$。

定义 5.2.6 设 $(\Omega, \mathcal{F}, \{\mathcal{F}_t\}_{t \geqslant 0}, \mathbb{P})$ 为一完备的概率空间，若一维实值连续 $\mathcal{F}_t$ 适应的随机过程 $B(t)$ 是 l 维的，并且满足下列条件：

(1) $B(0) = 0$；

(2) $\forall t \geqslant s > 0, B(t) - B(s) \sim N(0, (t-s))$；

(3) $\forall t \geq s > 0$，$B(t) - B(s)$ 与 $\mathcal{F}_s$ 独立，

则称 $B(t)$ 为一维 Brown 运动或 Wiener 过程。

一个 m 维的随机过程 $B(t) = (B_1(t), B_2(t), \cdots, B_m(t))$ 称为 m 维 Brown 运动，并且它的每一个分量 $B_i(t)$ 都为一维 Brown 运动且 $B_1(t), B_2(t), \cdots, B_m(t)$ 是独立的。

定理 5.2.1(强大数定律)　设 $X(t)$ 为一实值局部连续鞅且满足 $X(0) = 0$。如果

$$\limsup_{t \to \infty} \frac{\langle X, X \rangle_t}{t} < \infty$$

则

$$\lim_{t \to \infty} \frac{X(t)}{t} < \infty$$

5.2.2　随机微分方程

设 $B(t) = (B_1(t), B_2(t), \cdots, B_m(t))(t \geq 0)$ 是定义在概率空间 $(\Omega, \mathcal{F}, \mathbb{P})$ 上的 m 维 Brown 运动。设 $\mathbb{R}^l \times [t_0, T] \to \mathbb{R}^l$ 和 $\mathbb{R}^l \times [t_0, T] \to \mathbb{R}^{l \times m}$ 是 Borel 可测函数。考虑如下 l 维随机微分方程：

$$\begin{cases} \mathrm{d}x(t) = f(x(t), t)\mathrm{d}t + g(x(t), t)\mathrm{d}B(t), & t_0 \leq t \leq T \\ x(t_0) = x_0 \end{cases} \quad (5.2.1)$$

它等价于如下随机积分方程：

$$x(t) = x_0 + \int_{t_0}^t f(x(s), s)\mathrm{d}s + \int_{t_0}^t g(x(s), s)\mathrm{d}B(s)$$

定理 5.2.2　设 $f(x, t): \mathbb{R}^l \times [t_0, T] \to \mathbb{R}^l$ 和 $g(x, t): \mathbb{R}^l \times [t_0, T] \to \mathbb{R}^{l \times m}$ 是 Borel 可测函数，且关于 x 是局部 Lipschitz 连续的，则随机微分方程 (5.2.1) 于 $[0, t_e)$ 上存在唯一连续局部解 $x(t)$，其中 t_e 是爆破时间。

定理 5.2.3　(Itô 公式) 设 $x(t)$ 是随机微分方程 (5.2.1) 的解，$V(x, t) \in C^{2,1}(\mathbb{R}^l \times \mathbb{R}_+; \mathbb{R})$，则 $V(x(t), t)$ 是一 Itô 过程，其随机微分具有如下形式：

$$\mathrm{d}V(x(t), t) = \left[V_t(x, t) + V_x(x, t)f(x, t) + \frac{1}{2}\mathrm{trace}(g^\mathrm{T}(x, t)V_{xx}(x, t)g(x, t)) \right]\mathrm{d}t + V_x(x, t)g(x, t)\mathrm{d}B(t)$$

定义 5.2.7　设 $V(x, t) \in C^{2,1}(\mathbb{R}^l \times \mathbb{R}_+; \mathbb{R})$，如下定义的算子 $LV: \mathbb{R}^l \times \mathbb{R}_+ \to \mathbb{R}$：

$$LV = V_t(x, t) + V_x(x, t)f(x, t) + \frac{1}{2}\mathrm{trace}(g^\mathrm{T}(x, t)V_{xx}(x, t)g(x, t))$$

称为 Itô 过程关于函数 V 的扩散算子。

利用扩散算子，Itô 公式可表示成

$$dV(x(t), t) = LVdt + V_x(x, t)g(x, t)dB(t)$$

显然，若 $\forall t \in [t_0, \infty)$，$f(0, t) = g(0, t) = 0$，则 $x = 0$ 是随机微分方程 (5.2.1)的一个解，称为方程的零解或平凡解。

定义 5.2.8 （1）如果 $\forall \varepsilon \in (0, 1)$ 和 $r > 0$，存在一个正数 $\delta = \delta(t_0, \varepsilon, r)$，使当 $|x_0| < \delta$ 时，有

$$P\{|x(t; t_0, x_0)| < r, \forall t > t_0\} > 1 - \varepsilon$$

则称方程的零解随机稳定。否则，称零解不稳定。

（2）设方程的零解随机稳定，若 $\forall \varepsilon \in (0, 1)$，存在一个正数 δ，使当 $|x_0| < \delta$ 时，有

$$P\{\lim_{t \to \infty} x(t; t_0, x_0) = 0\} \geq 1 - \varepsilon$$

则称零解随机渐近稳定。若 $\forall x_0 \in \mathbb{R}^l$，有

$$P\{\lim_{t \to \infty} x(t; t_0, x_0) = 0\} = 1$$

则称零解全局随机渐近稳定。

（3）若 $\forall x_0 \in \mathbb{R}^l$，有

$$\limsup_{t \to \infty} \frac{\ln|x(t; t_0, x_0)|}{t} < 0$$

则称零解几乎必然指数稳定。

定理 5.2.4 若存在正定且递减的函数 $V \in C^{2,1}(S_h \times [t_0, \infty); \mathbb{R}_+)$，使得 LV 是负定的，则随机微分方程(5.2.1)的零解是随机渐近稳定的。

5.2.3 平稳分布

设 X 是 E^l（欧式空间）中的一 Markov 自治过程，可表示为随机微分方程

$$dX = f(X)dt + \sum_{k=1}^{r} g_k(X)dB$$

定义其扩散矩阵为

$$A(x) = (a_{ij}(x)), \quad (a_{ij}(x)) = \sum_{k=1}^{r} g_k^i(x) g_k^j(x)$$

定理 5.2.5 设 $U \subset E^l$，是有界区域且其边界是正则的，则下述条件成立：

（1）扩散矩阵 $A(x)$ 在 U 和它的一些邻域上的最小特征值是非零的；

（2）当 $x \in E^l \setminus U$ 时，从 x 出发的轨道到达集合 U 的平均时间 T 是有限的，且对每个紧子集 K 有 $\sup_{x \in K} E_x T < \infty$，则 Markov 过程 X 存在平稳分布 $\mu(\cdot)$，且对任意关于 μ 可积的函数 h 以及所有 x，有

$$P_x\left\{\lim_{T \to \infty} \frac{1}{T}\int_0^T h(X(t))dt = \int_{E^l} f(x)\mu dx\right\} = 1$$

注 5.2.1 上述定理的证明见文献[132]。

为验证条件(1)，仅需验证 $\mathcal{F}$ 在 U 上满足一致椭圆条件，其中

$$\mathcal{F}u = f(x)u_x + \frac{1}{2}\text{trace}(A(x)u_{xx})$$

即仅需证明存在一个正常数 c，使得

$$\xi_i a_{ij}(x)\xi_j \geq c|\xi|^2, \quad x \in U, \xi \in \mathbb{R}^l$$

具体见文献[133]。

为验证条件(2)，仅需证明：存在 U 及非负的两次连续可微函数 V，使得对任意的 $D \subset E^l \setminus U$，$LV$ 在 D 上是负的。具体见文献[133]。

5.3 死亡率系数受到扰动的情形

考虑模型(5.1.1)中死亡率系数受到扰动的情形，即

$$\nu \to \nu + \sigma_1 \dot{B}_1, \quad \mu \to \mu + \sigma_2 \dot{B}_2$$

在上述扰动下，确定性模型(5.1.1)化为了如下随机模型：

$$\begin{cases} dS_k = [b(1 - S_k - I_k) - \lambda k S_k \Theta - \nu S_k + \gamma I_k]dt - \sigma_1 S_k dB_1(t) \\ dI_k = (\lambda k S_k \Theta - \gamma I_k - \mu I_k)dt - \sigma_2 I_k dB_2(t), \quad k = 1, 2, \cdots, n \end{cases} \quad (5.3.1)$$

式中，$\Theta(t) = \langle k \rangle^{-1} \sum_{i=1}^{n} iP(i)I_i(t)$；$B_1(t)$ 和 $B_2(t)$ 是相互独立的一维 Brown 运动且满足 $B_1(0) = B_2(0) = 0$；σ_1^2 和 σ_2^2 是白噪声的强度。

5.3.1 解的存在性及性质

定理 5.3.1 如果 $\gamma \geq b$，那么对任意初值 $X(0) = (S_1(0), I_1(0), S_2(0), I_2(0), \cdots, S_n(0), I_n(0)) \in \mathbb{R}_+^{2n}$，系统(5.3.1)存在唯一解 $X(t) = (S_1(t), I_1(t), S_2(t), I_2(t), \cdots, S_n(t), I_n(t))(t \geq 0)$，且以概率 1 位于 $\mathbb{R}_+^{2n}$ 中，即 $X(t) \in \mathbb{R}_+^{2n}$。

证明 由于系统(5.3.1)中的系统都是局部 Lipschitz 的，则对任意初值 $X(0) \in \mathbb{R}_+^{2n}$，系统(5.3.1)在区间 $[0, \tau_e)$ 上存在唯一局部解 $X(t)$，其中 τ_e 是爆破时间[131]。为证明 $X(t)$ 是一个整体解，仅需证明 $\tau_e = \infty$。令正整数 $m_0 \geq 1$ 充分大且使得 $(S_k(0), I_k(0)) \in [1/m_0, m_0]^2 (k = 1, 2, \cdots, n)$。对任意整数 $m \geq m_0$，定义停时

$$\tau_m = \inf\{t \in [0, \tau_e) : I_k(t) \in (1/m, m) \text{ 或 } S_k(t) \in (1/m, m), k = 1, 2, \cdots, n\}$$

此处，约定 $\inf \emptyset = \infty$（$\emptyset$ 为空集）。显然，$\{\tau_m\}$ 是单调递增数列，因此极限存在。令 $\tau_\infty = \lim_{m \to +\infty} \tau_m$，则 $\tau_\infty \leq \tau_e$，如果 $\tau_\infty = \infty$，则必有 $\tau_e = \infty$，即对所有 $t \geq 0, X(t) \in \mathbb{R}_+^{2n}$。否则，必存在常数 $T > 0$ 和 $\varepsilon \in (0, 1)$，使得

$$P\{\tau_\infty \leq T\} > \varepsilon$$

所以，存在整数 $m_1 \geq m_0$，使得

$$P\{\tau_m \leq T\} > \varepsilon, \quad \forall m \geq m_1$$

定义

$$V(X(t)) = \sum_{k=1}^{n}\left[\left(S_k(t) - a - a\ln\frac{S_k(t)}{a}\right) + (I_k(t) - 1 - \ln I_k(t))\right]$$

式中，a 是一个满足 $a\lambda n^2(n+1)\max\limits_{1\leq k\leq n}P(k) - 2(\mu+b)\langle k\rangle = 0$ 的正常数。

令 L 是对应于系统(5.3.1)的扩散算子。应用 Itô 公式，得

$$dV = LVdt - \sum_{k=1}^{n}[\sigma_1(S_k - a)dB_1(t) + \sigma_2(I_k - 1)dB_2(t)] \quad (5.3.2)$$

式中

$$LV = \sum_{k=1}^{n}\left\{\left(1 - \frac{a}{S_k}\right)[b(1 - S_k - I_k) - \lambda kS_k(t)\Theta(t) - \nu S_k(t) + \gamma I_k] + \frac{a\sigma_1^2}{2}\right\} +$$

$$\sum_{k=1}^{n}\left\{\left(1 - \frac{1}{I_k}\right)[\lambda kS_k(t)\Theta(t) - \gamma I_k(t) - \mu I_k(t)] + \frac{\sigma_2^2}{2}\right\}$$

而且，对 $t \leq \tau_m$，有

$$LV \leq \sum_{k=1}^{n}\left[b + a(b+\nu) + \mu + \gamma + a\lambda k\Theta - (b+\mu)I_k + (\gamma - b)\frac{I_k}{S_k} + \frac{a\sigma_1^2 + \sigma_2^2}{2}\right]$$

由 $\gamma \geq b$ 得

$$LV \leq \sum_{k=1}^{n}\left[b + a(b+\mu) + \mu + \gamma + a\lambda k\Theta - (b+\mu)I_k + \frac{a\sigma_1^2 + \sigma_2^2}{2}\right]$$

注意到

$$\sum_{k=1}^{n}[a\lambda k\Theta - (b+\mu)I_k] \leq \sum_{k=1}^{n}\left[\frac{a\lambda n^2(n+1)\max\limits_{1\leq k\leq n}P(k)}{2\langle k\rangle} - \mu - b\right]I_k = 0$$

因此

$$LV \leq \sum_{k=1}^{n}\left[b + a(b+\mu) + \mu + \gamma + \frac{a\sigma_1^2 + \sigma_2^2}{2}\right] =: M, \quad \forall t \leq \tau_m \quad (5.3.3)$$

再利用式(5.3.2)得

$$E[V(X(\tau_m \wedge T))] \leq V(X(0)) + E\left[\int_0^{\tau_m \wedge T} Mdt\right]$$

$$\leq V(X(0)) + MT \quad (5.3.4)$$

式中，E 是期望算子。设 $\Omega_m = \{\tau_m \leq T\}$，$\forall m \geq m_1$，则 $P(\Omega_m) \geq \varepsilon$。因此，对每个 $\omega \in \Omega_m$，都存在 k，使得 $S_k(\tau_m, \omega)$ 和 $I_k(\tau_m, \omega)$ 二者中至少有一个等于 m 或 $1/m$，所以 $V(X(\tau_m, \omega))$ 不小于

$$(m - 1 - \ln m) \wedge \left(\frac{1}{m} - 1 - \ln\frac{1}{m}\right) \wedge (am - a - \ln(am)) \wedge \left(\frac{1}{m} - a - a\ln\frac{1}{am}\right)$$

于是
$$V(X(\tau_m)) \geq (m - 1 - \ln m) \wedge \left(\frac{1}{m} - 1 - \ln \frac{1}{m}\right) \wedge$$
$$\left(m - a - a\ln \frac{m}{a}\right) \wedge \left(\frac{1}{m} - a - a\ln \frac{1}{am}\right) =: A_m \quad (5.3.5)$$

结合式(5.3.4)和式(5.3.5)得
$$V(X(0)) + MT \geq \mathbb{E}[1_{\Omega_m} V(X(\tau_m, \omega))] \geq \varepsilon A_m$$

式中，1_{Ω_m} 是 Ω_m 的示性函数。然后，令 $m \to +\infty$ 得，$\infty > V(X(0)) + MT \geq +\infty$，矛盾，故 $\tau_\infty = \infty$。证毕。

定理 5.3.2 设 $(S_1(t), I_1(t), S_2(t), I_2(t), \cdots, S_n(t), I_n(t))$ 是系统(5.3.1)的一个正解，则
$$\lim_{t \to \infty} \sup(S_k(t) + I_k(t)) < \infty$$
$$\lim_{t \to \infty} \sup \langle S_k(t) \rangle \leq \frac{b}{b+\nu}, \quad \lim_{t \to \infty} \sup \langle I_k(t) \rangle \leq \frac{b}{b+\mu}$$

以及
$$\lim_{t \to \infty} \frac{M_{1,k}(t)}{t} = 0, \quad \lim_{t \to \infty} \frac{M_{2,k}(t)}{t} = 0$$

式中，$M_{1,k}(t) = \sigma_1 \int_0^t S_k(s) dB_1(s)$，$M_{2,k}(t) = \sigma_2 \int_0^t I_k(s) dB_2(s)$。

证明 令 $N_k = S_k + I_k$，则 N_k 满足
$$dN_k(t) = b(1 - N_k) - \nu S_k - \mu I_k - \sigma_1 S_k dB_1(t) - \sigma_2 I_k dB_2(t) \quad (5.3.6)$$

所以
$$N_k(t) = N_k(0)e^{-bt} + 1 - e^{-bt} - \nu \int_0^t e^{b(s-t)} S_k(s) ds - \mu \int_0^t e^{b(s-t)} I_k(s) ds + M_k(t)$$
$$\leq N_k(0)e^{-bt} + 1 - e^{-bt} + M_k(t)$$

式中，$M_k(t) = -\sigma_1 \int_0^t e^{b(s-t)} S_k(s) dB_1(s) - \sigma_2 \int_0^t e^{b(s-t)} I_k(s) dB_1(s)$ 是一个满足 $M(0) = 0$ 的连续局部鞅。记
$$X_k(t) = X_k(0) + A(t) - U_k(t) + M_k(t)$$

式中，$X_k(0) = N_k(0)$；$A(t) = 1 - e^{-bt}$；$U_k(t) = N_k(0)(1 - e^{-bt})$。因此，$N_k(t) \leq X_k(t)$。显然，$A(t)$ 和 $U_k(t)$ 是连续的适应递增过程，且满足 $A(0) = U_k(0) = 0$。由引理 2.1[106] 得，$\lim_{t \to \infty} X_k(t) < \infty$，故 $\lim_{t \to \infty} \sup N_k(t) < \infty$。据此可知
$$\lim_{t \to \infty} \sup \frac{\langle M_{1,k}, M_{1,k} \rangle_t}{t} = \lim_{t \to \infty} \sup \frac{\sigma_1^2}{t} \int_0^t S_k^2(s) ds \leq \sigma_1^2 \sup_{t \geq 0} S_k^2(t) < \infty$$

再由强大数定律得
$$\lim_{t \to \infty} \frac{M_{1,k}(t)}{t} = 0 \quad (5.3.7)$$

同理可得

$$\lim_{t\to\infty}\frac{M_{2,k}(t)}{t}=0 \tag{5.3.8}$$

由式(5.3.6)得

$$dN_k(t)=b-(b+\nu)S_k(t)-(b+\mu)I_k(t)-\sigma_1 S_k(t)dB_1(t)-\sigma_2 I_k(t)dB_2(t)$$

所以

$$\langle S_k(t)\rangle=\frac{b}{b+\nu}-\frac{b+\mu}{b+\nu}\langle I_k(t)\rangle+\frac{\psi_k(t)}{t} \tag{5.3.9}$$

式中

$$\psi_k(t)=-\frac{1}{b+\nu}[(N_k(t)-N_k(0))+M_{1,k}(t)+M_{2,k}(t)]$$

由式(5.3.7)和式(5.3.8)得，$\frac{\psi_k(t)}{t}\to 0(t\to\infty)$。据此及式(5.3.9)立得第二个结论。证毕。

5.3.2 阈值

定义 5.3.1 系统(5.3.1)称为随机持久的，如果 $\liminf_{t\to\infty}\langle I(t)\rangle>0$，其中 $I(t)=\sum_{k=1}^n P(k)I_k(t)$ 是整个网络中染病者的平均密度。

定义 $R_0^s=\dfrac{R_0}{1+\rho}$，其中 R_0 是系统(5.1.1)的基本再生数，$\rho=\dfrac{\sigma_2^2}{2(\gamma+\mu)}$。我们得到如下重要定理。

定理 5.3.3 设 $(S_1(t),I_1(t),S_2(t),I_2(t),\cdots,S_n(t),I_n(t))$ 是系统(5.3.1)的一个正解，则

(1) 如果 $R_0^s<1$，那么

$$\limsup_{t\to\infty}\frac{\ln\Theta(t)}{t}\leq(\mu+\gamma)(1+\rho)(R_0^s-1)<0$$

即，当 $R_0^s<1$ 时，$I_k(t)$ 几乎必然指数趋于零。

(2) 如果 $R_0^s>1$，那么

$$\liminf_{t\to\infty}\langle I(t)\rangle\geq\frac{(b+\nu)(1+\rho)\langle k\rangle}{n^2}(R_0^s-1)>0$$

即，当 $R_0^s>1$ 时，系统(5.3.1)是随机持久的。

证明 利用式(5.3.1)，有

$$d\Theta=\left[\frac{\lambda}{\langle k\rangle}\sum_{k=1}^n k^2 P(k)S_k(t)-(\mu+\gamma)\right]\Theta dt-\sigma_2\Theta dB_2(t)$$

应用 Itô 公式得

$$d(\ln \Theta) = L\ln \Theta dt - \sigma_2 dB_2(t) \tag{5.3.10}$$

式中

$$L\ln \Theta = \frac{\lambda}{\langle k \rangle} \sum_{k=1}^{n} k^2 P(k) S_k(t) - (\mu + \gamma) - \frac{\sigma_2^2}{2}$$

由式(5.3.10)得

$$\frac{\ln \Theta(t) - \ln \Theta(0)}{t} = \frac{1}{\langle k \rangle} \sum_{k=1}^{n} k^2 P(k) \langle S_k(t) \rangle - (\mu + \gamma) - \frac{\sigma_2^2}{2} - \frac{\sigma_2 B_2(t)}{t} \tag{5.3.11}$$

将式(5.3.9)代入式(5.3.11)中，得

$$\frac{\ln \Theta(t) - \ln \Theta(0)}{t} = (\mu + \gamma)(1 + \rho)(R_0^S - 1) - $$

$$\frac{\mu + \gamma}{\langle k \rangle (b + \nu)} \sum_{k=1}^{n} k^2 P(k) \langle I_k(t) \rangle + \frac{\Psi(t)}{t}$$

式中，$\Psi(t) = \langle k \rangle^{-1} \sum_{k=1}^{n} k^2 P(k) \psi_k(t) - \sigma_2 B_2(t)$。利用强大数定律得，$\lim_{t \to \infty} \Psi(t)/t = 0$。

如果 $R_0^S < 1$，则

$$\limsup_{t \to \infty} \frac{\ln \Theta(t)}{t} \leq (\mu + \gamma)(1 + \rho)(R_0^S - 1) < 0$$

如果 $R_0^S > 1$，则

$$\liminf_{t \to \infty} \frac{1}{\langle k \rangle} \sum_{k=1}^{n} k^2 P(k) \langle I_k(t) \rangle \geq (b + \nu)(1 + \rho)(R_0^S - 1) > 0$$

其蕴含 $\liminf_{t \to \infty} \langle I(t) \rangle \geq (b + \nu)(1 + \rho) \langle k \rangle (R_0^S - 1)/n^2 > 0$。证毕。

注 5.3.1 依上面的定理，可认为 R_0^S 是区分传染病传播与否的一个阈值。即，当 $R_0^S < 1$ 时，传染病最终以概率 1 灭绝；而当 $R_0^S > 1$ 时，传染病将以概率 1 长期存在。在这个意义下，可认为 R_0^S 是基本再生数。特别地，只要噪声强度充分大，无论 R_0 是否大于 1，传染病最终都会以概率 1 灭绝。注意到，噪声强度 σ_1 不改变 R_0^S 的值，从而不会对控制传染病的传播产生影响，由于 R_0^S 与 σ_2^2 成反比，因此对因病死亡率进行干扰会起到抑制传染病爆发的作用。

当 $\Theta = \langle k \rangle \sum_{k=1}^{n} (k-1)P(k)$ 时（即网络是度相关的），本节及下文中的所有结论均成立。

5.4 确定性系统自身受到扰动的情形

本节考虑确定性模型(5.1.1)本身受到扰动的情形，即研究如下随机模型：

$$\begin{cases} dS_k = [b(1 - S_k - I_k) - \lambda k S_k \Theta - \nu S_k + \gamma I_k]dt + \varrho_k S_k dB_{1,k}(t) \\ dI_k = (\lambda k S_k \Theta - \gamma I_k - \mu I_k)dt + \sigma_k I_k dB_{2,k}(t), \quad k = 1, 2, \cdots, n \end{cases} \quad (5.4.1)$$

式中，$\Theta(t) = \langle k \rangle^{-1} \sum_{i=1}^{n} i P(i) I_i(t)$；$B_{1,k}(t)$ 和 $B_{2,k}(t)$ 是相互独立的 Brown 运动且满足 $B_{1,k}(0) = B_{2,k}(0) = 0$；$\varrho_k^2$ 和 $\sigma_k^2 (k = 1, 2, \cdots, n)$ 是白噪声的强度。

▶▶▶ 5.4.1　解的存在性及性质 ▶▶▶ ▶

类似于定理 5.3.1 和定理 5.3.2 的证明，可得如下定理。

定理 5.4.1　如果 $\gamma \geq b$，那么对任意初值 $X(0) = (S_1(0), I_1(0), S_2(0), I_2(0), \cdots, S_n(0), I_n(0)) \in \mathbb{R}_+^{2n}$，系统 (5.4.1) 存在唯一解 $X(t) = (S_1(t), I_1(t), S_2(t), I_2(t), \cdots, S_n(t), I_n(t)) (t \geq 0)$，且概率 1 位于 $\mathbb{R}_+^{2n}$ 中，即 $X(t) \in \mathbb{R}_+^{2n}$。

定理 5.4.2　设 $(S_1(t), I_1(t), S_2(t), I_2(t), \cdots, S_n(t), I_n(t))$ 是系统 (5.4.1) 的一个正解，则

$$\limsup_{t \to \infty} (S_k(t) + I_k(t)) < \infty$$

$$\limsup_{t \to \infty} \langle S_k(t) \rangle \leq \frac{b}{b+\nu}, \quad \limsup_{t \to \infty} \langle I_k(t) \rangle \leq \frac{b}{b+\mu}$$

以及

$$\lim_{t \to \infty} \frac{M_{1,k}(t)}{t} = 0, \quad \lim_{t \to \infty} \frac{M_{2,k}(t)}{t} = 0$$

式中，$M_{1,k}(t) = \frac{\varrho_k}{t} \int_0^t S_k(s) dB_{1,k}(s)$，$M_{2,k}(t) = \frac{\sigma_k}{t} \int_0^t I_k(s) dB_{2,k}(s)$。

▶▶▶ 5.4.2　灭绝性和持久性 ▶▶▶ ▶

定义 5.4.1　系统 (5.4.1) 称为随机持久的，如果 $\liminf_{t \to \infty} \langle I(t) \rangle > 0$，其中 $I(t) = \sum_{k=1}^{n} P(k) I_k(t)$ 是整个网络中染病者的平均密度。

定理 5.4.3　设 $(S_1(t), I_1(t), S_2(t), I_2(t), \cdots, S_n(t), I_n(t))$ 是系统 (5.4.1) 的正解。

(1) 如果 $R_0 - 1 < [2(\mu + \gamma)]^{-1} \left(\sum_{k=1}^{n} \sigma_k^{-2} \right)^{-1}$，则

$$\limsup_{t \to \infty} \frac{\ln \Theta(t)}{t} \leq (\mu + \gamma)(R_0 - 1) - \frac{1}{2} \left(\sum_{k=1}^{n} \frac{1}{\sigma_k^2} \right)^{-1} < 0$$

式中，R_0 是系统 (5.4.1) 的基本再生数。即，$I_k(t)$ 几乎必然指数趋于零。

(2) 如果 $R_0 - 1 > [2(\mu + \gamma)]^{-1} \sum_{k=1}^{n} \sigma_k^2$，则

$$\liminf_{t\to\infty}\langle I(t)\rangle \geq \frac{\langle k\rangle}{n^2}\left[(\mu+\gamma)(R_0-1)-\frac{1}{2}\sum_{k=1}^{n}\sigma_k^2\right]>0$$

即，系统(5.4.1)是随机持久的。

证明 基于系统(5.4.1)，有

$$\mathrm{d}\Theta = \left[\frac{1}{\langle k\rangle}\sum_{k=1}^{n}k^2P(k)S_k(t) - (\mu+\gamma)\Theta\right]\mathrm{d}t + \frac{1}{\langle k\rangle}\sum_{k=1}^{n}\sigma_k kP(k)I_k(t)\mathrm{d}B_{2,k}(t)$$

应用 Itô 公式得

$$\mathrm{d}(\ln\Theta) = L\ln\Theta\mathrm{d}t + \frac{\lambda}{\langle k\rangle}\sum_{k=1}^{n}\sigma_k kP(k)I_k(t)\mathrm{d}B_{2,k}(t) \qquad (5.4.2)$$

式中

$$L\ln\Theta = \frac{\lambda}{\langle k\rangle}\sum_{k=1}^{n}k^2P(k)S_k(t) - (\mu+\gamma) - \frac{1}{2\langle k\rangle^2\Theta^2}\sum_{k=1}^{n}\sigma_k^2 k^2 P^2(k)I_k^2(t)$$

由式(5.4.2)得

$$\frac{\ln\Theta(t)-\ln\Theta(0)}{t} = \frac{\lambda}{\langle k\rangle}\sum_{k=1}^{n}k^2P(k)\langle S_k(t)\rangle - (\mu+\gamma) -$$

$$\frac{1}{t}\int_0^t \frac{1}{2\langle k\rangle^2\Theta^2(s)}\sum_{k=1}^{n}\sigma_k^2 k^2 P^2(k)I_k^2(s)\mathrm{d}s +$$

$$\frac{1}{t}\int_0^t \frac{1}{\langle k\rangle\Theta(s)}\sum_{k=1}^{n}\sigma_k kP(k)I_k(s)\mathrm{d}B_{2,k}(s) \qquad (5.4.3)$$

另外，由式(5.4.1)得

$$\mathrm{d}N_k(t) = b - (b+\nu)S_k(t) - (b+\mu)I_k(t) - \varrho_k S_k(t)\mathrm{d}B_{1,k}(t) - \sigma_k I_k(t)\mathrm{d}B_{2,k}(t)$$

于是

$$\langle S_k(t)\rangle = \frac{b}{b+\nu} - \frac{b+\mu}{b+\nu}\langle I_k(t)\rangle + \frac{\psi_k(t)}{t}$$

式中，$\psi_k(t) = -\frac{1}{b+\nu}\left[(N_k(t)-N_k(0)) + M_{1,k}(t) + M_{2,k}(t)\right]$。将其代入式(5.4.3)中，得

$$\frac{\ln\Theta(t)-\ln\Theta(0)}{t} = (\mu+\gamma)(R_0-1) - \frac{\mu+\gamma}{\langle k\rangle(b+\nu)}\sum_{k=1}^{n}k^2P(k)\langle I_k(t)\rangle -$$

$$\frac{1}{t}\int_0^t \frac{1}{2\langle k\rangle^2\Theta^2}\sum_{k=1}^{n}\sigma_k^2 k^2 P^2(k)I_k^2(s)\mathrm{d}s + \Psi(t)$$

(5.4.4)

式中，$\Psi(t) = \frac{1}{\langle k\rangle}\sum_{k=1}^{n}k^2P(k)\frac{\psi_k(t)}{t} - \frac{1}{t}\int_0^t \frac{1}{\langle k\rangle\Theta}\sum_{k=1}^{n}\sigma_k kP(k)I_k(s)\mathrm{d}B_{2,k}(s)$。应用强大数定律及定理 5.4.2，得 $\lim\limits_{t\to\infty}\Psi(t) = 0$。

应用 Cauchy 不等式 $\sum\limits_{k=1}^{n}a_k^2\sum\limits_{k=1}^{n}b_k^2 \geq \left(\sum\limits_{k=1}^{n}a_k b_k\right)^2$，得

$$\Theta^2 = \left(\frac{1}{\langle k \rangle} \sum_{k=1}^{n} kP(k)I_k\right)^2 \leq \frac{1}{\langle k \rangle^2} \sum_{k=1}^{n} \sigma_k^2 k^2 P^2(k) I_k^2 \sum_{k=1}^{n} \frac{1}{\sigma_k^2} \quad (5.4.5)$$

而且，有

$$\frac{1}{\langle k \rangle^2 \Theta^2} \sum_{k=1}^{n} \sigma_k^2 k^2 P^2(k) I_k^2 \leq \sum_{k=1}^{n} \sigma_k^2 \quad (5.4.6)$$

如果 $R_0 - 1 < \frac{1}{2(\mu+\gamma)} \left(\sum_{k=1}^{n} \sigma_k^{-2}\right)^{-1}$，将式(5.4.5)代入式(5.4.4)中，得

$$\limsup_{t\to\infty} \frac{\ln \Theta(t)}{t} \leq (\mu+\gamma)(R_0-1) - \frac{1}{2}\left(\sum_{k=1}^{n} \frac{1}{\sigma_k^2}\right)^{-1} < 0$$

如果 $R_0 - 1 > \frac{1}{2(\mu+\gamma)} \sum_{k=1}^{n} \sigma_k^2$，将式(5.4.6)代入式(5.4.5)中，得

$$\liminf_{t\to\infty} \frac{1}{\langle k \rangle} \sum_{k=1}^{n} k^2 P(k) \langle I_k(t) \rangle \geq (\mu+\gamma)(R_0-1) - \frac{1}{2}\sum_{k=1}^{n} \sigma_k^2 > 0$$

其蕴含 $\displaystyle\liminf_{t\to\infty} \langle I(t) \rangle \geq \frac{\langle k \rangle}{n^2}\left[(\mu+\gamma)(R_0-1) - \frac{1}{2}\sum_{k=1}^{n}\sigma_k^2\right] > 0$。

注 5.4.1 依定理 5.4.3 可知，只要噪声强度使得 $\left(\sum_{k=1}^{n} \sigma_k^{-2}\right)^{-1}$ 充分大，传染病最终以概率 1 灭绝。也就是说，只要每一个 σ_k^2 都充分大，则传染病最终以概率 1 灭绝。

▶▶▶ 5.4.3　平稳分布 ▶▶▶

本节研究系统(5.4.1)的平稳分布的存在性。为方便起见，记

$$M_* = \begin{cases} 1 & (\mu = \nu, \gamma = b) \\ \dfrac{(b-\gamma)^2}{(b+\mu)(\nu+\gamma)} & (\mu = \nu, \gamma \neq b) \\ \dfrac{3(b+\mu)(\nu+\gamma)}{(\nu-\mu)^2} & (\mu \neq \nu, \gamma = b) \\ \dfrac{2(b+\mu)(\nu+\gamma) - (\gamma-b)(\mu-\nu)}{(\nu-\mu)^2} & (\mu \neq \nu, \gamma \neq b) \end{cases}$$

以及 $\Delta(M^*) = (\nu-\mu)^2 M_*^2 + 2[(\gamma-b)(\mu-\nu) - 2(b+\mu)(\nu+\gamma)]M_* + (b-\gamma)^2$。不难验证：$\Delta(M_*) < 0$。因此

$$A(M_*) := -\frac{\Delta(M^*)}{8M_*(b+\mu)} > 0, \quad B(M_*) := -\frac{\Delta(M^*)}{8(\nu+\gamma)} > 0$$

定理 5.4.4 设 $R_0 > 1$ 且 $\gamma \geq b$。如果下列条件成立：

$$\max_{1 \leq k \leq n} \varrho_k^2 < \frac{2\eta^*}{1+M_*}, \quad \max_{1 \leq k \leq n} \sigma_k^2 < \frac{\eta^*}{M_*}$$

$$\Lambda \leq \frac{1}{2} \min_{1 \leq k \leq n} \{c_k[2\eta^* - (1+M_*)\varrho_k^2], c_k(\eta^* - M_*\sigma_k^2)\}$$

式中

$$c_k = \frac{kP(k)}{\langle k \rangle S_k^*}, \quad \eta^* = \frac{1}{4}\min\{A(M_*), B(M_*)\}$$

$$\Lambda = \sum_{k=1}^{n} \{c_k[(S_k^*)^2 + M_*]\varrho_k^2 + (\Theta^*/2 + c_k M_*)\sigma_k^2\}$$

则对任意初值 $X(0) = (S_1(0), I_1(0), S_2(0), I_2(0), \cdots, S_n(0), I_n(0)) \in \mathbb{R}_+^{2n}$，系统(5.4.1)存在一个平稳分布。

证明 设 $N_k = S_k + I_k$，$N_k^* = S_k^* + I_k^*$。定义一个 Lyapunov 函数如下：

$$V(S_1, I_1, S_2, I_2, \cdots, S_n, I_n)$$

$$= \frac{1}{2}\sum_{k=1}^{n} c_k(S_k - S_k^*)^2 + \Theta(t) - \Theta^* - \Theta^* \ln\frac{\Theta(t)}{\Theta^*} + \frac{M_*}{2}\sum_{k=1}^{n} c_k(N_k(t) - N_k^*)^2$$

$$=: V_1 + V_2 + M_* V_3$$

基于随机系统(5.4.1)及等式 $b = (b-\gamma)N_k^* + \lambda k S_k^* \Theta^* + (\nu+\gamma)S_k^*$，得

$$LV_1 + LV_2 = \sum_{k=1}^{n} c_k\left[(\gamma-b)(S_k - S_k^*)(N_k - N_k^*) - (\nu+\gamma)(S_k - S_k^*)^2 + \frac{1}{2}\varrho_k^2 S_k^2\right] - \lambda\Theta\sum_{k=1}^{n} kc_k(S_k - S_k^*)^2 + \frac{\Theta^*}{2\langle k\rangle^2\Theta^2}\sum_{k=1}^{n} \sigma_k^2 k^2 P^2(k) I_k^2$$

由于 $\sum_{k=1}^{n} \sigma_k^2 k^2 P^2(k) I_k^2 / (\langle k \rangle^2 \Theta^2) \leq \sum_{k=1}^{n} \sigma_k^2$，因此

$$LV_1 + LV_2 \leq \sum_{k=1}^{n} c_k[(\gamma-b)(S_k - S_k^*)(N_k - N_k^*) - (\nu+\gamma)(S_k - S_k^*)^2] + \sum_{k=1}^{n} c_k \varrho_k^2(S_k - S_k^*)^2 + \sum_{k=1}^{n}\left[c_k\varrho_k^2(S_k^*)^2 + \frac{\Theta^*}{2}\sigma_k^2\right]$$

由等式 $b = (b+\mu)N_k^* - (\mu - d)S_k^*$ 得

$$LV_3 = \sum_{k=1}^{n} c_k[-(b+\mu)(N_k - N_k^*)^2 + (\mu-\nu)(N_k - N_k^*)(S_k - S_k^*)] + \frac{1}{2}\sum_{k=1}^{n} c_k(\varrho_k^2 S_k^2 + \sigma_k^2 I_k^2)$$

$$\leq \sum_{k=1}^{n} c_k[-(b+\mu)(N_k - N_k^*)^2 + (\mu-\nu)(N_k - N_k^*)(S_k - S_k^*)] + \sum_{k=1}^{n} c_k[\varrho_k^2(S_k - S_k^*)^2 + \sigma_k^2(I_k - I_k^*)^2 + \varrho_k^2(S_k^*)^2 + \sigma_k^2(I_k^*)^2]$$

于是，类似于式(3.2.8)的推导可得

$$LV = LV_1 + LV_2 + M_* LV_3$$

$$\leqslant -\sum_{k=1}^{n} c_k \{[2\eta^* - (1+M_*)\varrho_k^2](S_k - S_k^*)^2 + (\eta^* - M_*\sigma_k^2)(I_k - I_k^*)^2\} + \Lambda$$

易见，椭圆曲线

$$-\sum_{k=1}^{n} c_k \{[2\eta^* - (1+M_*)\varrho_k^2](S_k - S_k^*)^2 + (\eta^* - M_*\sigma_k^2)(I_k - I_k^*)^2\} + \Lambda = 0$$

全部位于 $\mathbb{R}_+^{2n}$ 中。所以，考虑常数 $C > 0$ 以及一个紧集 $U \subset \mathbb{R}_+^{2n}$，使得对任意 $X(t) = (S_1, I_1, S_2, I_2, \cdots, S_n, I_n) \in \mathbb{R}_+^{2n} \setminus U$，有

$$\sum_{k=1}^{n} c_k \{[2\eta^* - (1+M_*)\varrho_k^2](S_k - S_k^*)^2 + (\eta^* - M_*\sigma_k^2)(I_k - I_k^*)^2\} \geqslant \Lambda + C$$

因而 $LV \leqslant -C$，$\forall (S_1, I_1, S_2, I_2, \cdots, S_n, I_n) \in \mathbb{R}_+^{2n} \setminus U$。这表明，定理 5.2.5 中的条件(2) 成立。因此，$X(t) = (S_1, I_1, S_2, I_2, \cdots, S_n, I_n)$ 在集合 U 上是常返的。故解 $X(t)$ 在 $\mathbb{R}_+^{2n}$ 中的任意有界区域 D 上是常返的。

另外，扩散矩阵

$$A(x) = (a_{ij}(x))_{n \times n} = \mathrm{diag}\{\varrho_1^2 S_1^2, \varrho_2^2 S_2^2, \cdots, \varrho_n^2 S_n^2, \sigma_1^2 I_1^2, \sigma_2^2 I_2^2, \cdots, \sigma_n^2 I_n^2\}$$

在 D 上满足

$$\xi_i a_{ij} \xi_j = \varrho_1^2 S_1^2 \xi_1^2 + \varrho_2^2 S_2^2 \xi_2^2 + \cdots + \varrho_n^2 S_n^2 \xi_n^2 + \sigma_1^2 I_1^2 \xi_{n+1}^2 + \sigma_2^2 I_2^2 \xi_{n+2}^2 + \cdots + \sigma_n^2 I_n^2 \xi_{2n}^2 \geqslant K|\xi|^2$$

$$\forall \xi = (\xi_1, \xi_2, \cdots, \xi_{2n}) \in \mathbb{R}^{2n}$$

式中，$|\xi| = \sqrt{\sum_{i=1}^{2n} \xi_i^2}$；$K = \min\{\varrho_k^2 S_k^2, \sigma_k^2 I_k^2\}$，$k = 1, 2, \cdots, n$，$(S_1, I_1, S_2, I_2, \cdots, S_n, I_n) \in D > 0$。

这表明：定理 5.2.5 中的条件(1) 也成立。因此，随机系统(5.4.1) 存在一个平稳分布。证毕。

5.5 地方病平衡点受到扰动的情形

本节假设 $R_0 > 1$，则由定理 3.2.3 可知，系统(5.1.1) 存在唯一地方病平衡点 $E^* = \{(S_k^*, I_k^*)\}_{k=1}^n$。考虑如下随机系统：

$$\begin{cases} \mathrm{d}S_k(t) = [b(1 - S_k(t) - I_k(t)) - \nu S_k(t) - \lambda k S_k(t)\Theta(t) + \gamma I_k(t)]\mathrm{d}t + \\ \qquad \varrho_k(S_k(t) - S_k^*(t))\mathrm{d}B_{1,k}(t) \\ \mathrm{d}I_k(t) = [\lambda k S_k(t)\Theta(t) - \gamma I_k(t) - \mu I_k(t)]\mathrm{d}t + \sigma_k(I_k - I_k^*)\mathrm{d}B_{2,k}(t) \end{cases} \quad (5.5.1)$$

式中，$\Theta(t) = \langle k \rangle^{-1} \sum_{i=1}^{n} iP(i)I_i(t)$；$B_{1,k}$ 和 $B_{2,k}$ 是独立的 Brown 运动且满足 $B_{1,k}(0) = B_{2,k}(0) = 0$；$\varrho_k^2$ 和 σ_k^2 是白噪声的强度。显然，E^* 也是随机系统(5.5.1) 的一个正平衡点。

定理 5.5.1 设 $R_0 > 1$，如果下列条件成立：

$$\varrho_k^2 < 2(b+\nu), \quad \sigma_k^2 < \frac{2\lambda k(b+\mu)\Theta^*}{(\nu+\mu+2b+\lambda k\Theta^*)}, \quad k=1,2,\cdots,n$$

则平衡点 E^* 是随机渐近稳定的。

证明 令 $x_k = S_k - S_k^*$，$y_k = I_k - I_k^*$，则有

$$\begin{cases} dx_k = \left[-b(x_k+y_k) - dx_k - \dfrac{\lambda k x_k}{\langle k \rangle}\sum_{i=1}^{n} iP(i)y_i - \lambda k x_k \Theta^* \right. \\ \qquad\quad \left. - \dfrac{\lambda k S_k^*}{\langle k \rangle}\sum_{i=1}^{n} iP(i)y_i + \gamma y_k \right] dt + \varrho_k x_k dB_{1,k}(t) \\ dy_k = \left[\dfrac{\lambda k x_k}{\langle k \rangle}\sum_{i=1}^{n} iP(i)y_i + \lambda k x_k \Theta^* + \dfrac{\lambda k S_k^*}{\langle k \rangle}\sum_{i=1}^{n} iP(i)y_i - (\gamma+\mu)y_k \right] dt \\ \qquad\quad + \sigma_k y_k dB_{2,k}(t) \end{cases} \quad (5.5.2)$$

为证明这个定理，只需证明随机系统(5.5.2)的零解是随机渐近稳定的。令 $\boldsymbol{u}_k = (x_k, y_k)$，$\boldsymbol{u} = (\boldsymbol{u}_1, \boldsymbol{u}_2, \cdots, \boldsymbol{u}_n)$。定义一个 Lyapunov 函数如下：

$$V(\boldsymbol{u}) = \frac{1}{2}\sum_{k=1}^{n}\left[\alpha_k(x_k+y_k)^2 + \beta_k y_k^2\right] =: V_1(\boldsymbol{u}) + V_2(\boldsymbol{u})$$

式中，α_k 和 β_k 是待定正常数。V 能够被表示成二次型，即

$$V(\boldsymbol{u}) = \frac{1}{2}\sum_{k=1}^{n} \boldsymbol{u}_k \boldsymbol{Q}_k \boldsymbol{u}_k^{\mathrm{T}}$$

式中

$$\boldsymbol{Q}_k = \begin{pmatrix} \alpha_k & \alpha_k \\ \alpha_k & \alpha_k + \beta_k \end{pmatrix}$$

而且，$\boldsymbol{Q}_k$ 是对称的正定矩阵。因此，函数 V 是正定的。

应用 Itô 公式有

$$dV_1 = LV_1 dt + \sum_{k=1}^{n}\alpha_k(x_k+y_k)\left[\varrho_k x_k dB_{1,k}(t) + \sigma_k y_k dB_{2,k}(t)\right]$$

$$dV_2 = LV_2 dt + \sum_{k=1}^{n}\beta_k \sigma_k y_k dB_{2,k}(t)$$

式中

$$LV_1 = \sum_{k=1}^{n}\alpha_k\left\{(x_k+y_k)\left[-b(x_k+y_k)-\nu x_k - \mu y_k(t)\right] + \frac{1}{2}\varrho_k^2 x_k^2 + \frac{1}{2}\sigma_k^2 y_k^2\right\}$$

$$= \sum_{k=1}^{n}\alpha_k\left\{-\left(b+\nu-\frac{\varrho_k^2}{2}\right)x_k^2 - \left(b+\mu-\frac{\sigma_k^2}{2}\right)y_k^2 - (\nu+\mu+2b)x_k y_k\right\}$$

$$(5.5.3)$$

以及

$$LV_2 = \frac{1}{\langle k \rangle}\sum_{k=1}^{n}\lambda k \beta_k \sum_{i=1}^{n} iP(i) y_k x_k y_i + \Theta^*\sum_{k=1}^{n}\lambda k \beta_k x_k y_k +$$

$$\frac{1}{\langle k \rangle} \sum_{k=1}^{n} \lambda k \beta_k S_k^* y_k \sum_{i=1}^{n} iP(i) y_i - \sum_{k=1}^{n} \left[(\gamma + \mu) \beta_k y_k^2 - \frac{1}{2} \beta_k \sigma_k^2 y_k^2 \right]$$
(5.5.4)

由 Cauchy 不等式 $\left(\sum_{k=1}^{n} a_k b_k \right)^2 \leq \sum_{k=1}^{n} a_k^2 \sum_{k=1}^{n} b_k^2$ 得

$$\left| \sum_{k=1}^{n} \lambda k \beta_k S_k^* y_k \right| \leq \sqrt{\sum_{k=1}^{n} \beta_k (\lambda k S_k^*)^2} \sqrt{\sum_{k=1}^{n} \beta_k y_k^2}$$

$$\left| \sum_{i=1}^{n} iP(i) y_i \right| \leq \sqrt{\sum_{k=1}^{n} \frac{k^2 P^2(k)}{\beta_k}} \sqrt{\sum_{k=1}^{n} \beta_k y_k^2}$$

于是

$$\sum_{k=1}^{n} \lambda k \beta_k S_k^* y_k \sum_{i=1}^{n} iP(i) y_i \leq \sqrt{\sum_{k=1}^{n} \beta_k (\lambda k S_k^*)^2} \sqrt{\sum_{k=1}^{n} \frac{k^2 P^2(k)}{\beta_k}} \sum_{k=1}^{n} \beta_k y_k^2$$
(5.5.5)

选取 $\beta_k = P(k) \lambda S_k^{*-1}$,并注意到等式 $\lambda \langle k \rangle^{-1} \sum_{k=1}^{n} k^2 P(k) S_k^* = \gamma + \mu$,有

$$\frac{1}{\langle k \rangle} \sum_{k=1}^{n} \lambda k \beta_k S_k^* y_k \sum_{i=1}^{n} iP(i) y_i \leq \frac{\lambda}{\langle k \rangle} \sum_{k=1}^{n} k^2 P(k) S_k^* \sum_{k=1}^{n} \beta_k y_k^2 = (\gamma + \mu) \sum_{k=1}^{n} \beta_k y_k^2$$

将其代入式(5.5.4)中,得

$$LV_2 \leq \frac{1}{\langle k \rangle} \sum_{k=1}^{n} \lambda k \beta_k \sum_{i=1}^{n} iP(i) y_k x_k y_i + \Theta^* \sum_{k=1}^{n} \lambda k \beta_k x_k y_k + \frac{1}{2} \sum_{i=1}^{n} \beta_k \sigma_k^2 y_k^2$$
(5.5.6)

结合式(5.5.3)和式(5.5.6),得

$$LV \leq \sum_{k=1}^{n} \left\{ -\alpha_k \left(b + \nu - \frac{1}{2} \varrho_k^2 \right) x_k^2 - \left[\alpha_k \left(b + \mu - \frac{1}{2} \sigma_k^2 \right) - \frac{1}{2} \beta_k \sigma_k^2 \right] y_k^2 \right\} +$$

$$\sum_{k=1}^{n} \left[\lambda \Theta^* k \beta_k - \alpha_k (\nu + \mu + 2b) \right] x_k y_k + \frac{1}{\langle k \rangle} \sum_{k=1}^{n} \lambda k \beta_k \sum_{i=1}^{n} iP(i) y_k x_k y_i$$
(5.5.7)

选取 $\alpha_k = \dfrac{\lambda \Theta^* k \beta_k}{\nu + \mu + 2b}$,有 $\lambda \Theta^* k \beta_k - \alpha_k (\nu + \mu + 2b) = 0$。将其代入式(5.5.7)中,得

$$LV \leq - \sum_{k=1}^{n} (A_k x_k^2 + B_k y_k^2) + \frac{1}{\langle k \rangle} \sum_{k=1}^{n} \lambda k \beta_k \sum_{i=1}^{n} iP(i) y_k x_k y_i \quad (5.5.8)$$

式中

$$A_k = \alpha_k \left(b + \nu - \frac{1}{2} \varrho_k^2 \right) > 0$$

$$B_k = \alpha_k \left(b + \mu - \frac{1}{2} \sigma_k^2 \right) - \frac{1}{2} \beta_k \sigma_k^2 = \frac{\alpha_k + \beta_k}{2} \left(\frac{2 \lambda k (b + \mu) \Theta^*}{\nu + \mu + 2b + \lambda k \Theta^*} - \sigma_k^2 \right) > 0$$

令 $\theta = \min\limits_{1 \leq k \leq n}\{A_k, B_k\}$，则 $\theta > 0$。因此，由式(5.5.8)得

$$\text{LV} \leq -\theta |u|^2 + o(|u|^2)$$

式中，$|u| = \sqrt{\sum\limits_{i=1}^{n}(x_k^2 + y_k^2)}$；$o(|u|^2)$ 是 $|u|^2$ 的高阶无穷小。所以，LV 在 $u = 0$ 的一个充分小的邻域内是负定的。从而，E^* 是随机渐近稳定的。证毕。

5.6 数值模拟

本节提供几个数值算例以验证理论结果。数值方法采用 Milstein 方法[136]。

例 5.6.1 本例用于验证定理 5.3.3，如图 5.6.1 和图 5.6.2 所示。在本例中，$n = 2$，初值取为 $(S_1(0), I_1(0), S_2(0), I_2(0)) = (0.1, 0.2, 0.5, 0.3)$，参数 λ，b，ν，γ，μ 分别取为 $\lambda = 0.5$，$b = 0.1$，$\nu = 0.1$，$\gamma = 0.1$，$\mu = 0.15$，噪声强度 $\sigma_1 = 0.3$，则确定性系统(5.1.1)的基本再生数 $R_0 = 1.2 > 1$。因此，由第三章的结果知系统(5.1.1)存在唯一且全局渐近稳定的地方病平衡点 E^*。在图 5.6.1(a)中，$\sigma_2 = 0.7$，则 $R_0^S = 0.5393 < 1$，在图 5.6.1(b)中，$\sigma_2 = 0.1$，则 $R_0^S = 1.1707 > 1$。在图 5.6.2 中，取 $\sigma_1 = 0.01$，$\sigma_2 = 0.01$，则 $R_0^S = 1.1997 > 1$。从图 5.6.1(a)中看到，I_1 和 I_2 从初始位置开始振荡了一段时间以后熄灭了，而它们在另外两个图中则始终在平衡点附近振荡。这说明大扰动可以促使传染病在某个时刻之后灭绝，而小扰动不会对传染病的传播行为有实质影响，因而可以忽略不计。

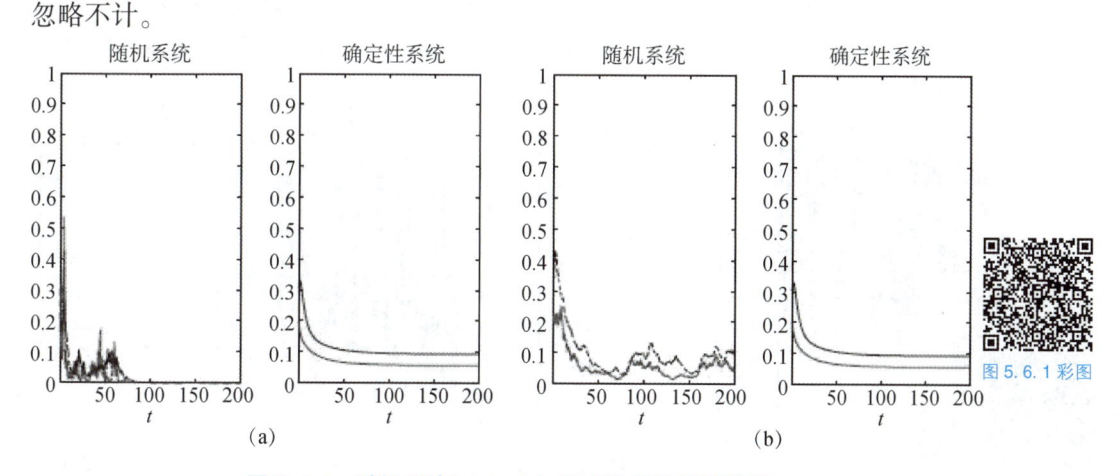

图 5.6.1 随机系统(5.3.1)与确定性系统解的模拟
(a) $\sigma_2 = 0.7$；(b) $\sigma_2 = 0.1$

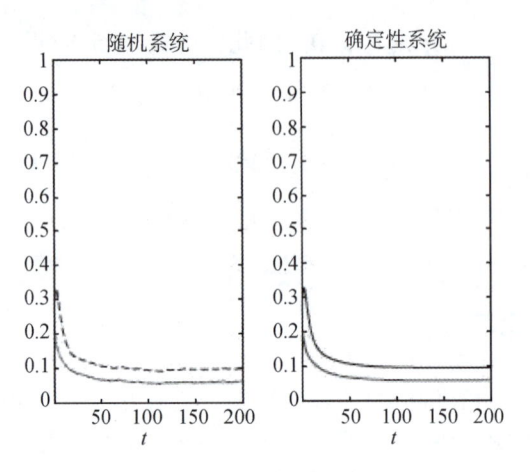

图 5.6.2 随机系统(5.3.1)与确定性系统解的模拟($\sigma_2 = 0.01$，$\sigma_1 = 0.01$)

例 5.6.2 在图 5.6.3 中，假设网络是度相关的，即 $\Theta = \langle k \rangle^{-1} \sum_{k=1}^{n} (k-1)P(k)$，这时定理 5.3.3 中的结论仍然正确。本例中，$n = 2$，初值为 $(S_1(0), I_1(0), S_2(0), I_2(0)) = (0.1, 0.2, 0.5, 0.3)$，参数 λ，b，ν，γ，μ 分别为 $\lambda = 0.3$，$b = 0.15$，$\nu = 0.01$，$\gamma = 0.03$，$\mu = 0.02$，噪声强度 $\sigma_1 = 0.3$，则确定性系统(5.1.1)的基本再生数 $R_0 = 1.125 > 1$。因此，由第三章的结果知系统(5.1.1)存在唯一且全局渐近稳定的地方病平衡点 E^*。在图 5.6.3(a)中，$\sigma_2 = 0.5$，则 $R_0^S = 0.3214 < 1$。在图 5.6.3(b)中，$\sigma_2 = 0.1$，则 $R_0^S = 1.0227 > 1$。数值结果显示，大扰动可以促使传染病在某个时刻之后灭绝，这与上例显示的结果一致。

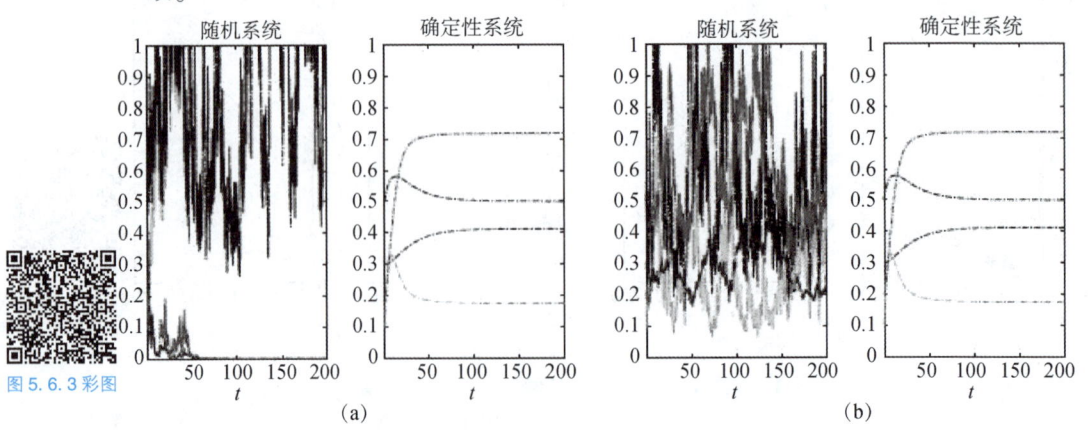

图 5.6.3 随机系统(5.3.1)与确定性系统解的模拟
(a)$\sigma_2 = 0.5$；(b)$\sigma_2 = 0.1$

例 5.6.3 本例用于验证定理 5.4.3，如图 5.6.4 和图 5.6.5 所示。在本例中，$n = 2$，初值 $(S_1(0), I_1(0), S_2(0), I_2(0)) = (0.15, 0.25, 0.35, 0.4)$，$\lambda = 0.5$，$b = 0.16$，$\nu = 0.14$，$\gamma = 0.05$，$\mu = 0.15$，则 $R_0 = 1.6 > 1$。在图 5.6.4 (a) 中，取 $\varrho_1 = 0.1$，$\sigma_1 = 0.7$，$\varrho_2 = 0.2$，$\sigma_2 = 0.8$，则 $R_0 - 1 - [2(\mu + \gamma)(\sigma_1^{-2} + \sigma_2^{-2})]^{-1} = -0.0938 < 0$。在图 5.6.4(b) 中，取 $\varrho_1 = 0.1$，$\sigma_1 = 0.2$，$\varrho_2 = 0.2$，$\sigma_2 = 0.3$，则 $R_0 - 1 - [2(\mu + \gamma)]^{-1}(\sigma_1^2 + \sigma_2^2) = 0.275 > 0$。在图 5.6.5 中，取 $\varrho_1 = 0.01$，$\sigma_1 = 0.02$，$\varrho_2 = 0.02$，$\sigma_2 = 0.03$，则 $R_0 - 1 - [2(\mu + \gamma)]^{-1}(\sigma_1^2 + \sigma_2^2) = 0.5968 > 0$。由图可看到，大的扰动会使传染病在一段时间以后灭绝，这与理论结果一致。

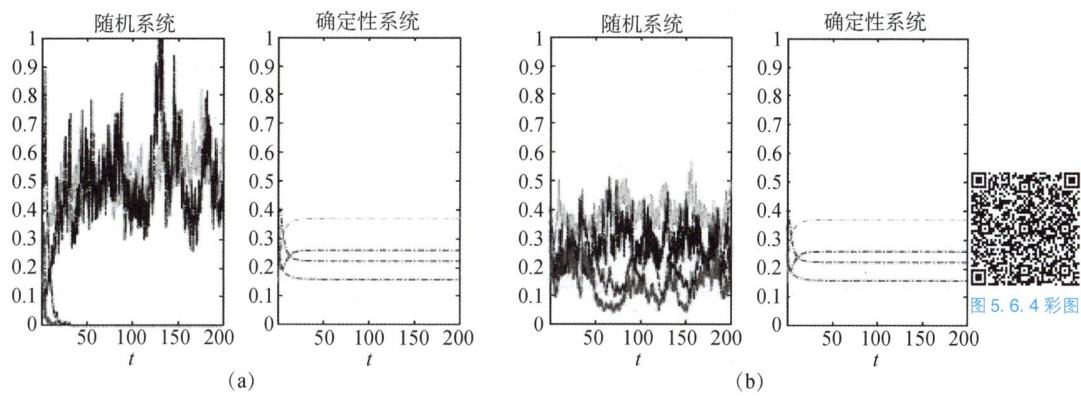

图 5.6.4 随机系统 (5.4.1) 与确定性系统解的模拟

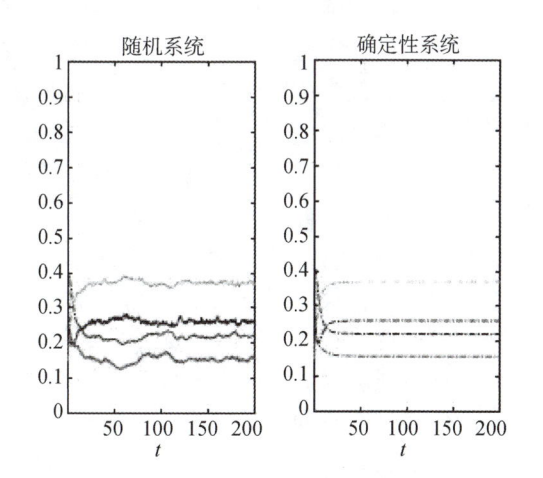

(a) $\varrho_1 = 0.1$，$\sigma_1 = 0.7$，$\varrho_2 = 0.2$，$\sigma_2 = 0.8$；(b) $\varrho_1 = 0.1$，$\sigma_1 = 0.2$，$\varrho_2 = 0.2$，$\sigma_2 = 0.3$

图 5.6.5 随机系统 (5.4.1) 与确定性系统解的模拟

($\varrho_1 = 0.01$，$\sigma_1 = 0.02$，$\varrho_2 = 0.02$，$\sigma_2 = 0.03$)

例 5.6.4 本例用于验证定理 5.5.1，如图 5.6.6 所示。在本例中，$n = 2$，$(S_1(0), I_1(0), S_2(0), I_2(0)) = (0.1, 0.2, 0.4, 0.3)$，$\lambda = 0.5$，$b = 0.0$，$\nu =$

0.1，$\gamma = 0.1$，$\mu = 0.15$，则 $R_0 = 1.2 > 1$。在图 5.6.6(a) 中，取 $\varrho_1 = 0.35$，$\sigma_1 = 0.25$，$\varrho_2 = 0.3$，$\sigma_2 = 0.15$。在图 5.6.6(b) 中，取 $\varrho_1 = 0.05$，$\sigma_1 = 0.07$，$\varrho_2 = 0.06$，$\sigma_2 = 0.08$。本例显示了数值结果与理论结果的一致性。

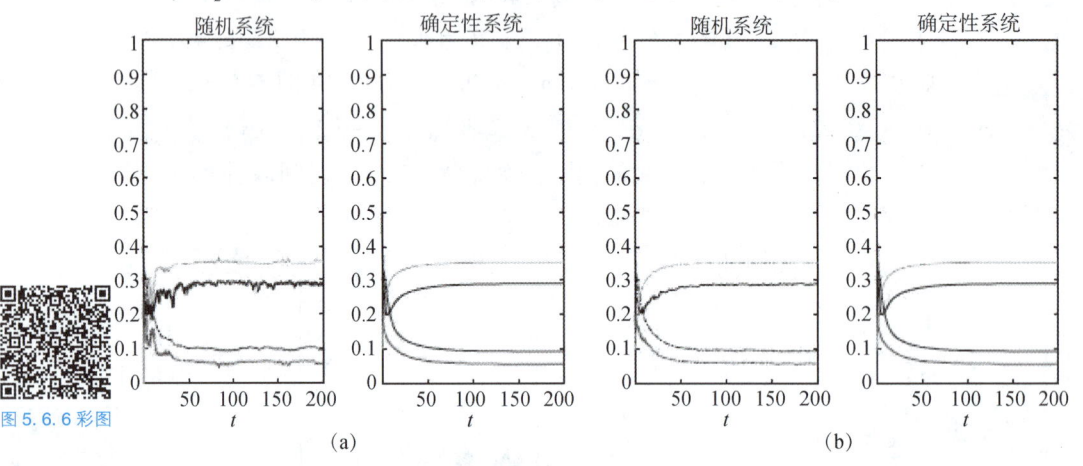

图 5.6.6 随机系统(5.5.1)与确定性系统解的模拟

(a) $\varrho_1 = 0.35$，$\sigma_1 = 0.25$，$\varrho_2 = 0.3$，$\sigma_2 = 0.15$；(b) $\varrho_1 = 0.05$，$\sigma_1 = 0.07$，$\varrho_2 = 0.06$，$\sigma_2 = 0.08$

5.7 本章小结

为探究随机干扰对传染病在网络上的传播行为的影响，我们对一个网络上具有出生和死亡的确定性传播模型分别施加了三种形式的随机干扰：(1) 死亡率系数受到随机干扰；(2) 系统自身受到随机干扰；(3) 地方病平衡点受到随机干扰。针对第一种随机干扰的情形，我们首先定义了一个平均意义下的随机持久的概念，然后求出了一个阈值 R_0^s，证明了当 $R_0^s < 1$ 时，传染病最终以概率 1 灭绝，而当 $R_0^s > 1$ 时，传染病以概率 1 长期存在。R_0^s 不仅比确定性模型的基本再生数小，而且与噪声强度成反比。这说明随机噪声对传染病的传播行为有实质性影响。针对第二种随机干扰的情形，我们一方面给出了传染病灭绝和持久传播的充分条件，另一方面还研究了不变分布的存在性。无论是第一种情形还是第二种情形，理论结果均表明：当噪声强度足够大时，传染病最终会以概率 1 灭绝。了解这个事实对控制传染病的传播是有益的。针对第三种随机干扰的情形，我们得到了地方病平衡点随机渐近稳定的充分条件。该结果表明，当传染病爆发时，小扰动会使传染病保持局部稳定。数值模拟结果验证了理论分析结果。

尽管提出了多种形式的扰动，但是传染率受到随机干扰也是一个重要情形，即可对传染率 λ 施加如下扰动：$\lambda \to \lambda + \sigma \dot{B}$。然而，由于网络结构的复杂性，对相应随机模型的理论分析非常困难。图 5.7.1 模拟了在这种扰动下的随机模型解的行为，其中噪声强度 σ 由左至右分别为 0.9，0.1，0.05，其他数据与例 5.6.3 相同。从图上观察到，大的扰动使模型的解产生较大幅度的振荡，而随着噪声强度的减小，解逐渐趋于稳态。图 5.7.1(a) 显示，在大的扰动下，染病者密度尽管振荡幅度较大，但是有减小的趋势。

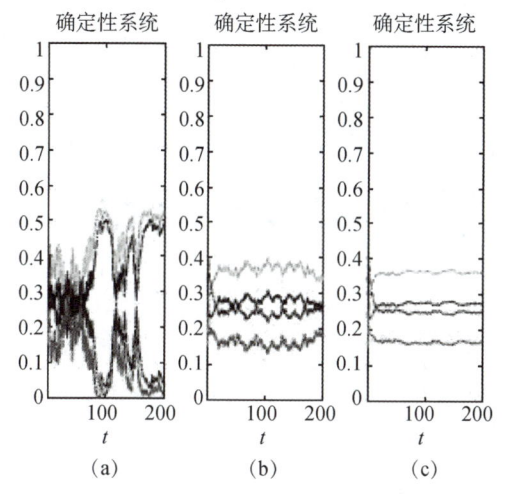

图 5.7.1 确定性系统在传染率受到扰动下的数值模拟（σ 的值由左至右分别为 0.9，0.1，0.05）

第六章 复杂网络上带有饱和治疗函数的传染病传播模型

6.1 引言

众所周知，治疗是控制传染病传播的一个重要手段。因此，研究治疗对流行病传播的影响是一个重要课题。例如，当一种传染性很强的传染病突然爆发时，足以切断公共服务和经济生产。如果染病者没有及时接受治疗就无法得到康复，从而导致需要治疗的患者数量超过当地医院的能力范围。事实上，在许多发展中国家，医疗能力和医疗设施严重不足，接受治疗的人群会达到饱和水平。因此，需要在流行病模型中引入一个合理的治疗函数来描述这种饱和效应。Wang 等[72]引入了分段饱和治疗函数：

$$T(I) = \begin{cases} \omega I, & 0 \leq I \leq I_0 \\ M, & I > I_0 \end{cases}$$

式中，I_0、ω、$M > 0$ 是常数；M 表示该地区的最大治疗能力。该函数表示当染病者数量 $I < I_0$ 时，该地区治疗治愈染病者个数与染病者数量有关；当染病者数量 $I > I_0$ 时，由于资源的限制，染病者的治愈个数为常数 M。Zhang 和 Liu[73] 通过引入一个参数 α，构造了一个非线性饱和治疗函数：

$$T(I) = \frac{rI}{1 + \alpha I}$$

式中，参数 $r > 0$ 表示治愈率；参数 $\alpha \geq 0$ 表示患病者治疗被延误的影响程度。当染病者数量 I 非常大时，达到饱和状态，$T(I)$ 趋近于 $\frac{r}{\alpha}$。

基于文献[73]中引入的饱和治疗函数，Huang 和 Li[75] 提出了复杂网络上带有饱和治疗函数的 SIS 模型：

$$\frac{dI_k(t)}{dt} = \beta k(1 - I_k(t))\Theta(t) - \frac{r}{1+\alpha\Theta(t)}I_k(t) - \gamma I_k(t), \quad k = 1, 2, \cdots, n$$

(6.1.1)

式中，$S_k(t)$ 是度为 k 的易感者节点在 t 时刻的密度；$I_k(t)$ 是度为 k 的染病者节点在 t 时刻的密度；$\beta > 0$ 是传染率；$\gamma > 0$ 是染病者节点的恢复率；r 和 α 的含义与文献[73]相同；Θ 是一个给定的边连接到一个染病者节点的概率，即 $\Theta(t) = \langle k \rangle^{-1} \sum_{k=1}^{n} k P(k) I_k(t)$；$\frac{r I_k}{1+\alpha\Theta}$ 表示接受治疗的度为 k 的染病者节点的恢复率。他们观察到了系统(6.1.1)复杂的动力学行为，如在 $R_{01} = 1$ 处的分支现象，其中 $R_{01} = \frac{\beta\langle k^2 \rangle}{(r+\gamma)\langle k \rangle}$，$\langle k^2 \rangle = \sum_{k=1}^{n} k^2 P(k)$。而且他们证明了：如果

$$R_{01} < \frac{\gamma + \frac{r}{1+\alpha}}{\gamma + r} \leq 1 \left(\text{即} R_{01}^* := \frac{\beta\langle k^2 \rangle}{\left(\gamma + \frac{r}{1+\alpha}\right)\langle k \rangle} < 1 \right)$$

那么无病平衡点是全局渐近稳定的；如果 $R_{01} > 1$，则系统(6.1.1)存在一个地方病平衡点 $E_1^* = (I_1^*, I_2^*, \cdots, I_n^*)$，其由如下关系确定：

$$I_k^* = \frac{\mu\beta k \Theta^*}{\gamma + \frac{r}{1+\alpha\Theta^*} + \beta k \Theta^*}$$

式中，$\Theta^* \in (0, 1)$ 是如下方程的一个正根：

$$f(x) := \langle k \rangle^{-1} \sum_{k=1}^{n} \frac{\beta k^2 P(k)}{\frac{r}{1+\alpha x} + \gamma + \beta k x} = 1$$

(6.1.2)

当 $0 \leq r\alpha \leq \beta$ 时，他们也证明了 E_1^* 是局部渐近稳定的。

考虑到出生和死亡的情况，Li 和 Yousef[76] 提出了如下模型：

$$\begin{cases} \dfrac{dS_k(t)}{dt} = \Lambda - \beta k S_k(t)\Theta(t) - \mu S_k(t) \\ \dfrac{dI_k(t)}{dt} = \beta k S_k(t)\Theta(t) - \dfrac{r I_k(t)}{1+\alpha\Theta(t)} - (\mu + \gamma) I_k(t) \\ \dfrac{dR_k(t)}{dt} = \dfrac{r I_k(t)}{1+\alpha\Theta(t)} + \gamma I_k(t) - \mu R_k(t), \quad k = 1, 2, \cdots, n \end{cases}$$

(6.1.3)

式中，Λ 是出生率；μ 是自然死亡率，他们假设 $\Lambda = \mu$；$S_k(t)$ 是度为 k 的易感者节点在 t 时刻的密度；$I_k(t)$ 是度为 k 的染病者节点在 t 时刻的密度；$R_k(t)$ 是度为 k 的移出者节点在 t 时刻的密度；其他参数的意义同上。他们求得了一个阈值 $R_{02} =$

$\dfrac{\beta\langle k^2\rangle}{(r+\mu+\gamma)\langle k\rangle}$，并证明了解在 $R_{02}=1$ 时出现分支现象。而且他们证明了：如果

$$R_{02} < \frac{\mu+\gamma+\dfrac{r}{1+\alpha}}{\gamma+r+\mu} \leq 1 \left(\text{即} R_{02}^* := \frac{\beta\langle k^2\rangle}{\left(r+\mu+\dfrac{r}{1+\alpha}\right)\langle k\rangle} < 1\right)$$

那么无病平衡点是全局渐近稳定的；如果 $R_{02}>1$，则系统(6.1.3)存在一个地方病平衡点 $E_2^* = \{(S_i^*, I_i^*, R_i^*)\}_{i=1}^n$，其由如下关系确定：

$$\begin{cases} I_k^* = \dfrac{\mu\beta k\,\Theta^*}{\left(\dfrac{r}{1+\alpha\Theta^*}+\mu+\gamma\right)(\mu+\beta k\,\Theta^*)} \\ S_k^* = \dfrac{1}{\beta k\,\Theta^*}\left(\dfrac{r}{1+\alpha\Theta^*}+\mu+\gamma\right) \\ R_k^* = \dfrac{1}{\mu}\left(\dfrac{r}{1+\alpha\Theta^*}+\gamma\right) \end{cases}$$

式中，$\Theta^* \in (0,1)$ 是如下方程的一个正根：

$$g(x) := \langle k\rangle^{-1}\sum_{k=1}^n \frac{\mu\beta k^2 P(k)}{\left(\dfrac{r}{1+\alpha x}+\mu+\gamma\right)(\mu+\beta kx)} - 1 = 0 \qquad (6.1.4)$$

然而，由于系统(6.1.3)的高度复杂性，他们并没有得到无病平衡点稳定性的完整结论，也没有研究地方病平衡点的稳定性。

在本章，我们继续研究系统(6.1.1)和系统(6.1.3)的动力学性质，得到了一些新结果。例如，我们证明了系统(6.1.1)当 $R_{01}<1$ 时的多个地方病平衡点的存在性。

本章的结构安排如下：在6.2节，研究两个系统的分支现象，结果取自文献[75-76]。在6.3节，研究两个系统的持久性。在6.4节，给出存在多个地方病平衡点的条件以及确保地方病平衡点唯一性的条件。在6.5节，研究两个系统的全局渐近稳定性。为验证理论结果的正确性，在6.6节给出几个数值例子。

定义：

$$\Omega_1 = \{(I_1, I_2, \cdots, I_n): 0 \leq I_k \leq 1, k=1,2,\cdots,n\}$$
$$\Omega_2 = \{(S_1, I_1, R_1, S_2, I_2, R_2, \cdots, S_n, I_n, R_n): S_k, I_k, R_k \geq 0, S_k+I_k+R_k=1, k=1,2,\cdots,n\}$$

根据引理6.7.1和文献[76]中的引理1可知，Ω_1 和 Ω_2 都是正不变集。

6.2 分支现象

本节的结论取自文献[75-76]。

定理 6.2.1 系统(6.1.1)在 $R_{01} = 1$ 处存在一个向后分支，当且仅当 $\alpha > \dfrac{(r+\gamma)\langle k \rangle \langle k^3 \rangle}{r \langle k^2 \rangle^2}$。

证明 假设 $(I_1, I_2, \cdots, I_n)$ 是系统(6.1.1)的一个地方病平衡点，则方程 $f(\Theta) = 0$，即

$$\frac{1}{\langle k \rangle} \sum_{k=1}^{n} \frac{\beta k^2 P(k)}{\dfrac{r}{1+\alpha\Theta} + \gamma + \beta k \Theta} = 1$$

对上式中的分子和分母同时乘以 $\dfrac{\langle k^2 \rangle}{(r+\gamma)\langle k \rangle}$，得

$$\frac{1}{\langle k \rangle} \sum_{k=1}^{n} \frac{R_{01} k^2 P(k)}{\dfrac{\langle k^2 \rangle}{(r+\gamma)\langle k \rangle}\left(\dfrac{r}{1+\alpha\Theta} + \gamma\right) + k R_{01} \Theta} = 1$$

若把 Θ 看作 R_{01} 的函数，那么向后分支等价于 $\left.\dfrac{\partial \Theta}{\partial R_{01}}\right|_{(R_{01}, \Theta)=(1,0)} < 0$。现在，我们对上述等式两端关于 R_{01} 求导，得

$$\frac{1}{\langle k \rangle} \sum_{k=1}^{n} \frac{\tau_1 - \tau_2}{\left[\dfrac{\langle k^2 \rangle}{(r+\gamma)\langle k \rangle}\left(\dfrac{r}{1+\alpha\Theta} + \gamma\right) + k R_{01} \Theta\right]^2} = 0$$

式中

$$\tau_1 = k^2 P(k) \left[\frac{\langle k^2 \rangle}{(r+\gamma)\langle k \rangle}\left(\frac{r}{1+\alpha\Theta} + \gamma\right) + k R_{01} \Theta\right]$$

$$\tau_2 = k^2 P(k) R_{01} \left[-\frac{\langle k^2 \rangle}{(r+\gamma)\langle k \rangle} \frac{r\alpha}{(1+\alpha\Theta)^2} \frac{\partial \Theta}{\partial R_{01}} + k\Theta + k R_{01} \frac{\partial \Theta}{\partial R_{01}}\right]$$

在 $(R_{01}, \Theta) = (1, 0)$ 处，有

$$\tau_1 = k^2 P(k) \frac{\langle k^2 \rangle}{\langle k \rangle}, \quad \tau_2 = -k^2 P(k) \left[-\frac{r\alpha \langle k^2 \rangle}{(r+\gamma)\langle k \rangle} \frac{\partial \Theta}{\partial R_{01}} + k \frac{\partial \Theta}{\partial R_{01}}\right]$$

所以

$$\frac{1}{\langle k \rangle} \sum_{k=1}^{n} k^2 P(k) \frac{\dfrac{\langle k^2 \rangle}{\langle k \rangle} - \left[-\dfrac{r\alpha \langle k^2 \rangle}{(r+\gamma)\langle k \rangle}\dfrac{\partial \Theta}{\partial R_{01}} + k \dfrac{\partial \Theta}{\partial R_{01}}\right]}{\left(\dfrac{\langle k^2 \rangle}{\langle k \rangle}\right)^2} = 0$$

整理得

$$\frac{1}{\langle k \rangle} \sum_{k=1}^{n} k^2 P(k) \frac{-\dfrac{r\alpha \langle k^2 \rangle}{(r+\gamma)\langle k \rangle} \dfrac{\partial \Theta}{\partial R_{01}} + k \dfrac{\partial \Theta}{\partial R_{01}}}{\left(\dfrac{\langle k^2 \rangle}{\langle k \rangle}\right)^2} = 1$$

于是，有

$$\left.\frac{\partial \Theta}{\partial R_{01}}\right|_{(R_{01}, \Theta)=(1, 0)} = \frac{1}{-\dfrac{r\alpha}{r+\gamma} + \dfrac{\langle k \rangle \langle k^3 \rangle}{\langle k^2 \rangle^2}}$$

易见，$\left.\dfrac{\partial \Theta}{\partial R_{01}}\right|_{(R_{01}, \Theta)=(1, 0)} < 0$ 等价于

$$\alpha > \frac{(r+\gamma)\langle k \rangle \langle k^3 \rangle}{r \langle k^2 \rangle^2}$$

证毕。

类似地，对于系统(6.1.3)，有如下定理。

定理 6.2.2 系统(6.1.3)在 $R_{02} = 1$ 处存在一个向后分支，当且仅当 $\alpha > \dfrac{(r+\gamma+\mu)^2 \langle k \rangle \langle k^3 \rangle}{r\mu \langle k^2 \rangle^2}$。

6.3 持久性

在本节，我们首先研究系统(6.1.1)的持久性。

定理 6.3.1 设系统(6.1.1)的初值属于 Ω_1，且满足：$\Theta(0) = \dfrac{1}{\langle k \rangle} \sum_{k=1}^{n} k P(k) I_k(0) > 0$。

如果 $(I_1, I_2, \cdots, I_n)$ 是系统(6.1.1)的解，则当 $R_{01} > 1$ 时，有

$$\liminf_{t \to +\infty} \Theta(t) \geqslant \frac{r+\gamma}{\beta n}(R_{01} - 1) =: \tau_n, \quad \liminf_{t \to +\infty} I_k(t) \geqslant \frac{\beta k \tau_n}{r+\gamma+\beta k \tau_n}$$

即，当 $R_{01} > 1$ 时，系统(6.1.1)是持久的。

证明 由系统(6.1.1)可推知

$$\begin{aligned}
\frac{\mathrm{d}\Theta(t)}{\mathrm{d}t} &= \frac{1}{\langle k \rangle} \sum_{k=1}^{n} k P(k) \frac{\mathrm{d}I_k(t)}{\mathrm{d}t} \\
&= \frac{1}{\langle k \rangle} \sum_{k=1}^{n} k P(k) \left[\beta k (1 - I_k(t)) I_k(t) - \frac{r I_k(t)}{1 + \alpha \Theta(t)} - \gamma I_k(t) \right] \\
&= \Theta(t) \left[\frac{\beta \langle k^2 \rangle}{\langle k \rangle} - \frac{\beta}{\langle k \rangle} \sum_{k=1}^{n} k^2 P(k) I_k(t) - \frac{r}{1 + \alpha \Theta(t)} - \gamma \right]
\end{aligned}$$

$$\geqslant \Theta(t)\left(\frac{\beta\langle k^2\rangle}{\langle k\rangle} - r - \gamma - \beta n\Theta(t)\right), \quad \forall t > 0$$

这蕴含

$$\liminf_{t\to+\infty} \Theta(t) \geqslant \frac{1}{\beta n}\left(\frac{\beta\langle k^2\rangle}{\langle k\rangle} - r - \gamma\right) = \tau_n$$

因此，对任意 $\varepsilon \in (0, \tau_n/2)$，存在一个 $T_\varepsilon > 0$，使得

$$\Theta(t) \geqslant \tau_n - \varepsilon > 0, \quad \forall t > T_\varepsilon$$

所以

$$\frac{\mathrm{d}I_k(t)}{\mathrm{d}t} \geqslant \beta k(1 - I_k(t))(\tau_n - \varepsilon) - (r + \gamma)I_k(t)$$

$$\geqslant \beta k(\tau_n - \varepsilon) - [r + \gamma + \beta k(\tau_n - \varepsilon)]I_k(t)$$

这蕴含

$$\liminf_{t\to+\infty} I_k(t) \geqslant \frac{\beta k(\tau_n - \varepsilon)}{r + \gamma + \beta k(\tau_n - \varepsilon)}$$

令 $\varepsilon \to 0$，得

$$\liminf_{t\to+\infty} I_k(t) \geqslant \frac{\beta k \tau_n}{r + \gamma + \beta k \tau_n}$$

证毕。

接下来，我们研究系统(6.1.3)的持久性。

定理 6.3.2 设系统(6.1.3)的初值属于 Ω_2，且满足 $I(0) > 0$，其中 $I(t) = \sum_{k=1}^{n} P(k)I_k(t)$。

如果 $(S_1, I_1, R_1, S_2, I_2, R_2, \cdots, S_n, I_n, R_n)$ 是系统(6.1.3)的解，则当 $R_{02} > 1$ 时，存在一个正常数 ρ，使得

$$\liminf_{t\to+\infty} I(t) \geqslant \rho$$

即，当 $R_{02} > 1$ 时，系统(6.1.3)是持久的。

证明 定义：$\Omega_3 = \{(S_1, I_1, R_1, S_2, I_2, R_2, \cdots, S_n, I_n, R_n) \in \Omega_2 : I(t) > 0, t > 0\}$，$\partial\Omega_3 = \Omega_3 \setminus \Omega_2$。注意到，

$$\frac{\mathrm{d}I(t)}{\mathrm{d}t} = \sum_{k=1}^{n} P(k)\frac{\mathrm{d}I_k(t)}{\mathrm{d}t}$$

$$= \sum_{k=1}^{n} P(k)\left[\beta k S_k(t)I_k(t) - \frac{rI_k(t)}{1 + \alpha\Theta(t)} - (\mu + \gamma)I_k(t)\right]$$

$$\geqslant -I(t)[r + \gamma + \mu]$$

这蕴含 $I(t) \geqslant \mathrm{e}^{-(r+\gamma+\mu)t}I(0) > 0, t > 0$。因此，$\Omega_3$ 是一个正不变集。易见，文献[145]中的紧性条件成立。

设 $\varphi(t, X_0)$ 是系统(6.1.3)以 $X_0 \in \Omega_2$ 为初值的一个解，$\omega(X_0)$ 是解的 ω-

极限集。记：
$$\Omega_4 = \cup \{\omega(X_0): X_0 \in \partial\Omega_3, \varphi(t, X_0) \in \partial\Omega_3, \forall t \geq 0\}$$

将系统(6.1.3)限制在 $M_\partial = \cup \{X_0: \varphi(t, X_0) \in \partial\Omega_3, \forall t \geq 0\}$ 上，则有

$$\begin{cases} \dfrac{\mathrm{d}S_k}{\mathrm{d}t} = \mu - \mu S_k \\ \dfrac{\mathrm{d}I_k}{\mathrm{d}t} = -(\mu + r + \gamma) I_k \\ \dfrac{\mathrm{d}R_k}{\mathrm{d}t} = -\mu R_k, \quad k = 1, 2, \cdots, n \end{cases} \quad (6.3.1)$$

显然，系统(6.1.3)的无病平衡点 E_0 是系统(6.3.1)的唯一平衡点。由于系统(6.3.1)是一个线性系统，因此 E_0 是全局渐近稳定的，故 $E_0 = \Omega_4$。最后，只需证明：E_0 是 Ω_3 的一个弱排斥子，即

$$\liminf_{t \to +\infty} d(\varphi(t, X_0), X_0) > 0, \quad \forall X_0 \in \Omega_3$$

为此，只需证明：$W^s(X_0) \cap \Omega_3 = \varnothing$，其中 $W^s(X_0)$ 是 X_0 的稳态流形。假设该结论不真，则必存在一个以 $X_0 \in \Omega_3$ 为初值的解 $(S_1, I_1, R_1, S_2, I_2, R_2, \cdots, S_n, I_n, R_n)$，使得

$$\lim_{t \to +\infty} (S_k, I_k, R_k) = (1, 0, 0), \quad k = 1, 2, \cdots, n$$

由于 $R_{02} > 1$，即

$$\tau_0 = \frac{\beta \langle k^2 \rangle}{\langle k \rangle} - r - \gamma - \mu > 0$$

因此，存在一个充分小的正数 ε 和一个正数 T_ε，使得

$$M := \tau_0 - \varepsilon \frac{\beta \langle k^2 \rangle}{\langle k \rangle} = (1 - \varepsilon) \frac{\beta \langle k^2 \rangle}{\langle k \rangle} - r - \gamma - \mu > 0$$

$$0 \leq I_k(t), R_k(t) \leq \varepsilon/2, \quad \forall t \geq T_\varepsilon$$

则有

$$\frac{\mathrm{d}\Theta(t)}{\mathrm{d}t} = \frac{1}{\langle k \rangle} \sum_{k=1}^{n} k P(k) \left[\beta k S_k(t) I_k(t) - \frac{r I_k(t)}{1 + \alpha \Theta(t)} - (\mu + \gamma) I_k(t) \right]$$

$$\geq M \Theta(t), \quad \forall t \geq T_\varepsilon$$

这蕴含

$$\lim_{t \to +\infty} \Theta(t) = +\infty$$

从而与 $\Theta(t)$ 的有界性相矛盾。因此，$W^s(X_0) \cap \Omega_3 = \varnothing$。证毕。

6.4 地方病平衡点的多重性与唯一性

在本节，我们首先研究系统(6.1.1)的地方病平衡点的多重性与唯一性。

定理 6.4.1 设 $R_{01} < 1$。

(1) 如果 $\beta > \gamma$ 且 $\alpha \geq \alpha_0 := \left(\dfrac{r+\beta}{\beta-\gamma}\right)^2$，则系统 (6.1.1) 存在至少两个地方病平衡点。

(2) 如果下列四个条件之一成立，则系统 (6.1.1) 没有地方病平衡点：

① $0 \leq r\alpha \leq \beta$；

② $\alpha \in [0, 1]$；

③ $\alpha > 1$ 且 $\dfrac{\beta \langle k^2 \rangle}{\langle k \rangle} \leq \dfrac{\alpha \gamma}{\alpha - 1}$；

④ $\alpha > 1 + \dfrac{\gamma}{r}$ 且 $\dfrac{\alpha \gamma}{\alpha - 1} < \dfrac{\beta \langle k^2 \rangle}{\langle k \rangle} < \gamma + \dfrac{\gamma + r}{\alpha}$。

证明 首先证明 (1)。注意到，$f(0) = R_{01} < 1$，$f(1) < 1$ 以及 $\dfrac{1}{\sqrt{\alpha}} < 1$。由于函数 $h(x) = \dfrac{\beta x}{\gamma + \dfrac{r}{1+\sqrt{\alpha}} + \dfrac{\beta x}{\sqrt{\alpha}}}$ 在 $[0, +\infty)$ 上是单调递增的，因此

$$f\left(\dfrac{1}{\sqrt{\alpha}}\right) = \dfrac{1}{\langle k \rangle} \sum_{k=1}^{n} kP(k) \dfrac{\beta k}{\gamma + \dfrac{r}{1+\sqrt{\alpha}} + \dfrac{\beta k}{\sqrt{\alpha}}}$$

$$> \dfrac{\beta}{\gamma + \dfrac{r}{1+\sqrt{\alpha}} + \dfrac{\beta}{\sqrt{\alpha}}}$$

$$\geq \dfrac{\beta}{\gamma + \dfrac{r}{\sqrt{\alpha}} + \dfrac{\beta}{\sqrt{\alpha}}} \geq 1$$

所以，由微分中值定理知，存在 $\Theta_1^* \in \left(0, \dfrac{1}{\sqrt{\alpha}}\right)$ 和 $\Theta_2^* \in \left(\dfrac{1}{\sqrt{\alpha}}, 1\right)$，使得 $f(\Theta_1^*) = f(\Theta_2^*) = 1$。

接下来，我们证明 (2)。由于 $R_{01} < 1$，我们有 $\gamma + r - \tau > 0$，其中 $\tau = \dfrac{\beta \langle k^2 \rangle}{\langle k \rangle}$。假设 $(I_1, I_2, \cdots, I_n)$ 是系统 (6.1.1) 的一个地方病平衡点，则有

$$\Delta := \dfrac{\beta \langle k^2 \rangle}{\langle k \rangle} - \dfrac{\beta}{\langle k \rangle} \sum_{k=1}^{n} k^2 P(k) I_k - \dfrac{r}{1+\alpha\Theta} - \gamma = 0$$

若条件①成立，那么

$$\Delta := \dfrac{\beta \langle k^2 \rangle}{\langle k \rangle} - r - \gamma - \dfrac{\beta}{\langle k \rangle} \sum_{k=1}^{n} k^2 P(k) I_k + \dfrac{r\alpha\Theta}{1+\alpha\Theta}$$

$$< \tau - r - \gamma + (r\alpha - \beta)\Theta < 0$$

这与前一个等式矛盾。

若条件②~④之一成立,则只需证明:$f(x) < 1$, $\forall x \in [0, 1]$。利用 Jensen 不等式,得

$$f(x) = \langle k \rangle^{-1} \sum_{k=1}^{n} \frac{\beta k^2 P(k)}{\frac{r}{1+\alpha x} + \gamma + \beta kx} < \frac{\tau}{\frac{r}{1+\alpha x} + \gamma + \tau x}, \quad \forall x \in [0, 1]$$

往证:

$$\frac{\tau}{\frac{r}{1+\alpha x} + \gamma + \tau x} < 1, \quad \forall x \in [0, 1] \tag{6.4.1}$$

注意到,上式等价于

$$\tau \alpha x^2 + [\gamma \alpha + (1-\alpha)\tau]x + \gamma + r - \tau > 0, \quad \forall x \in [0, 1]$$

若条件②和③之一成立,则 $\gamma\alpha + (1-\alpha)\tau \geq 0$。因此,结论(6.4.1)得证。
若条件④成立,则 $\gamma\alpha + (1-\alpha)\tau < 0$,因此

$$\tau \alpha x^2 + [\gamma \alpha + (1-\alpha)\tau]x + \gamma + r - \tau$$
$$> \gamma \alpha + (1-\alpha)\tau + \gamma + r - \tau$$
$$= \gamma\alpha + \gamma + r - \alpha\tau > 0$$

所以,结论(6.4.1)得证。证毕。

注 6.4.1 定理 6.4.1 从理论上证实了文献[76]中的数值观察结果:系统 (6.1.3)在 $R_{02} > 1$ 时有唯一一个地方病平衡点,而在 $R_{02} < 1$ 时存在至少两个地方病平衡点。

定理 6.4.2 设 $R_{01} > 1$ 且 $\alpha \geq \alpha_c := \frac{r}{\beta \tau_n^2}$,其中 $\tau_n = \frac{r+\gamma}{\beta n}(R_{01} - 1)$,则系统 (6.1.1)存在唯一一个地方病平衡点,并且其还是局部稳定的。

证明 由于 $f(0) = R_0 - 1 > 0$ 和 $f(1) < 0$,由微分中值定理可知方程(6.1.2)在 $(0, 1)$ 内有一个正根,也就是说系统(6.1.1)总存在一个地方病平衡点 (I_1^*, I_2^*, …, I_n^*)。记:$\Theta^* = \langle k \rangle^{-1} \sum_{k=1}^{n} kP(k) I_k^*$。而且,由定理 6.3.1 可知,$\Theta^* \geq \tau_n$。因此,为证明地方病平衡的唯一性,只需证明:

$$\frac{\mathrm{d}f(x)}{\mathrm{d}x} < 0, \quad \forall x \in [\tau_n, 1] \tag{6.4.2}$$

对函数 f 关于 x 求导,得

$$\frac{\mathrm{d}f(x)}{\mathrm{d}x} = -\frac{1}{\langle k \rangle} \sum_{k=1}^{n} k^2 P(k) \frac{r\alpha - \beta k(1+\alpha x)^2}{D_k^2(x)}, \quad \forall x \in [0, 1]$$

式中

$$D_k(x) = \gamma(1+\alpha x) + r + \beta k x(1+\alpha x)$$

由于 $\alpha \geqslant \dfrac{r}{\beta \tau_n^2}$，则有

$$r\alpha \leqslant \beta \alpha^2 \tau_n^2 < \beta k (1+\alpha x)^2, \quad \forall x \in [\tau_n, 1]$$

因此，定理(6.4.2)得证。证毕。

注6.4.2 设 $R_{01} > 1$。根据定理6.4.2的证明可知，对任意 $\alpha \in [\alpha_c, \infty)$，方程 $f(x) = 1$ 在 $(0, 1)$ 内有唯一一个正根 $\Theta^*(\alpha)$，且其满足 $\Theta^*(\alpha) \geqslant \tau_n$。将其代入方程(6.1.2)中，并关于 α 微分得

$$\dfrac{\mathrm{d}f(\Theta^*(\alpha))}{\mathrm{d}\Theta^*(\alpha)} \dfrac{\mathrm{d}\Theta^*(\alpha)}{\mathrm{d}\alpha} < 0, \quad \forall \alpha \in [\alpha_c, \infty)$$

由于 $\dfrac{\mathrm{d}f}{\mathrm{d}x} < 0$，因此 $\dfrac{\mathrm{d}\Theta^*(\alpha)}{\mathrm{d}\alpha} > 0$，$\alpha \in [\alpha_c, \infty)$，故 $\dfrac{\mathrm{d}I_k^*(\alpha)}{\mathrm{d}\alpha} > 0$，$\forall \alpha \in [\alpha_c, \infty)$。此外，根据文献[75]中的定理4.1的证明可知：对任何 $\alpha \in \left[0, \dfrac{\beta}{r}\right]$，正解 $\Theta^*(\alpha)$ 唯一存在且满足 $\dfrac{\mathrm{d}f(\Theta^*(\alpha))}{\mathrm{d}\Theta^*(\alpha)} < 0$。因此，对任意 $\alpha \in \left[0, \dfrac{\beta}{r}\right]$，有 $\dfrac{\mathrm{d}I_k^*(\alpha)}{\mathrm{d}\alpha} > 0$。据此推测：随着 α 的增大，传染病的感染水平将上升。

对于系统(6.1.3)，有如下定理。

定理6.4.3 设 $R_{02} < 1$ 且 $\beta > \gamma + \mu$，则当 $\alpha \geqslant \alpha_1$ 时，系统(6.1.3)存在至少两个地方病平衡点，其中

$$\alpha_1 = \left(\dfrac{r\mu + (\mu+\gamma)\beta + \sqrt{\Delta}}{2\mu(\beta - \mu - \gamma)}\right)^2, \quad \Delta = [r\mu - (\mu+\gamma)\beta]^2 + 4r\mu\beta^2$$

证明 注意到，$g(0) = R_{02} - 1 < 0$ 以及 $g(1) < 0$。由于 $\beta > \mu + \gamma$ 和 $\Delta = [r\mu + \beta(\mu+\gamma)]^2 + 4r\mu\beta(\beta - \mu - \gamma) > [r\mu + (\mu+\gamma)\beta]^2$，则有

$$\alpha_1 > \left(\dfrac{r\mu + (\mu+\gamma)\beta}{\mu(\beta - \mu - \gamma)}\right)^2 > 1$$

因此，当 $\alpha \geqslant \alpha_1$ 时，$\dfrac{1}{\sqrt{\alpha}} < 1$。由于函数 $h(x) = \dfrac{\beta x}{\left(\gamma + \mu + \dfrac{r}{1+\sqrt{\alpha}}\right)\left(\mu + \dfrac{\beta x}{\sqrt{\alpha}}\right)}$ 在 $[0, \infty]$ 上是单调递增的，由此可得出

$$g\left(\dfrac{1}{\sqrt{\alpha}}\right) = \langle k \rangle^{-1} \sum_{k=1}^{n} k P(k) \dfrac{\mu \beta k}{\left(\dfrac{r}{1+\sqrt{\alpha}} + \mu + \gamma\right)\left(\mu + \dfrac{\beta k}{\sqrt{\alpha}}\right)} - 1$$

$$> \dfrac{\mu \beta}{\left(\dfrac{r}{1+\sqrt{\alpha}} + \mu + \gamma\right)\left(\mu + \dfrac{\beta}{\sqrt{\alpha}}\right)} - 1$$

$$\geqslant \frac{\mu\beta}{\left(\dfrac{r}{\sqrt{\alpha}} + \mu + \gamma\right)\left(\mu + \dfrac{\beta k}{\sqrt{\alpha}}\right)} - 1$$

于是，为证明此定理的结论，只需证明：

$$\frac{\mu\beta}{\left(\dfrac{r}{\sqrt{\alpha}} + \mu + \gamma\right)\left(\mu + \dfrac{\beta k}{\sqrt{\alpha}}\right)} - 1 \geqslant 0 \tag{6.4.3}$$

这等价于证明：

$$\mu(\beta - \mu - \gamma)\alpha - [r\mu + (\mu + \gamma)\beta]\sqrt{\alpha} - r\beta \geqslant 0 \tag{6.4.4}$$

显然，$\sqrt{\alpha_1}$ 是如下方程的一个正根：

$$\mu(\beta - \mu - \gamma)\lambda^2 - [r\mu + (\mu + \gamma)\beta]\lambda - r\beta = 0$$

因此，当 $\alpha \geqslant \alpha_1$ 时，式(6.4.3)成立，故式(6.4.4)成立。所以

$$g\left(\frac{1}{\sqrt{\alpha}}\right) > 0, \quad \forall \alpha \geqslant \alpha_1$$

由微分中值定理知，存在 $\varTheta_1^* \in \left(0, \dfrac{1}{\sqrt{\alpha}}\right)$ 和 $\varTheta_2^* \in \left(\dfrac{1}{\sqrt{\alpha}}, 1\right)$，使得 $g(\varTheta_i^*) = 0$，$i = 1, 2$。证毕。

定理6.4.4 设 $R_{02} > 1$ 且 $\alpha \leqslant \dfrac{(r + \mu + \gamma)\beta}{r\mu} =: \alpha_c$，则系统(6.1.3)至少存在一个地方病平衡点。特别地，如果 $\mu\alpha \leqslant \beta$ 或者 $r\alpha \leqslant \beta$，那么地方病平衡点是唯一的。

证明 由于 $g(0) = R_{02} - 1 > 0$ 和 $g(1) < 0$，依微分中值定理可知方程(6.1.4)在 $(0, 1)$ 内有一个正解，也就是说系统(6.1.3)总存在一个地方病平衡点 $\{(S_i^*, I_i^*, R_i^*)\}_{i=1}^n$。记 $\varTheta^* = \langle k \rangle^{-1} \sum_{k=1}^n kP(k) I_k^*$。因此，为证明地方病平衡点的唯一性，只需证明：

$$\frac{dg(x)}{dx} < 0, \quad \forall x \in [0, 1] \tag{6.4.5}$$

因此，对函数 g 关于 x 求导，得

$$\frac{dg(x)}{dx} = -\mu\beta \langle k \rangle^{-1} \sum_{k=1}^n k^2 P(k) \frac{\dfrac{dD_k(x)}{dx}}{D_k^2(x)}, \quad \forall x \in [0, 1]$$

式中

$$D_k(x) = \left(\frac{r}{1 + \alpha x} + \mu + \gamma\right)(\mu + \beta k x)$$

由于 $\mu\alpha \leqslant \dfrac{(r + \mu + \gamma)\beta}{r}$，则有

$$\frac{dD_k(x)}{dx} = (1+\alpha x)^{-2}[(\mu+\gamma)\beta k(1+\alpha x)^2 + r\beta k - r\mu\alpha]$$
$$> (1+\alpha x)^{-2}[(r+\mu+\gamma)\beta - r\mu\alpha]$$
$$\geqslant 0$$

因此，式(6.4.5)得证。证毕。

6.5 全局渐近稳定性

在本节，我们首先研究系统(6.1.1)的全局渐近稳定性，则有如下定理。

定理 6.5.1 （1）设 $R_{01} < 1$，则当无病平衡点是系统(6.1.1)唯一的平衡点时，无病平衡点是全局渐近稳定的。特别地，当定理6.4.1中所列的四个条件之一成立时，无病平衡点是全局渐近稳定的。

（2）设 $R_{01} > 1$，则当系统(6.1.1)仅存在一个地方病平衡点时，此地方病平衡点是全局渐近稳定的。特别地，当 $\alpha \geqslant \alpha_c$ 时，地方病平衡点是全局渐近稳定的。

证明 先证（1）。由于无病平衡点是稳定的，因此只需证明它也是全局吸引的，即

$$\lim_{t\to+\infty} I_k(t) = 0, \quad k=1,2,\cdots,n \tag{6.5.1}$$

为此，我们采用迭代法。对每个 $k=1,2,\cdots,n$，构造数列 $\{u_k^{(m)}\}_{m=1}^{+\infty}$：

$$\begin{cases} u_k^{(1)} = 1 \\ u_k^{(m+1)} = F_k\left(\frac{1}{\langle k \rangle}\sum_{k=1}^n kP(k)u_k^{(m)}\right), \quad m=1,2,\cdots \end{cases} \tag{6.5.2}$$

式中

$$F_k(x) = \frac{\beta k x(1+\alpha x)}{\gamma + r + (\gamma\alpha + \beta k)x + \alpha\beta k x^2}$$

反复运用引理 6.7.2 可得，$\lim_{t\to+\infty}\sup I_k(t) \leqslant u_k^{(m)}$。下面，我们证明：对每个固定的 k，$u_k^{(m+1)} \leqslant u_k^{(m)}$。易见，$u_k^{(2)} \leqslant u_k^{(1)}$。假设对某个 $m \geqslant 1$，有 $u_k^{(m+1)} \leqslant u_k^{(m)}$。由于 $F_k(x)$ 是单调递增的，所以

$$u_k^{(m+2)} = F_k\left(\frac{1}{\langle k \rangle}\sum_{k=1}^n kP(k)u_k^{(m+1)}\right)$$
$$\leqslant F_k\left(\frac{1}{\langle k \rangle}\sum_{k=1}^n kP(k)u_k^{(m)}\right) = u_k^{(m+1)}$$

因此，对每个固定的 k，数列 $\{u_k^{(m)}\}_{m=1}^{+\infty}$ 是单调不增的，故其极限存在，设为 u_k，即有

$$\lim_{m\to+\infty} u_k^{(m)} = u_k$$

由式(6.5.2)得

$$\begin{cases} u_k = F_k\left(\dfrac{1}{\langle k \rangle}\sum_{k=1}^{n} kP(k)\, u_k\right) \\ \lim\limits_{t\to+\infty}\sup I_k(t) \leqslant u_k \end{cases}$$

于是，$\theta = \dfrac{1}{\langle k \rangle}\sum_{k=1}^{n} kP(k)\, u_k$ 满足 $\theta f(\theta) = \theta$。所以，若无病平衡点是系统(6.1.1)的唯一平衡点，则必有 $\theta = 0$，故 $u_k = 0$，$k = 1, 2, \cdots, n$，式(6.5.1)得证。因此，无病平衡点是全局渐近稳定的。

为证明(2)，只需证明：

$$\lim_{t\to+\infty}\sup I_k(t) = \lim_{t\to+\infty}\inf I_k(t) > 0 \tag{6.5.3}$$

注意到，前述构造的迭代数列 $\{u_k^{(m)}\}_{m=1}^{+\infty}$ 的极限满足 $u_k > 0$，$k = 1, 2, \cdots, n$。

下面，我们构造另一个迭代数列。设

$$G(x) = \dfrac{1}{\langle k \rangle}\sum_{k=1}^{n} kP(k)\, F_k(x) - x, \quad \forall x \in [0, +\infty)$$

计算得，$G(0) = 0$，$G'(0) = R_{01} - 1 > 0$。因此，只要 x 充分小，$G(x) > 0$。依定理 6.3.1 可知，$\lim\limits_{t\to+\infty}\inf I_k(t) \geqslant \sigma_k > 0$，$k = 1, 2, \cdots, n$。所以，可选取 $l_k^{(1)} > 0$，$k = 1, 2, \cdots, n$，使得

$$\lim_{t\to+\infty}\inf I_k(t) \geqslant l_k^{(1)},\ G\left(\dfrac{1}{\langle k \rangle}\sum_{k=1}^{n} kP(k)\, l_k^{(1)}\right) > 0$$

据此，对每个 $k = 1, 2, \cdots, n$，构造如下数列 $\{l_k^{(m)}\}_{m=1}^{+\infty}$：

$$l_k^{(m+1)} = F_k\left(\dfrac{1}{\langle k \rangle}\sum_{k=1}^{n} kP(k)\, l_k^{(m)}\right),\ m = 1, 2, \cdots$$

反复运用引理 6.7.2 可知

$$\lim_{t\to+\infty}\inf I_k(t) \geqslant l_k^{(m)},\ m = 1, 2, \cdots$$

另外，我们有

$$\dfrac{1}{\langle k \rangle}\sum_{k=1}^{n} kP(k)\, F_k\left(\dfrac{1}{\langle k \rangle}\sum_{k=1}^{n} kP(k)\, l_k^{(1)}\right) > \dfrac{1}{\langle k \rangle}\sum_{k=1}^{n} kP(k)\, l_k^{(1)}$$

即

$$\dfrac{1}{\langle k \rangle}\sum_{k=1}^{n} kP(k)\, l_k^{(2)} > \dfrac{1}{\langle k \rangle}\sum_{k=1}^{n} kP(k)\, l_k^{(1)}$$

因此

$$l_k^{(3)} = F_k\left(\dfrac{1}{\langle k \rangle}\sum_{k=1}^{n} kP(k)\, l_k^{(2)}\right) > F_k\left(\dfrac{1}{\langle k \rangle}\sum_{k=1}^{n} kP(k)\, l_k^{(1)}\right) = l_k^{(2)}$$

假若对某个 $m \geqslant 2$，有 $l_k^{(m+1)} > l_k^{(m)}$，$k = 1, 2, \cdots, n$，则

$$l_k^{(m+2)} = F_k\left(\dfrac{1}{\langle k \rangle}\sum_{k=1}^{n} kP(k)\, l_k^{(m+1)}\right) > F_k\left(\dfrac{1}{\langle k \rangle}\sum_{k=1}^{n} kP(k)\, l_k^{(m)}\right) = l_k^{(m+1)}$$

因此，对每个固定的 k，数列 $\{l_k^{(m)}\}_{m=2}^{+\infty}$ 是单调不减的，故其极限存在，设

为 l_k，即有
$$\lim_{m\to+\infty} l_k^{(m)} = l_k > 0, \ k = 1, 2, \cdots, n$$
于是
$$\begin{cases} l_k = F_k\left(\dfrac{1}{\langle k \rangle}\sum_{k=1}^n kP(k)l_k\right) \\ \liminf_{t\to+\infty} I_k(t) \geqslant l_k \end{cases}$$

因此，如果系统(6.1.1)仅有一个地方病平衡点，则必有 $u_k = l_k$，$k = 1$, $2, \cdots, n$，即式(6.5.3)得证，故唯一的地方病平衡点是全局吸引的。

下面，我们研究系统(6.1.3)的全局渐近稳定性，则有如下定理。

定理 6.5.2 设 $R_{02} < 1$ 且 $\alpha \leqslant \dfrac{(r+\mu+\gamma)\beta}{r\mu} =: \alpha_c$，则系统(6.1.3)的无病平衡点是全局渐近稳定的，即传染病最终灭绝。

证明 先证：
$$\limsup_{t\to+\infty} \frac{\ln \Theta}{t} \leqslant (r+\gamma+\mu)(R_{02}-1) =: \tau_0 \tag{6.5.4}$$

注意到
$$\begin{aligned}
\frac{\mathrm{d}\Theta(t)}{\mathrm{d}t} &= \frac{1}{\langle k \rangle}\sum_{k=1}^n kP(k)\frac{\mathrm{d}I_k(t)}{\mathrm{d}t} \\
&= \frac{1}{\langle k \rangle}\sum_{k=1}^n kP(k)\left[\beta k S_k(t)I_k(t) - \frac{rI_k(t)}{1+\alpha\Theta(t)} - (\mu+\gamma)I_k(t)\right] \\
&= \Theta\left[\tau_0 - \frac{\beta}{\langle k \rangle}\sum_{k=1}^n k^2 P(k)(I_k(t)+R_k(t)) + \frac{r\alpha\Theta(t)}{1+\alpha\Theta(t)}\right]
\end{aligned}$$

式中，$\tau_0 = \dfrac{\beta\langle k^2 \rangle}{\langle k \rangle} - r - \mu - \gamma < 0$，则

$$(\ln \Theta)' = \tau_0 - \frac{\beta}{\langle k \rangle}\sum_{k=1}^n k^2 P(k)(I_k(t)+R_k(t)) + \frac{r\alpha\Theta(t)}{1+\alpha\Theta(t)}$$

先对其积分，然后在等式两端同时除以 t，得

$$\frac{\ln \Theta(t)}{t} \leqslant \frac{\ln \Theta(0)}{t} + \tau_0 + r\alpha\left\langle \frac{\Theta(t)}{1+\alpha\Theta(t)}\right\rangle_t - \beta(\langle R \rangle_t + \langle \Theta \rangle_t) \tag{6.5.5}$$

此处及下文，记 $\langle x \rangle_t = \dfrac{1}{t}\int_0^t x(s)\mathrm{d}s$，$t > 0$；$R(t) = \dfrac{1}{\langle k \rangle}\sum_{k=1}^n kP(k)R_k(t)$。易知

$$\begin{aligned}
\frac{\mathrm{d}R(t)}{\mathrm{d}t} &= \frac{1}{\langle k \rangle}\sum_{k=1}^n kP(k)\frac{\mathrm{d}R_k(t)}{\mathrm{d}t} \\
&= \frac{r\Theta(t)}{1+\alpha\Theta(t)} + \gamma\Theta(t) - \mu R(t)
\end{aligned}$$

对其积分得
$$\frac{R(t)-R(0)}{t} = r\left\langle\frac{\Theta(t)}{1+\alpha\Theta(t)}\right\rangle_t + \gamma\langle\Theta\rangle_t - \mu\langle R\rangle_t$$

联合上式得
$$\frac{\ln\Theta(t)}{t} \leq \tau_0 - (\beta+\gamma\alpha)\langle\Theta\rangle_t - (\beta-\alpha\mu)\langle R\rangle_t + B(t)$$

式中，$B(t) = \dfrac{\ln\Theta(0)}{t} + \alpha\dfrac{R(t)-R(0)}{t}$。注意到，$\lim\limits_{t\to+\infty}B(t) = 0$。

若 $\alpha \leq \dfrac{\beta}{\mu}$（即 $\beta \geq \alpha\mu$），则式(6.5.4)自然成立。

若 $\dfrac{\beta}{\mu} < \alpha \leq \dfrac{\beta(r+\mu+\gamma)}{r\mu}$，则
$$\frac{R(t)-R(0)}{t} \leq (r+\gamma)\langle\Theta\rangle_t - \mu\langle R\rangle_t$$

先在上式两端同时乘以 $\dfrac{\mu\alpha-\beta}{\mu}$，然后将得出的不等式与式(6.5.5)联立，得
$$\frac{\ln\Theta(t)}{t} \leq \tau_0 + \left[\alpha - \frac{\beta(r+\mu+\gamma)}{r\mu}\right]\langle\Theta\rangle_t + H(t)$$

式中，$H(t) = B(t) - \dfrac{r\alpha-\beta}{\mu}\dfrac{R(t)-R(0)}{t}$。注意到，$\lim\limits_{t\to+\infty}H(t) = 0$，则式(6.5.4)显然成立。

综上所述，式(6.5.4)成立。因此，$\lim\limits_{t\to+\infty}\Theta(t) = 0$。这蕴含 $\lim\limits_{t\to+\infty}I_k(t) = 0$，$\lim\limits_{t\to+\infty}R_k(t) = 0$，$\lim\limits_{t\to+\infty}S_k(t) = 1$，$k = 1, 2, \cdots, n$。所以，无病平衡点是全局吸引的。由于它也是稳定的，因此是全局渐近稳定的。证毕。

定理 6.5.3 假设 $R_{02} > 1$，则当系统(6.1.3)存在唯一的地方病平衡点时，此平衡点是全局吸引的。

证明 首先，根据定理 6.3.2 可知：当 $R_{02} > 1$ 时，系统(6.1.3)是持久的，即存在一个正常数 $\rho > 0$，使得 $I(t) := \sum\limits_{k=1}^{n}kP(k)I_k(t) \geq \rho$。因此，存在 $\xi > 0$ 和 $T_0 > 0$，使得
$$\xi \leq \Theta(t) \leq 1, \quad \forall t \geq T_0$$

将其与系统(6.1.3)的第一个方程联立，得
$$\frac{\mathrm{d}S_k}{\mathrm{d}t} \leq \mu - (\beta\xi k + \mu)S_k, \quad \forall t \geq T_1$$

式中
$$0 < \varepsilon_1 < \min\left\{1, \frac{\beta\xi k}{2(\mu+\beta\xi k)}\right\}$$

因此，存在 $T_1 > T_0$，使得
$$S_k(t) \leq X_k^1 - \varepsilon_1, \quad \forall t \geq T_1$$

式中

$$X_k^1 = \frac{\mu}{\mu + \beta\xi k} + 2\varepsilon_1 < 1$$

结合系统(6.1.3)的第二个方程可知

$$\frac{dI_k}{dt} \leq \beta k - (\mu + \gamma + \beta k)I_k, \quad \forall t \geq T_1$$

式中

$$0 < \varepsilon_2 < \min\left\{\frac{1}{2}, \varepsilon_1, \frac{\beta k}{2(\mu + \gamma + \beta k)}\right\}$$

由此知，存在 $T_2 > T_1$，使得

$$I_k(t) \leq Y_k^1 - \varepsilon_2, \quad \forall t \geq T_2$$

式中

$$Y_k^1 = \frac{\beta k}{\mu + \gamma + \beta k} + 2\varepsilon_2 < 1$$

由系统(6.1.3)的第一个方程推得

$$\frac{dS_k}{dt} \geq \mu - (\beta k + \mu)S_k$$

式中

$$0 < \varepsilon_3 < \min\left\{\frac{1}{3}, \varepsilon_2, \frac{\beta k}{4(\mu + \beta\xi k)}\right\}$$

因此，存在 $T_3 > T_2$，使得

$$S_k(t) \geq x_k^1 + \varepsilon_3$$

式中

$$x_k^1 = \frac{\mu}{\mu + \beta k} - 2\varepsilon_3 > 0$$

据此，可推得

$$\frac{dI_k}{dt} \geq \beta k \xi x_k^1 - (r + \mu + \gamma)I_k, \quad \forall t \geq T_3$$

式中

$$0 < \varepsilon_4 < \min\left\{\frac{1}{4}, \varepsilon_3, \frac{\beta k \xi x_k^1}{4(r + \mu + \gamma)}\right\}$$

因此，存在 $T_4 > T_3$，使得

$$I_k(t) \geq y_k^1 + \varepsilon_2, \quad \forall t \geq T_3$$

式中

$$y_k^1 = \frac{\beta k \xi x_k^1}{r + \mu + \gamma} - 2\varepsilon_4 > 0$$

于是

$$\frac{dS_k}{dt} \leq \mu - (\beta \Theta_1 k + \mu)S_k, \quad \forall t \geq T_4$$

式中

$$\underline{\Theta}_1 = \langle k \rangle^{-1} \sum_{i=1}^{k} iP(i) x_k^1$$

$$0 < \varepsilon_5 < \min\left\{\frac{1}{5}, \varepsilon_4, \frac{\beta k \xi}{2(\mu + \beta \underline{\Theta}_1 k)}\right\}$$

因此，存在 $T_5 > T_4$，使得

$$S_k(t) \leqslant \min\left\{X_k^1 - \varepsilon_1, \frac{\mu}{\mu + \beta \underline{\Theta}_1 k} + 2\varepsilon_5\right\} := X_k^2, \quad \forall t \geqslant T_5$$

以及

$$\frac{dI_k}{dt} \leqslant \beta k X_k^2 \overline{\Theta}_1 - (\mu + \gamma) I_k - \frac{r}{1 + \alpha \overline{\Theta}_1}, \quad \forall t \geqslant T_5$$

式中

$$\overline{\Theta}_1 = \langle k \rangle^{-1} \sum_{k=1}^{n} iP(i) X_k^1, \quad 0 < \varepsilon_6 < \min\left\{\frac{1}{6}, \varepsilon_5\right\}$$

因此，存在 $T_6 > T_5$，使得

$$I_k(t) \leqslant \min\left\{Y_k^1 - \varepsilon_2, \frac{\beta k X_k^2 \overline{\Theta}_1}{\mu + \gamma + \frac{1}{1 + \alpha \overline{\Theta}_1}}\right\} := Y_k^2, \quad \forall t \geqslant T_6$$

据此得

$$\frac{dS_k}{dt} \geqslant \mu - (\beta k \overline{\Theta}_1 + \mu) S_k$$

式中

$$0 < \varepsilon_7 < \min\left\{\frac{1}{7}, \varepsilon_6\right\}$$

这样，存在 $T_7 > T_6$，使得

$$S_k(t) \geqslant \max\left\{x_k^1 + \varepsilon_3, \frac{\mu}{\beta k \overline{\Theta}_1 + \mu}\right\} := x_k^2, \quad \forall t \geqslant T_7$$

因而有

$$\frac{d(I_k)}{dt} \geqslant \beta k \underline{\Theta}_1 x_k^2 - (\mu + \gamma) I_k - \frac{r}{1 + \alpha \underline{\Theta}_1} I_k, \quad \forall t \geqslant T_7$$

类似地，可得

$$I_k(t) \geqslant \max\left\{y_k^1 + \varepsilon_2, \frac{\beta k x_k^2 \underline{\Theta}_1}{\mu + \gamma + \frac{1}{1 + \alpha \underline{\Theta}_1}}\right\} := y_k^2, \quad \forall t \geqslant T_7$$

依归纳法，可得到如下四个数列：
$$\{X_k^m\}_{m=1}^{\infty}, \quad \{Y_k^m\}_{m=1}^{\infty}, \quad \{x_k^m\}_{m=1}^{\infty}, \quad \{y_k^m\}_{m=1}^{\infty}$$
而且，存在充分大的正整数 m_0，使当 $m > m_0$ 时，有

$$X_k^m = \frac{\mu}{\mu + \beta k \overline{\Theta}_{m-1}} + 2\varepsilon_{2m+1}, \quad x_k^m = \frac{\mu}{\mu + \beta k \overline{\Theta}_{m-1}} - 2\varepsilon_{2m+3}$$

$$Y_k^m = \frac{\beta k X_k^m \overline{\Theta}_{m-1}}{\mu + \gamma + \dfrac{1}{1 + \alpha \overline{\Theta}_{m-1}}} + 2\varepsilon_{2m+2}, \quad y_k^m = \frac{\beta k x_k^m \underline{\Theta}_{m-1}}{\mu + \gamma + \dfrac{1}{1 + \alpha \underline{\Theta}_{m-1}}} - 2\varepsilon_{2m+4}$$

式中
$$\overline{\Theta}_m = \langle k \rangle^{-1} \sum_{k=1}^{n} kP(k) X_k^m, \quad \underline{\Theta}_m = \langle k \rangle^{-1} \sum_{k=1}^{n} kP(k) x_k^m, \quad 0 < \varepsilon_m < \frac{1}{m}$$

因此，有
$$X_k^m \geq S_k \geq x_k^m, \quad Y_k^m \geq I_k \geq y_k^m, \quad \forall t \geq T_{2m+4}$$

令 $m \to +\infty$，有
$$\{X_k^m, Y_k^m, x_k^m, y_k^m\} \to \{X_k, Y_k, x_k, y_k\}$$

此处
$$X_k = \frac{\mu}{\mu + \beta \underline{\Theta} k}, \quad Y_k = \frac{\beta k X_k \overline{\Theta}}{\mu + \gamma + \dfrac{1}{1 + \alpha \overline{\Theta}}}, \quad x_k = \frac{\mu}{\mu + \beta \overline{\Theta} k}, \quad y_k = \frac{\beta k X_k \underline{\Theta}}{\mu + \gamma + \dfrac{r}{1 + \alpha \underline{\Theta}}}$$

以及
$$\overline{\Theta} = \langle k \rangle^{-1} \sum_{k=1}^{n} kP(k) X_k, \quad \underline{\Theta} = \langle k \rangle^{-1} \sum_{k=1}^{n} kP(k) x_k$$

$$\langle k \rangle^{-1} k^2 P(k) X_k = \mu + \gamma + \frac{1}{1 + \alpha \overline{\Theta}}, \quad \langle k \rangle^{-1} k^2 P(k) x_k = \mu + \gamma + \frac{r}{1 + \alpha \underline{\Theta}}$$

利用上述等式，可得到

$$\langle k \rangle^{-1} k^2 P(k)(X_k - x_k) = \frac{\alpha(\underline{\Theta} - \overline{\Theta})}{(1 + \alpha \overline{\Theta})(1 + \alpha \underline{\Theta})}$$

由于 $\underline{\Theta} \leq \overline{\Theta}$ 和 $X_k \geq x_k$，可知
$$\underline{\Theta} = \overline{\Theta}, \quad X_k = x_k, \quad Y_k \geq y_k$$

所以，当系统(6.1.3)存在唯一的地方病平衡点时，有
$$\lim_{t \to +\infty} S_k(t) = S_k^*, \quad \lim_{t \to +\infty} I_k(t) = I_k^*, \quad \lim_{t \to +\infty} R_k(t) = R_k^*$$

证毕。

6.6 数值模拟

本节给出几个数值例子以验证主要结果的正确性。

6.6.1 关于系统(6.1.1)的数值例子

假设网络是无标度网络，$n = 200$，$P(k) = \eta k^{-3}$，其中 η 满足 $\sum_{k=1}^{200} P(k) = 1$。

例 6.6.1 图 6.6.1 和图 6.6.2 模拟了方程 $f(x) - 1 = 0$ 的零点。其中，参数 $\beta = 0.2$，$r = 0.95$，$\gamma = 0.05$，则 $R_{01} = 0.7169 < 1$，$\alpha_0 = 58.7778$。对于图 6.6.1，选取参数 $\alpha = 60, 70$；对于图 6.6.2，选取参数 $\alpha = 20, 40$。从图 6.6.1 中观察到，曲线 $y = f(x) - 1$ 与 x 轴有两个交点，这意味着系统(6.1.1)有两个地方病平衡点，这证实了定理 6.4.1 的正确性。尽管图 6.6.2 中的参数 α 并不满足定理 6.4.1 的条件，但是曲线 $y = f(x) - 1$ 仍然与 x 轴有两个交点。

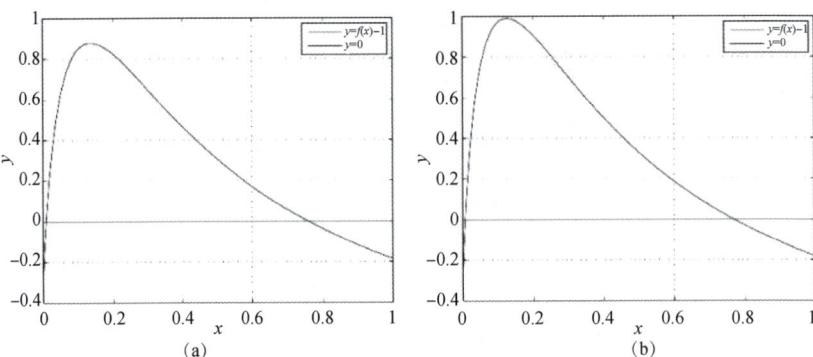

图 6.6.1　方程的两个正根（$R_0 < 1$）
(a) $\alpha = 60$；(b) $\alpha = 70$

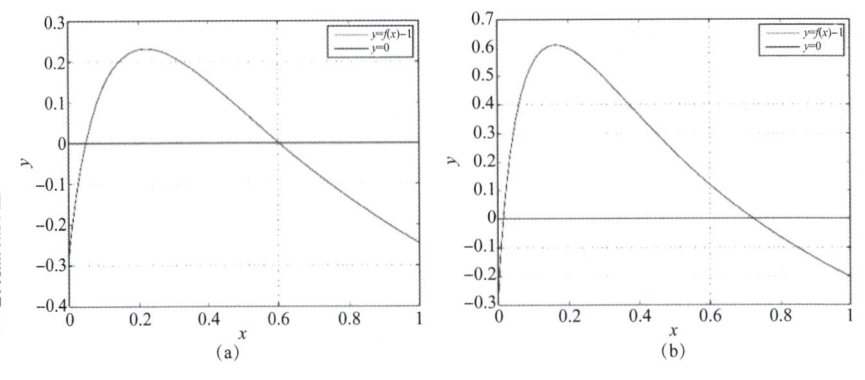

图 6.6.2　方程的两个正根（$R_0 < 1$）
(a) $\alpha = 20$；(b) $\alpha = 40$

例 6.6.2 对于图 6.6.3 和图 6.6.4，选取参数 $\beta=0.3$，$r=0.9$，$\gamma=0.2$。则 $R_{01}=0.9775<1$，$\alpha_0=144$。从这些图中可以观察到，对每个选取的 $\alpha\geqslant 144$，相应的解的轨线收敛于一个正常数，这证实了地方病平衡点的存在性。

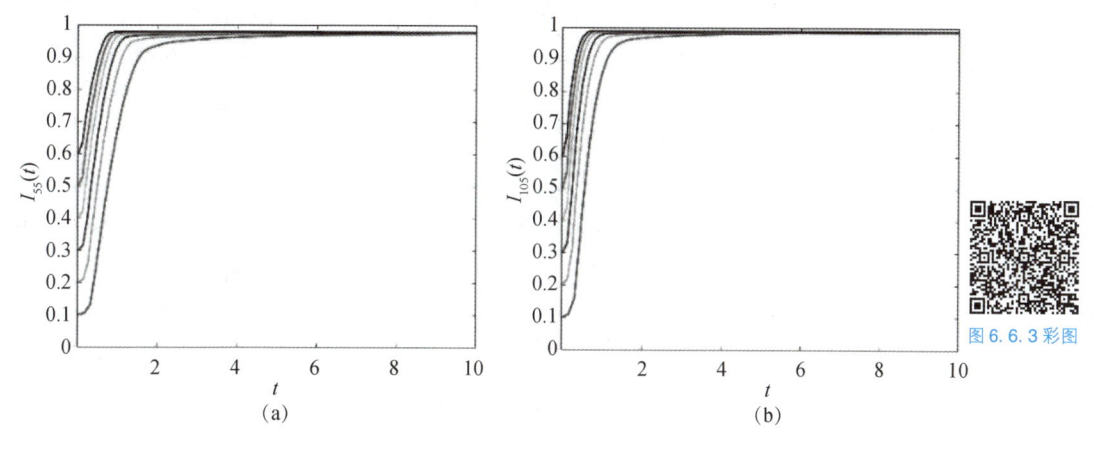

图 6.6.3 $R_0<1$、$\alpha=150$ 时 k 的轨线（初值 $I_k(0)=0.1h$，$h=1,2,\cdots,6$）
（a）$k=55$；（b）$k=105$

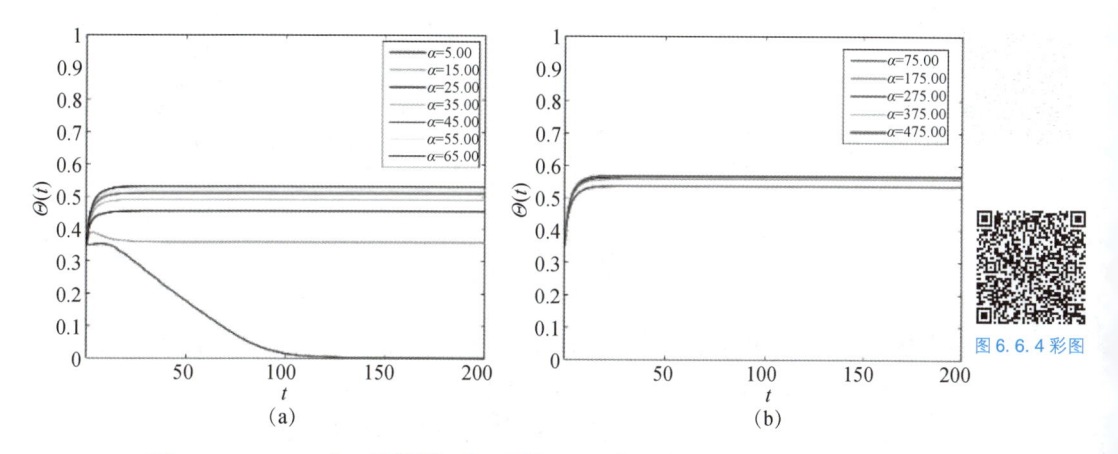

图 6.6.4 $R_0<1$ 时 Θ 的轨线（对不同的 α，取相同初值 $\Theta(0)=0.35$）

例 6.6.3 对于图 6.6.5，选取参数 $\beta=0.1$，$r=0.84$，$\gamma=0.24$，则 $R_{01}=0.9151<1$。与此同时，选取不同的满足 $(\alpha-1)_+$ 较小的 α 值：$\alpha=0.28+0.16h$，$h=1,2,\cdots,6$。经计算，相应的 R_{01}^* 的值分别为 1.1147，1.2171，1.3153，1.4095，1.5000，1.5870。尽管 $R_{01}^*>1$，但是图 6.6.5 证实了定理 6.5.1 的正确性。可见，定理 6.5.1 是文献[75]中定理 3.2 的一个有意义的拓展。

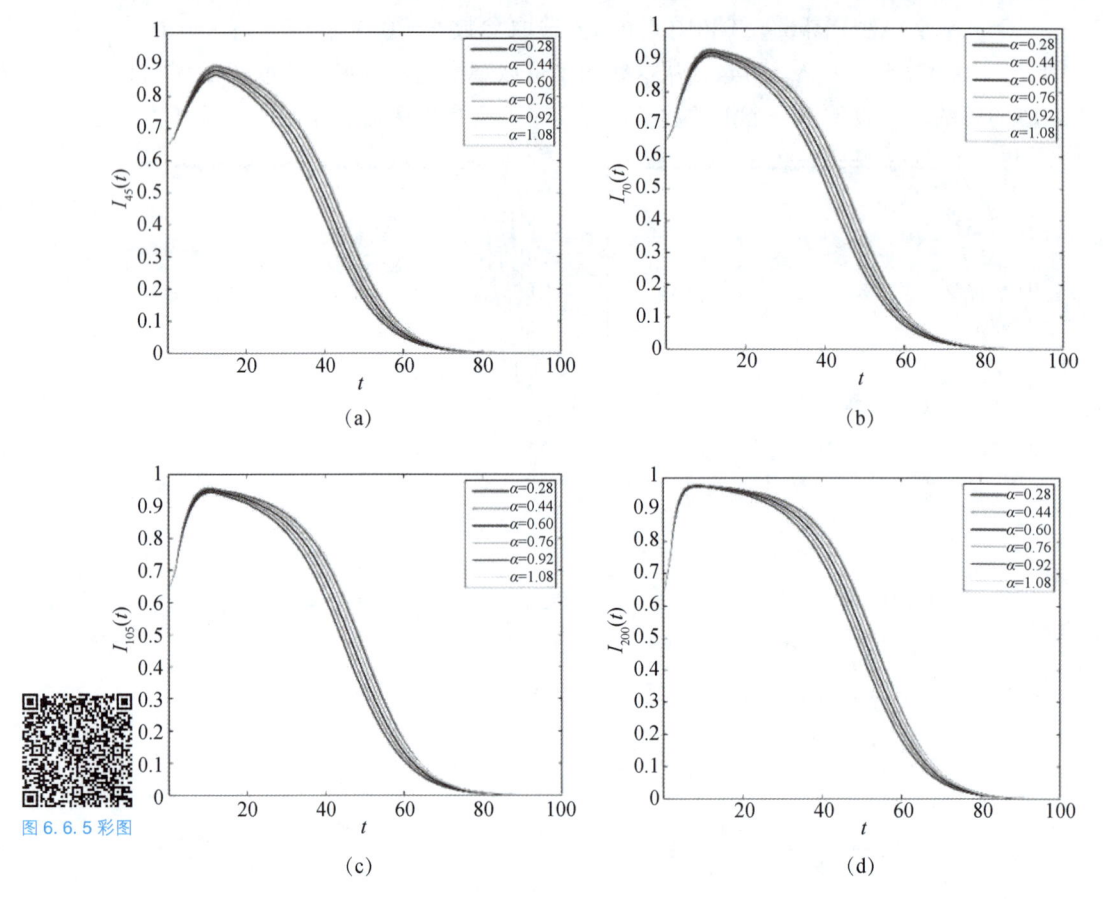

图 6.6.5 $R_0<1$ 时 I_k 的轨线(初值 $I_k(0)=0.65$, $\alpha=0.28+0.16(h-1)$, $h=1,2,\cdots,6$)
(a) $k=45$；(b) $k=70$；(c) $k=105$；(d) $k=200$

例 6.6.4 对于图 6.6.6 和图 6.6.7，选取参数 $\beta=0.25$，$r=0.85$，$\gamma=0.15$，则 $R_{01}=0.8961<1$。对于图 6.6.6，选取不同的满足 $(\alpha-1)_+$ 较小的 α 值：$\alpha=0.3+0.15h$，$h=1,2,\cdots,6$。经计算，相应的 R_{01}^* 的值分别为 1.1375，1.2589，1.3764，1.4902，1.6004，1.7073。尽管 $R_{01}^*>1$，但是图 6.6.6 证实了无病平衡点是全局渐近稳定的。对于图 6.6.7，选取不同的 α 值：$\alpha=3+5(h-1)$，$h=1,2,\cdots,6$。从图 6.6.7 中观察到，对于每个 $\alpha\leqslant 8$，解的轨线均收敛于零；而对于 $\alpha>8$，解的轨线均收敛于一个正常数。基于图 6.6.7 和图 6.6.4，可以猜测：存在 α 的一个临界值 α^*，使得当 $\alpha<\alpha^*$ 时，系统(6.1.1)仅有无病平衡点，而当 $\alpha>\alpha^*$ 时，系统(6.1.1)还有地方病平衡点。

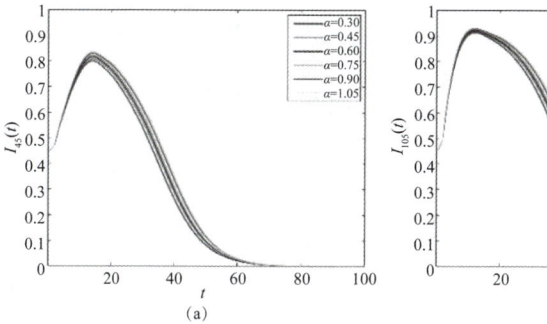

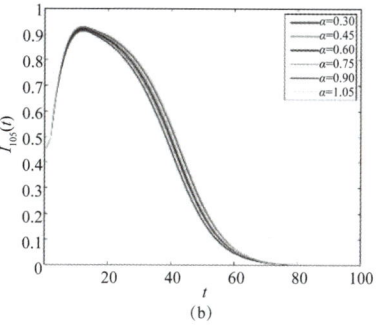

图 6.6.6　$R_0<1$ 时 I_k 的轨线(初值 $I_k(0)=0.45$，$\alpha=0.3+0.15(h-1)$，$h=1,2,\cdots,6$)
(a) $k=45$；(b) $k=105$

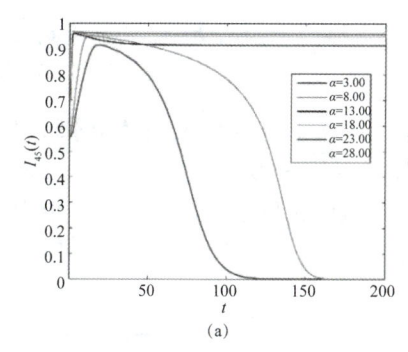

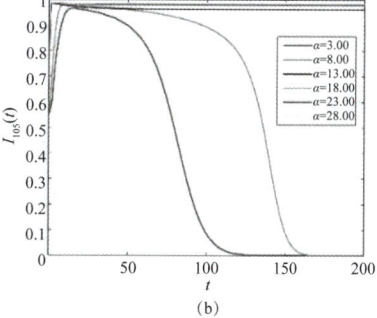

图 6.6.7　$R_0<1$ 时 I_k 的轨线(初值 $I_k(0)=0.45$，$\alpha=3+5(h-1)$，$h=1,2,\cdots,6$)
(a) $k=45$；(b) $k=105$

例 6.6.5　对于图 6.6.8 和图 6.6.9，选取参数 $\beta=0.45$，$r=0.005$，$\gamma=0.85$，则 $R_{01}=1.8865>1$，$\alpha_c=156.6707$。与此同时，对于图 6.6.8，还选取参数 $\alpha=180$；对于图 6.6.9，还选取参数 $\alpha=400$。注意到，α 的这两个值均大于 α_c。从这些图中可以观察到，地方病平衡点是全局渐近稳定的，这证实了定理 6.5.2 的正确性。

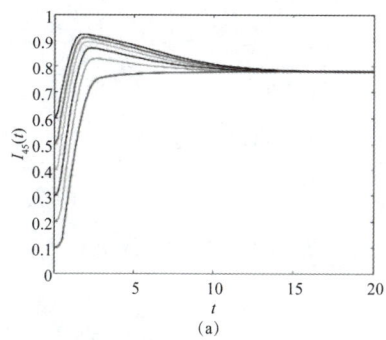

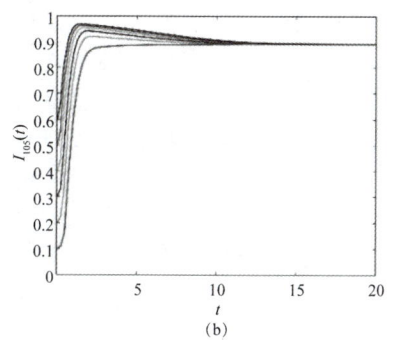

图 6.6.8　$R_0>1$、$\alpha=180$ 时 I_k 的轨线(初值 $I_k(0)=0.1h$，$h=1,2,\cdots,6$)
(a) $k=45$；(b) $k=105$

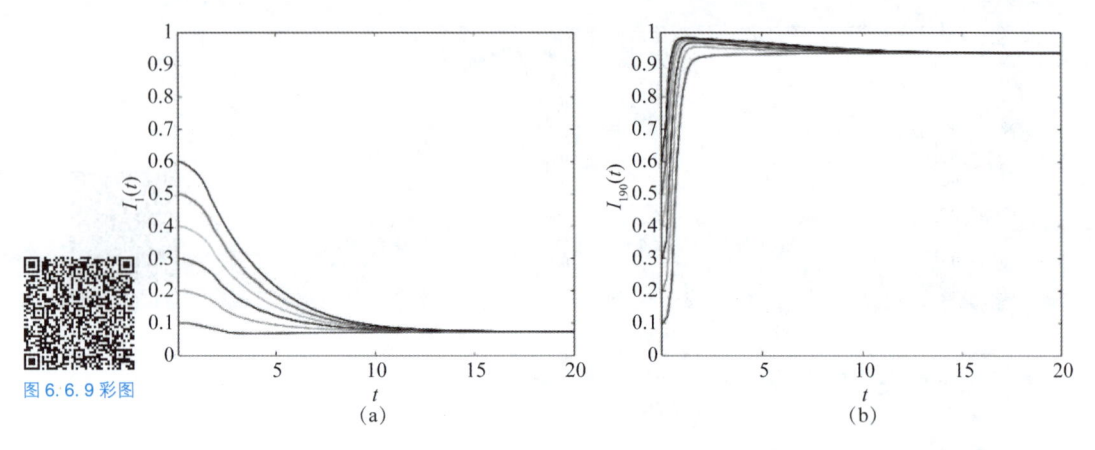

图 6.6.9 $R_0>1$、$\alpha=400$ 时 I_k 的轨线（初值 $I_k(0)=0.1h$，$h=1,2,\cdots,6$）

(a) $k=1$；(b) $k=190$

例 6.6.6 对于图 6.6.10，选取参数 $\beta=0.4$，$r=0.3$，$\gamma=0.85$，则 $R_{01}=1.2467>1$。与此同时，选取不同的 α 值：$\alpha=5+10(h-1)$，$h=1,2,\cdots,7$。从图中可观察到，随着 α 的降低，染病者节点的密度也随之减小。这个现象已被证明（见注 6.4.2）。这表明：及时地接受治疗对于有效降低传染病的感染水平是非常必要的。

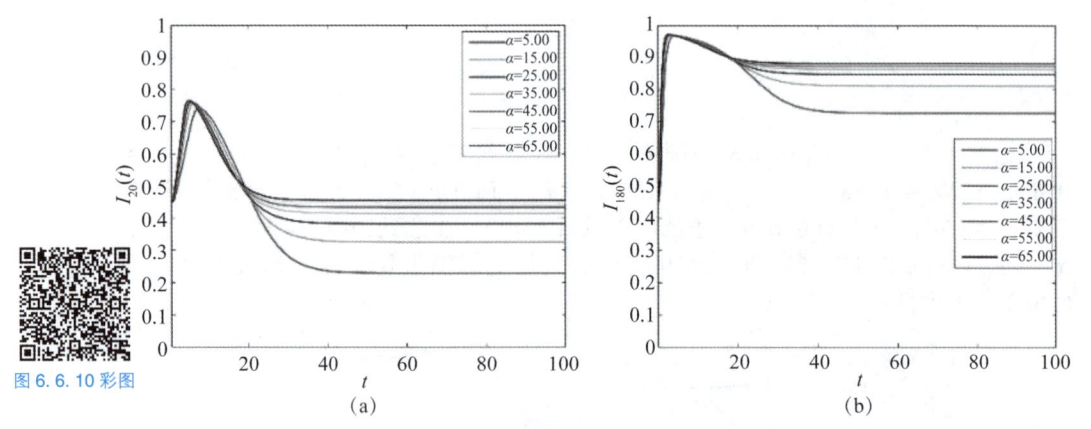

图 6.6.10 $R_0>1$ 时 I_k 的轨线（初值 $I_k(0)=0.45$，$\alpha=5+10(h-1)$，$h=1,2,\cdots,7$）

(a) $k=20$；(b) $k=180$

6.6.2 关于系统(6.1.3)的数值例子

假设网络是无标度网络，$n=1000$，$P(k)=\eta k^{-3}$，其中 η 满足 $\sum_{k=1}^{1000}P(k)=1$。

例 6.6.7 图 6.6.11 和图 6.6.12 模拟了方程 $g(x)=0$ 的零点。其中，参数

$\beta = 0.2$，$r = 0.9$，$\gamma = 0.05$，$\mu = 0.05$，则 $R_{02} = 0.9107 < 1$，$\alpha_1 = 235.4967$。对于图 6.6.11，选取参数 $\alpha = 240, 270, 300, 400$；对于图 6.6.12，选取参数 $\alpha = 10, 40, 50, 70, 80, 100, 150, 180$。从图 6.6.11 观察到，曲线 $y = g(x)$ 与 x 轴有两个交点，这意味着系统 (6.1.3) 有两个地方病平衡点，这证实了定理 6.4.3 的正确性。尽管图 6.6.12 中的参数 α 并不满足定理 6.4.3 的条件，但是曲线 $y = g(x)$ 仍然与 x 轴有两个交点。基于理论结果和数值例子，我们可以预测：存在 α 的一个临界值 α^*，使得当 $\alpha < \alpha^*$ 时，系统 (6.1.3) 仅有无病平衡点，而当 $\alpha > \alpha^*$ 时，系统 (6.1.3) 还有地方病平衡点。

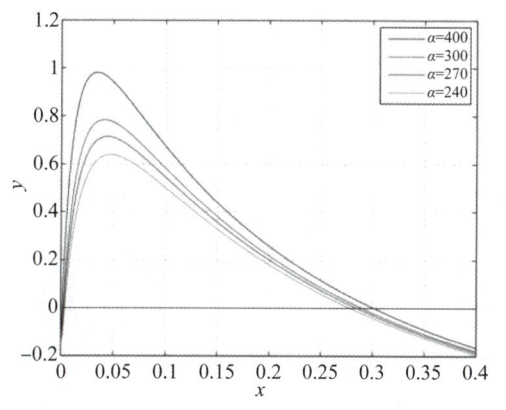

图 6.6.11 $R_0 < 1$ 时曲线 $y = f(x)$ 的图形 ($\alpha \geqslant \alpha_0$)

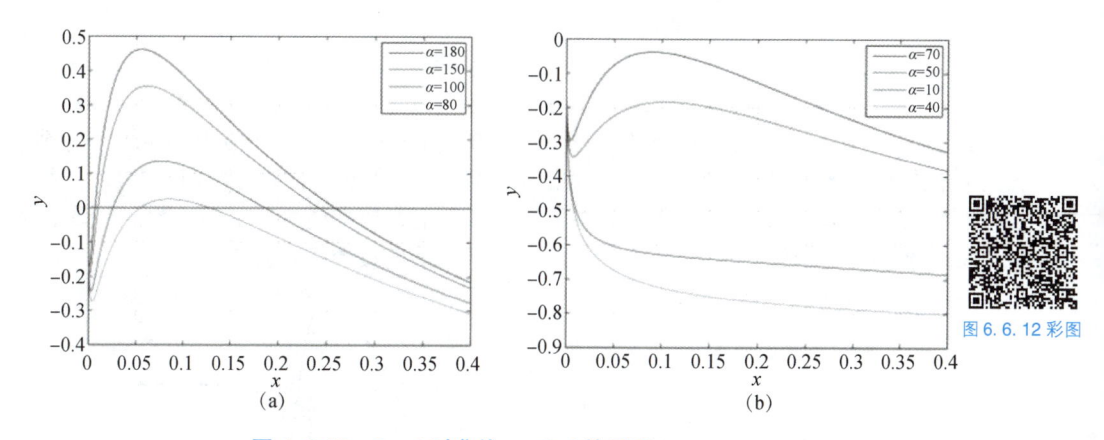

图 6.6.12 $R_0 < 1$ 时曲线 $y = f(x)$ 的图形 ($\alpha < \alpha_0$)

例 6.6.8 对于图 6.6.13 和图 6.6.14，选取参数 $\beta = 0.2$，$r = 0.9$，$\gamma = 0.05$，$\mu = 0.05$ 以及参数 $\alpha = 1, 4.4$，则 $R_{02} = 0.9107 < 1$，$\alpha_c = 4.4444$。显然，参数 $\alpha < \alpha_c$。从这些图中可以观察到，解的轨线收敛于无病平衡点，这验证了定理 6.4.4 的正确性。本例说明，当参数 α 较小时，传染病能消除。

图 6.6.13 彩图

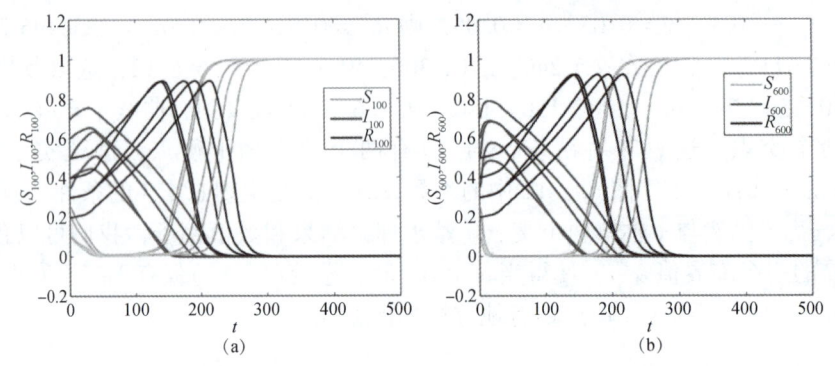

图 6.6.13 $R_0<1$、$\alpha=4.4$ 时解 (S_k, I_k, R_k) 随时间变化的曲线
(a) $k=100$;(b) $k=600$

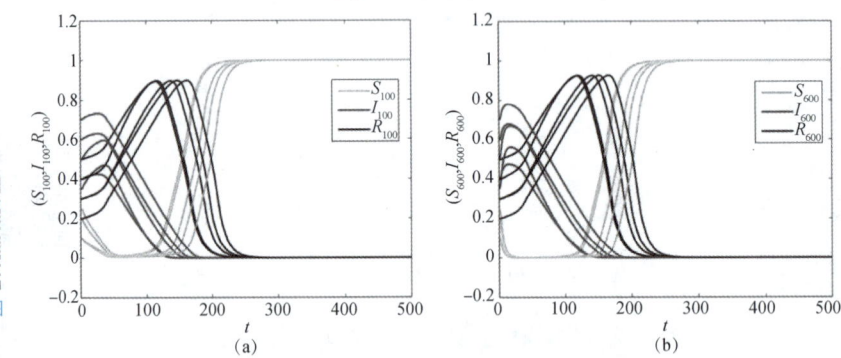

图 6.6.14 彩图

图 6.6.14 $R_0<1$、$\alpha=1$ 时解 (S_k, I_k, R_k) 随时间变化的曲线
(a) $k=100$;(b) $k=600$

例 6.6.9 对于图 6.6.15~图 6.6.19,选取参数 $\beta=0.3$,$r=0.8$,$\gamma=0.05$,$\mu=0.05$,则 $R_{02}=1.5178>1$,$\alpha_c=6.7500$。从图 6.6.15~图 6.6.18 中可以观察到,解的轨线收敛于地方病平衡点,这验证了定理 6.5.2 的正确性。尽管图 6.6.19 中选取的 α 不满足 $\alpha \leqslant \alpha_c$,但是解的轨线依然收敛于地方病平衡点。本例说明,只要系统是持久的,传染病就能保持稳定,这对控制传染病的传播是有益的。

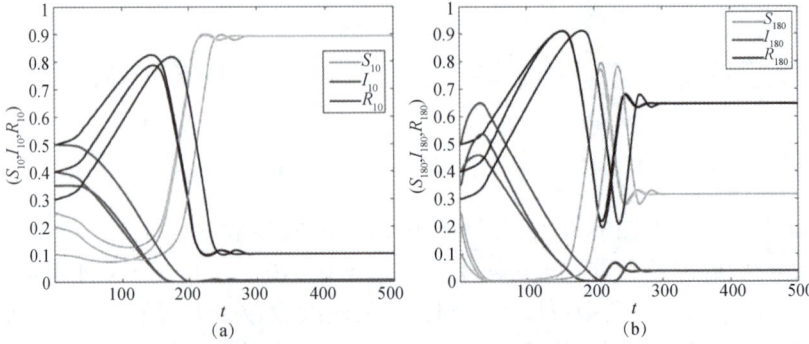

图 6.6.15 彩图

图 6.6.15 $R_0>1$、$\alpha=1$ 时解 (S_k, I_k, R_k) 随时间变化的曲线
(a) $k=10$;(b) $k=180$

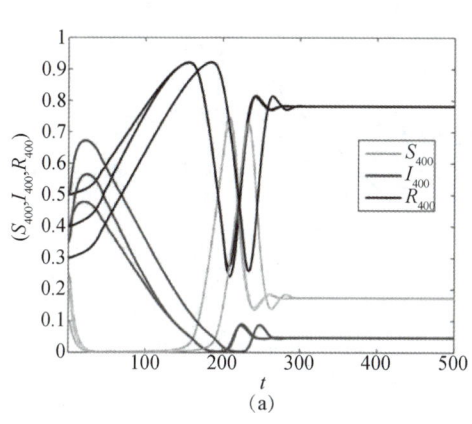

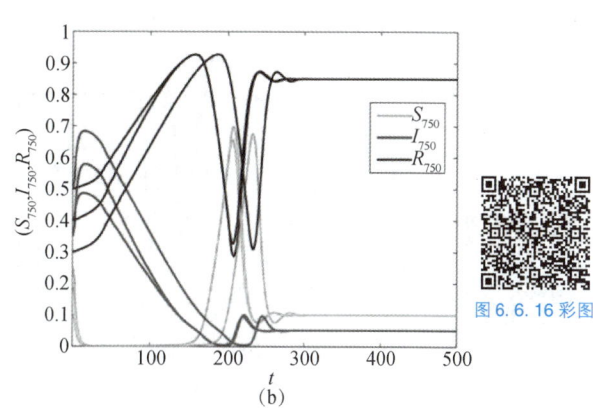

图 6.6.16 $R_0>1$、$\alpha=1$ 时解 (S_k, I_k, R_k) 随时间变化的曲线

(a) $k=400$；(b) $k=750$

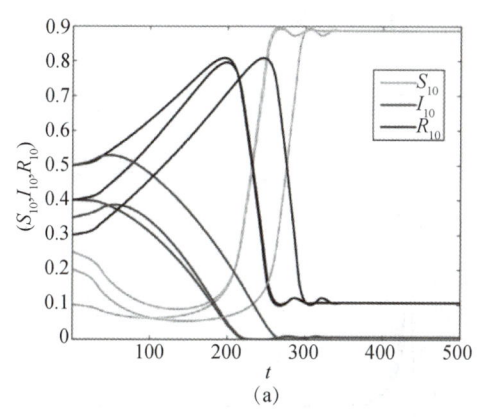

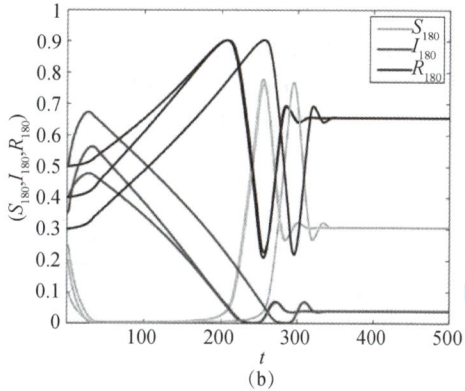

图 6.6.17 $R_0>1$、$\alpha=6$ 时解 (S_k, I_k, R_k) 随时间变化的曲线

(a) $k=10$；(b) $k=180$

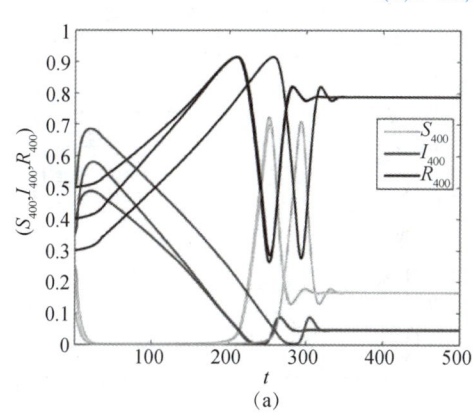

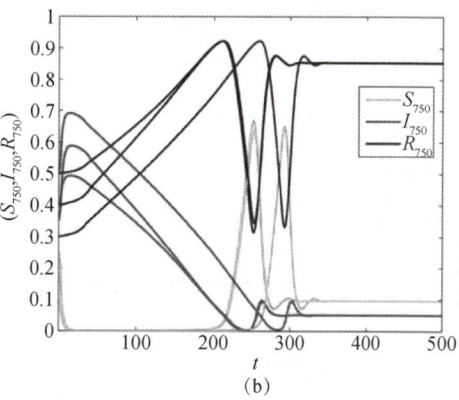

图 6.6.18 $R_0>1$、$\alpha=6$ 时解 (S_k, I_k, R_k) 随时间变化的曲线

(a) $k=400$；(b) $k=750$

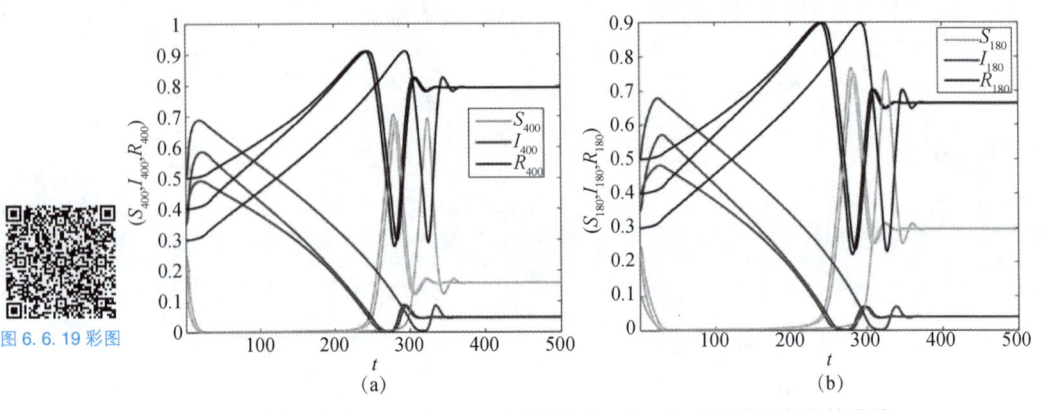

图 6.6.19 $R_0>1$、$\alpha=10$ 时解 (S_k, I_k, R_k) 随时间变化的曲线

(a) $k=400$; (b) $k=180$

例 6.6.10 对于图 6.6.20~图 6.6.25,选取参数 $\beta=0.14$,$r=0.05$,$\gamma=0.05$,$\mu=0.3$,则 $R_{02}=1.5937>1$,$\alpha_c=3.7333$。从这些图中可以观察到,只要 $\alpha>0$,地方病平衡点有且只有一个,而且是全局稳定的。然而,一个严格的数学证明仍然是非常困难的。

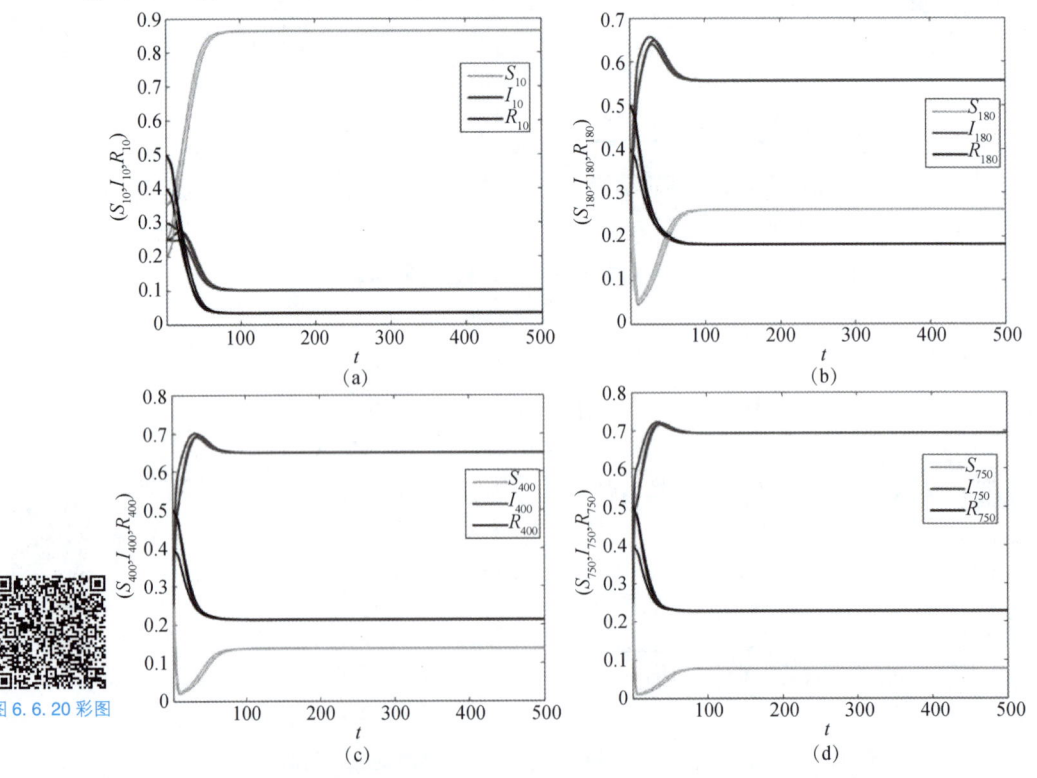

图 6.6.20 $R_0>1$、$\alpha=1$ 时解 (S_k, I_k, R_k) 随时间变化的曲线

(a) $k=10$; (b) $k=180$; (c) $k=400$; (d) $k=750$

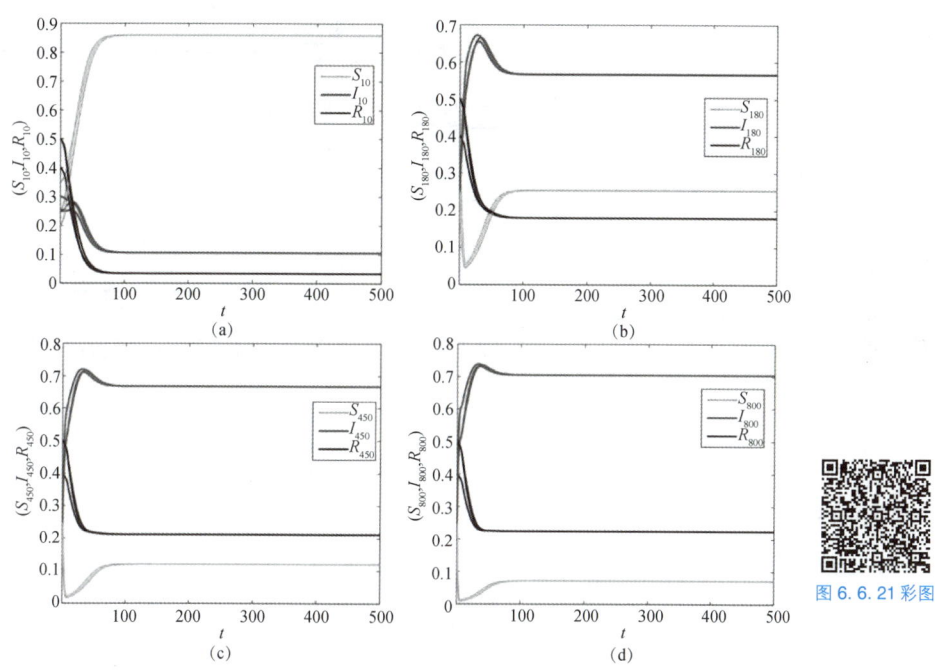

图 6.6.21　$R_0>1$、$\alpha=3$ 时解 (S_k, I_k, R_k) 随时间变化的曲线

（a）$k=10$；（b）$k=180$；（c）$k=450$；（d）$k=800$

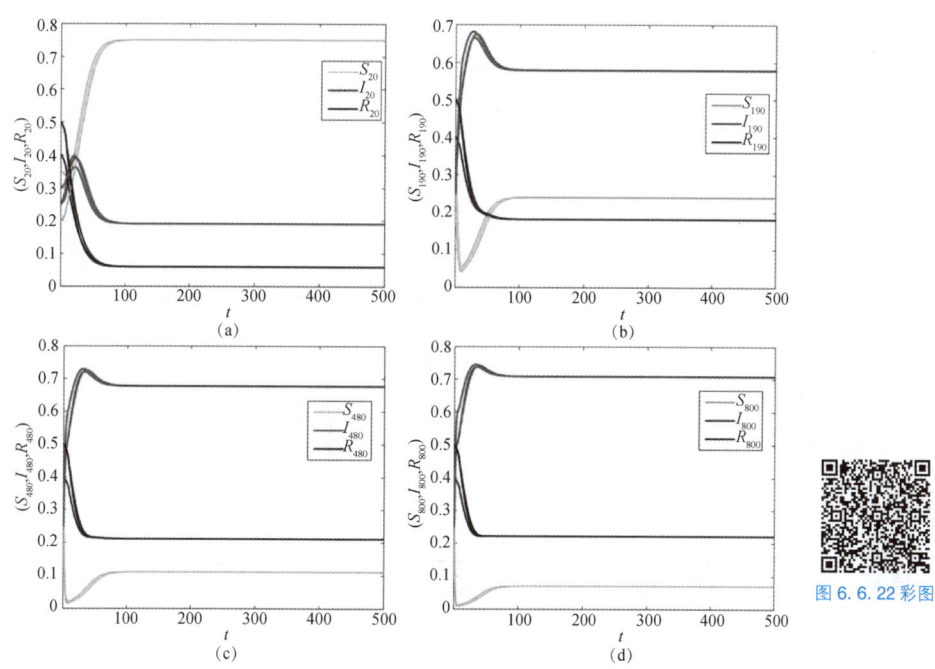

图 6.6.22　$R_0>1$、$\alpha=4$ 时解 (S_k, I_k, R_k) 随时间变化的曲线

（a）$k=20$；（b）$k=190$；（c）$k=480$；（d）$k=800$

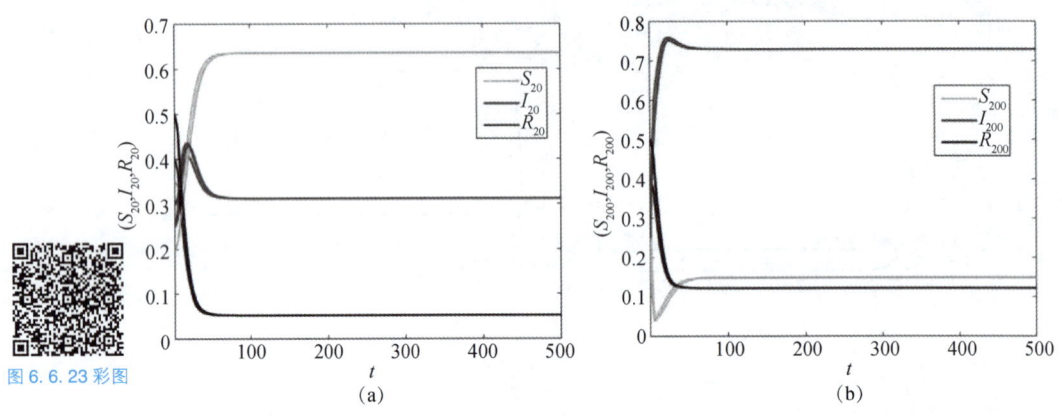

图 6.6.23　$R_0>1$、$\alpha=2\times10^4$ 时解 $(S_k,\ I_k,\ R_k)$ 随时间变化的曲线
（a）$k=20$；（b）$k=200$

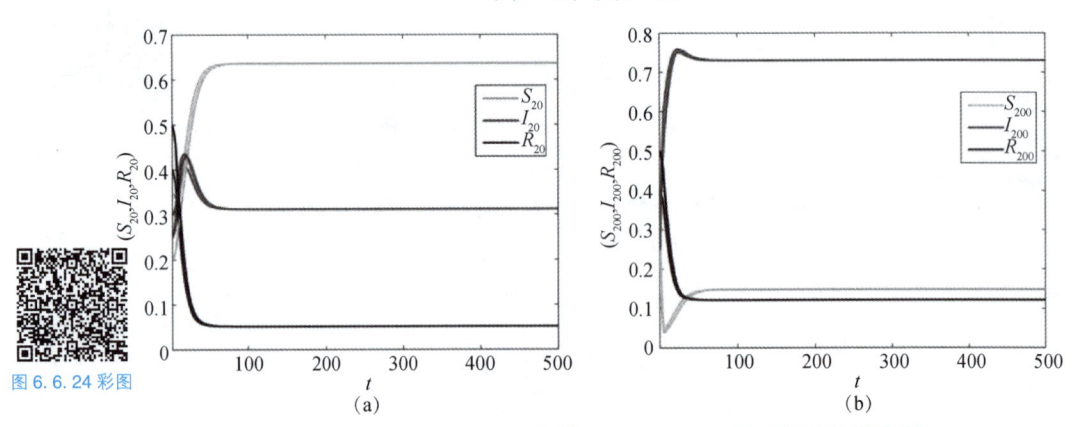

图 6.6.24　$R_0>1$、$\alpha=3\times10^4$ 时解 $(S_k,\ I_k,\ R_k)$ 随时间变化的曲线
（a）$k=20$；（b）$k=200$

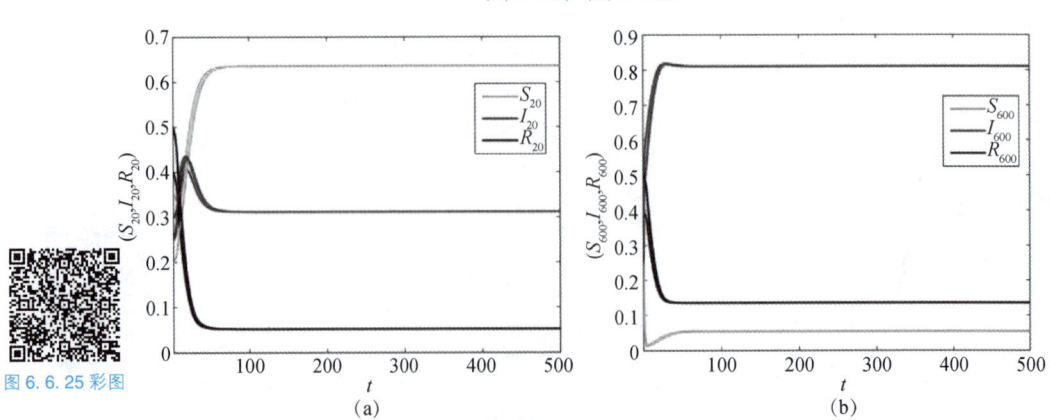

图 6.6.25　$R_0>1$、$\alpha=10^7$ 时解 $(S_k,\ I_k,\ R_k)$ 随时间变化的曲线
（a）$k=20$；（b）$k=600$

6.7 本章引理

引理 6.7.1 设 $(I_1, I_2, \cdots, I_n)$ 是系统(6.1.1)具有如下初值的解：

$$0 \leqslant I_k(0) \leqslant 1, \ k = 1, 2, \cdots, n, \ \Theta(0) = \frac{1}{\langle k \rangle} \sum_{k=1}^{n} k P(k) I_k(0) > 0$$

则

$$0 < I_k(t), \ \Theta(t) < 1, \ \forall t > 0, \ k = 1, 2, \cdots, n$$

证明 由系统(6.1.1)可推知

$$\Theta'(t) = \Theta \left(\frac{\beta \langle k^2 \rangle}{\langle k \rangle} - \frac{\beta}{\langle k \rangle} \sum_{k=1}^{n} k^2 P(k) I_k(t) - \frac{r}{1 + \alpha \Theta(t)} - \gamma \right)$$

$$=: \Theta(t) X(t), \ \forall t > 0$$

解之得

$$\Theta(t) = \Theta(0) \exp \left\{ \int_0^t X(s) \mathrm{d}s \right\} > 0, \ \forall t > 0$$

另外，我们有

$$\frac{\mathrm{d} I_k(t)}{\mathrm{d}t} > -\left(\beta k \Theta + \frac{r}{1 + \alpha \Theta} + \gamma \right) I_k(t)$$

$$=: I_k(t) Y(t), \ \forall t > 0$$

这蕴含

$$I_k(t) > I_k(0) \exp \left\{ \int_0^t Y(s) \mathrm{d}s \right\} > 0, \ \forall t > 0$$

令 $S_k(t) = 1 - I_k(t), \ k = 1, 2, \cdots, n$，则 $S_k(0) \in [0, 1], \ k = 1, 2, \cdots, n$。而且

$$\frac{\mathrm{d} S_k(t)}{\mathrm{d}t} = \beta k S_k(t) \Theta + \frac{r}{1 + \alpha \Theta} I_k(t) + \gamma I_k(t)$$

$$> \beta k S_k(t) \Theta(t)$$

因此

$$S_k(t) > S_k(0) \exp \left\{ -\beta k \int_0^t \Theta(s) \mathrm{d}s \right\} > 0, \ \forall t > 0$$

故 $I_k(t) < 1, \ \forall t > 0, \ k = 1, 2, \cdots, n$。于是，$\Theta(t) < 1, \ \forall t > 0$。证毕。

引理 6.7.2 设 $(I_1, I_2, \cdots, I_n)$ 是系统(6.1.1)的解，且满足 $\liminf\limits_{t \to +\infty} I_k(t) \geqslant l_k$, $\limsup\limits_{t \to +\infty} I_k(t) \leqslant u_k$，其中 $u_k \geqslant l_k \geqslant 0, \ k = 1, 2, \cdots, n$，则

$$\limsup_{t \to +\infty} I_k(t) \leqslant F_k \left(\frac{1}{\langle k \rangle} \sum_{k=1}^{n} k P(k) u_k \right)$$

$$\liminf_{t \to +\infty} I_k(t) \geqslant F_k \left(\frac{1}{\langle k \rangle} \sum_{k=1}^{n} k P(k) l_k \right)$$

证明 我们仅证明第一个结论。对任意 $\varepsilon > 0$,存在一个 $T_\varepsilon > 0$,使得

$$I_k(t) \leq u_k + \varepsilon, \quad \forall t > T_\varepsilon$$

因此

$$\Theta \leq \frac{1}{\langle k \rangle} \sum_{k=1}^{n} k P(k)(u_k + \varepsilon) =: \Theta_\varepsilon, \quad \forall t > T_\varepsilon$$

所以,对任意 $t > T_\varepsilon$,有

$$\frac{\mathrm{d}I_k(t)}{\mathrm{d}t} = \beta k(1 - I_k(t))\Theta - \frac{r}{1+\alpha\Theta}I_k(t) - \gamma I_k(t)$$

$$\leq \beta k(1 - I_k(t))\Theta_\varepsilon - \frac{r}{1+\alpha\Theta_\varepsilon}I_k(t) - \gamma I_k(t)$$

$$= \beta k\Theta_\varepsilon - \left(\gamma + \frac{r}{1+\alpha\Theta_\varepsilon} + \beta k\Theta_\varepsilon\right)I_k(t)$$

这蕴含

$$\lim_{t \to +\infty} \sup I_k(t) \leq \frac{\beta k \Theta_\varepsilon}{\gamma + \dfrac{r}{1+\alpha\Theta_\varepsilon} + \beta k \Theta_\varepsilon}$$

令 $\varepsilon \to 0^+$,即得第一个结论。证毕。

6.8 本章小结

本章研究了复杂网络上带有饱和治疗函数的传染病传播模型,其展现的分支现象揭示了模型的复杂的动力学行为。进一步,通过严谨的理论分析得到了有关持久性、多个地方病平衡点的存在性以及全局渐进稳定性等方面的系列结果,也给出了一些数值例子以验证理论结果的正确性。

文献[75-76]的研究表明,传播阈值与参数 α(表示延误治疗的程度)无关。然而,定理 6.4.1 和定理 6.4.3 表明,当 α 的值很大时(即当治疗被延误的程度较大时),即使传播阈值小于 1,也会存在多个地方病平衡点,这表明传染病在爆发后的传播表现出了很强的不稳定性。定理 6.5.1 和定理 6.5.2 表明,当 α 的值很小时(即当治疗被延误的程度较小时),只要传播阈值小于 1,传染病在爆发后就会保持全局稳定,也就是说,只要患病者及时地接受治疗,传染病就会得到有效控制。当阈值大于 1 时,本章也得到了有关地方病平衡点全局渐近稳定性的完整结果。

参 考 文 献

[1] 伯恩. 黑死病[M]. 王晨, 译. 上海: 上海社会科学院出版社, 2013.
[2] LILJEROS F, EDLING C R, Amaral L A N, et al. The web of human sexual contacts[J]. Nature, 2001, 411: 907-908.
[3] WANG Z, ANDREWSC M A, WU Z, et al. Coupled disease-behavior dynamics on complex networks, A review[J]. Physics of Life Reviews, 2015, 15: 1-29.
[4] WATTS D J, STROGATZ S H. Collective dynamics of "small-world" networks[J]. Nature, 1998, 393: 440-442.
[5] BARAB'ASI A L, ALBERT R. Emergence of scaling in random networks[J]. Science, 1999, 286: 509-512.
[6] Erdös P, Rényi A. On the evolution of random graphs[J]. Publication of the Mathematical Institute of the Hungarian Academy of Sciewes, 1960, 5: 17-60.
[7] 汪小帆, 李翔, 陈关荣. 网络科学导论[M]. 北京: 高等教育出版社, 2009.
[8] 何大韧, 刘宗华, 汪秉宏. 复杂系统与复杂网络[M]. 4版. 北京: 高等教育出版社, 2016.
[9] 陆君安, 刘慧, 陈娟. 复杂动态网络的同步[M]. 北京: 高等教育出版社, 2016.
[10] MILGRAM S. The small world problem[J]. Psychology Today, 1967, 2(1): 60-67.
[11] NEWMAN M E J, WATTS D J. Renormalization group analysis of the small-world network model[J]. Physics Letters A, 1999, 263: 341-346.
[12] BARAB'SAI A L, BONABEAU E. Scale-free networks[J]. Scientific American, 2003, 288(5): 60-69.
[13] KERMACK W O, MCKENDRICK A G. A contribution to the mathematical theory of epidemics[J]. Proceedings of the Royal Society of London A: mathematical, physical and engineering sciences, 1927, 115(772): 700-721.
[14] KERMACK W O, MCKENDRICK A G. Contribution to the mathematical theory of epidemics II-The problem of endemicity[J]. Proceedings of the Royal Society of

London A: mathematical, physical and engineering sciences, 1932, 138A: 55-83.

[15] 马知恩,周义仓,王稳地,等. 传染病动力学的数学建模与研究[M]. 2版. 北京:科学出版社, 2015.

[16] SERRADELL J. SARS-Deadly diseases and epidemics[M]. New York: Chelsea House, 2010.

[17] GRAY A, GREENHALGH D, HU L, et al. A stochastic differential equation SIS epidemic model[J]. SIAM Journal on Applied Mathematics, 2011, 71: 876-902.

[18] 王克. 随机生物数学模型[M]. 北京:科学出版社, 2010.

[19] PASTOR-SATORRAS R, VESPIGNANI A. Epidemic spreading in scale-free networks[J]. Physical Review Letters, 2001, 86: 3200-3203.

[20] MORENO Y, PASTOR-SATORRAS R, VESPIGNAN A. Epidemic outbreaks in complex heterogeneous networks[J]. The European Physical Journal B, 2002, 26(4): 521-529.

[21] MAY M R, LLOYD L A. Infection dynamics on scale-free networks[J]. Physical Review E, 2001, 64: 066112.

[22] PASTOR-SATORRAS R, VESPIGNANI A. Epidemic dynamics in finite size scale-free net-works[J]. Physical Review E, 2002, 65: 035108(R).

[23] EGUILUZ V M, KLEMM K. Epidemic threshold in structured scale-free networks[J]. Physical Review Letters, 2002, 89(10): 108701.

[24] MORENO Y, VAZQUEZ A. Disease spreading in structured scale-free networks[J]. The European Physical Journal B, 2003, 312: 265-271.

[25] PASTOR-SATORRAS R, VESPIGNANI A. Immunization of complex networks[J]. Physical Review E, 2002, 65: 036104.

[26] COHEN R, HAVLIN S, BEN-AVRAHAM D. Efficient immunization strategies for computer networks and populations[J]. Physical Review Letters, 2003, 91: 247901.

[27] GALLOS K L, LILJEROS F, ARGYRAKIS P, et al. Improving immunization strategies[J]. Physical Review E, 2007, 75: 045104(R).

[28] NEWMAN J E M. Spread of epidemic disease on networks[J]. Physical Review E, 2002, 66: 016128.

[29] OLINKY R, STONE L. Unexpected epidemic thresholds in heterogeneous networks: The role of disease transmission[J]. Physical Review E, 2004, 70: 030902(R).

[30] BARTHELEMY M, BARRAT A, PASTOR-SATORRAS R, et al. Dynamical pat-

terns of epidemic outbreaks in complex heterogeneous networks[J]. Journal of Theoretical Biology, 2005, 235: 275-288.

[31] YANG R, WANG B, REN J, et al. Epidemic spreading on heterogeneous networks with identical infectivity[J]. Physics Letters A, 2007, 364(3-4): 189-193.

[32] ZHOU T, LIU J, BAI W, et al. Behaviors of susceptible-infected epidemics on scale-free networks with identical infectivity[J]. Physical Review E, 2006, 74: 056109.

[33] PICCARDI C, CASAGRANDI R. Inefficient epidemic spreading in scale-free networks[J]. Physical Review E, 2008, 77: 026113.

[34] SHI H, DUAN Z, CHEN G. An SIS model with infective medium on complex networks[J]. Physica A, 2008, 387: 2133-2144.

[35] ZHANG H, FU X. Spreading of epidemics on scale-free networks with nonlinear infectivity[J]. Nonlinear Analysis, 2009, 70: 3273-3278.

[36] CASTELLANO C, PASTOR-SATORRAS R. Thresholds for Epidemic Spreading in Networks[J]. Physical Review Letters, 2010, 105: 218701.

[37] LIU M, RUAN J. Modelling the spread of sexually transmitted diseases on scale-free networks[J]. Chinese Physics B, 2009, 18: 2118-2126.

[38] LOU J, RUGGERI T. The dynamics of spreading and immune strategies of sexually transmitted diseases on scale-free network[J]. Journal of Mathematical Analysis and Applications, 2010, 365(1): 210-219.

[39] JIN Z, ZHANG J, SONG L, et al. Modelling and analysis of influenza A (H1N1) on networks[J]. BMC Public Health, 2011, 11(Suppl 1): S9.

[40] YANG L, YANG X, LIU J, et al. Epidemics of computer viruses: A complex-network approach[J]. Applied Mathematics and Computation, 2013, 219(16): 8705-8717.

[41] WANG Y, CAO J. A note on global stability of the virose equilibrium for network-based computer viruses epidemics[J]. Applied Mathematics and Computation, 2014, 244: 726-740.

[42] PENG X, XU X, FU X, et al. Vaccination intervention on epidemic dynamics in networks[J]. Physical Review E, 2013, 87: 022813.

[43] WEI X, CHEN S, WU X, et al. Cooperative spreading processes in multiplex network[J]. Chaos: An Interdisciplinary Journal of Nonlinear Science, 2016, 26: 065311.

[44] 李睿琪, 王伟, 舒盼盼, 等. 复杂网络上流行病传播动力学的爆发阈值解析综述[J]. 复杂网络与复杂性科学, 2016, 13(1): 1-39.

[45] LIU J, TANG Y, YANG Z. The spreading of disease with birth and death networks[J]. Journal of Statistical Mechanics: Theory and Experiment, 2004, 2004: P08008.

[46] ZHANG J, JIN Z. The analysis of an epidemic model on networks[J]. Appllied Math-ematics and Computation, 2011, 217: 7053-7064.

[47] JIN Z, SUN G, ZHU H. Epidemic models for complex networks with demographics[J]. Mathematical Biosciences and Engineering, 2014, 11(6): 1295-1317.

[48] ZHANG H, SMALL M, FU X. Different epidemic models on complex networks [J]. Communications in Theoretical Physics, 2009, 52: 180-184.

[49] 靳祯, 孙桂全, 刘茂省. 网络传染病动力学建模与分析[M]. 北京: 科学出版社, 2014.

[50] HUO J, ZHAO H. Dynamical analysis of a fractional SIR model with birth and death on heterogeneous complex networks[J]. Physica A, 2016, 448: 41-56.

[51] GONG G, ZHANG D. A SIS epidemic model with feedback mechanism in scale-free networks[J]. Advanced Materials Research, 2011, 204-210: 354-358.

[52] ZHANG J, SUN J. Stability analysis of a SIS epidemic model with feedback mecha-nism on networks[J]. Physica A, 2014, 394: 24-32.

[53] ZHANG J, SUN J. Analysis of epidemic spreading with feedback mechanism in weighted networks[J]. International Journal of Biomathematics, 2015, 8(1): 1550007.

[54] LI T, LIU X, WU J, et al. An epidemic spreading model on adaptive scale-free networks with feedback mechanism[J]. Physica A, 2016, 450: 649-656.

[55] LIU X, LI T, WANG Y, et al. An SIS epidemic model with infective medium and feedback mechanism on scale-free networks[J]. Open Access Library Journal, 2017, 4: e3598.

[56] LI C. Dynamics of a network-based SIS epidemic model with nonmonotone incidence rate[J]. Physica A, 2015, 427: 234-243.

[57] 刘茂省. 复杂网络上的动力学模型分析及随机影响[D]. 上海: 复旦大学, 2009.

[58] HETHCOTE H, MA Z, LIAO S. Effects of quarantine in six endemic models for infectious diseases[J]. Mathematical Biosciences, 2002, 180: 141-160.

[59] MISHRA B K, JHA N. SEIQRS model for the transmission of malicious objects in computer network [J]. Applied Mathematical Modelling, 2010, 34(3): 710-715.

[60] LI T, WANG Y, GUAN Z. Spreading dynamics of a SIQRS epidemic model on

scale-free networks[J]. Commun Nonlinear Sci Numer Simulat, 2014, 19: 686-692.

[61] HUANG S, CHEN F, CHEN L. Global dynamics of a network-based SIQRS epidemic model with demographics and vaccination[J]. Commun Nonlinear Sci Numer Simulat, 2017, 43: 296-310.

[62] KANG H, LIU K, FU X. Dynamics of an epidemic model with quarantine on scale-free networks[J]. Physics Letters A, 2017, 381: 3945-3951.

[63] NOWZARI C, PRECIADO V M, PAPPAS G J. Analysis and control of epidemics: A survey of spreading processes on complex networks[J]. IEEE Control Systems, 2016, 32(1): 26-46.

[64] HETHCOTE W H, WALTMAN P. Optimal vaccination schedules in a deterministic epi-demic model[J]. Mathematical Biosciences, 1973, 18(3-4): 365-381.

[65] LONGINI M I, ACKERMAN E, ELVEBACK R L. An optimization model for influenza A epidemics [J]. Mathematical Biosciences, 1978, 38(1-2): 141-157.

[66] ZAMAN G, KANG H Y, JUNG H I. Stability analysis and optimal vaccination of a SIR epidemic model[J]. BioSystems, 2008, 93: 240-249.

[67] BUONOMO B, LACITIGNOLA D, VARGAS-DE-LE'ON C. Qualitative analysis and optimal control of an epidemic model with vaccination and treatment[J]. Mathematics and Computers in Simulation, 2014, 100: 88-102.

[68] KAR K T, BATABYAL A. Stability analysis and optimal control of a SIR epidemic model with vaccination[J]. BioSystems, 2011, 104: 127-135.

[69] ZAMAN G, KANG H Y, Cho G, et al. Optimal strategy of vaccination & treatment in a SIR epidemic model[J]. Mathematics and Computers in Simulation, 2017, 136: 63-77.

[70] CHEN L, SUN J. Global stability and optimal control of a SIRS epidemic model on heterogeneous networks[J]. Physica A, 2014, 410: 196-204.

[71] CHEN L, SUN J. Optimal vaccination and treatment of an epidemic network model[J]. Physics Letters A, 2014, 378: 3028-3036.

[72] WANG J, LIU S, ZHANG B, et al. Qualitative and bifurcation analysis using a SIR model with a saturated treatment function[J]. Mathematical and Computer Modelling, 2012, 55: 710-722.

[73] ZHANG X, LIU X. Backward bifurcation of an epidemic model with saturated treatment function[J]. Journal of Mathematical Analysis and Applications, 2008, 348: 433-443.

[74] CAPASSO V, SERIO G. A generalization of the kermack-mckendrick deterministic

epidemic model[J]. Mathematical biosciences, 1978, 42(1-2): 43-61.

[75] HUANG Y, Li C. Backward bifurcation and stability analysis of a network-based SIS epidemic model with saturated treatment function[J]. Physica A, 2019, 527: 121407.

[76] LI C, YOUSEF A M. Bifurcation analysis of a network-based SIR epidemic model with saturated treatment function[J]. Chaos: An Interdisciplinary Journal of Nonlinear Science, 2019, 29: 033129.

[77] WEI X, ZHAO X, ZHOU W. Global stability of a network-based SIS epidemic model with a Saturated treatment function[J]. Physica A, 2022, 597: 127295.

[78] WEI X. Global analysis of a network-based SIR epidemic model with a saturated treatment function [J]. Internal Journal of Biomathematics, 2024, 17(6): 2350112.

[79] WANG L, DAI G. Global stability of virus spreading in complex heterogeneous new-works[J]. SIAM Journal on Applied Mathematics, 2008, 68(5): 1495-1502.

[80] 王林, 戴冠中. 复杂网络的Scale-free性、Scale-free现象及控制[M]. 北京: 科学出版社, 2009.

[81] D'ONOFRIO A. A note on the global behaviour of the network-based SIS epidemic model[J]. Nonlinear Analysis: Real World Applications, 2008, 9: 1567-1572.

[82] LIU J, ZHANG T. Epidemic spreading of a SEIRS model in scale-free networks[J]. Commun Nonlinear Sci Numer Simulat, 2011, 16(8): 3375-3384.

[83] YANG M, CHEN G, FU X. A modified SIS model with an infective medium on complex networks and its global stability[J]. Physica A, 2011, 390: 2408-2413.

[84] ZHU G, FU X, CHEN G. Spreading dynamics and global stability of a generalized epi-demic model on complex heterogeneous networks[J]. Applied Mathematical Modelling, 2012, 36: 5808-5817.

[85] WANG Y, JIN Z, YANG Z, et al. Global analysis of a SIS model with an infective vector on complex networks[J]. Nonlinear Analysis: Real World Applications, 2012, 13: 543-557.

[86] LI K, MA Z, JIA Z, et al. Interplay between collective behavior and spreading dynamics on complex networks[J]. Chaos: An Interdisciplinary Journal of Nonlinear Science, 2012, 22: 043113.

[87] ZHU G, FU X, CHEN G. Global attractivity of a network-based epidemic SIS model with nonlinear infectivity[J]. Commun Nonlinear Sci Numer Simul, 2012,

17：2588-2594.

[88] WANG Y, JIN Z. Global analysis of multiple routes of disease transmission on het-erogeneous networks[J]. Physica A, 2013, 392：3869-3880.

[89] FU X, SMALL M, CHEN G. Propagation Dynamics on Complex Networks：Models, Methods and Stability Analysis[M]. Beijing：Higher Education Press, 2014.

[90] LI C, TSAI C, YANG S. Analysis of epidemic spreading of a SIRS model in complex heterogeneous networks[J]. Commun Nonlinear Sci Numer Simulat, 2014, 19：1042-1054.

[91] YUAN X, XUE Y, LIU M. Global stability of a SIR model with two susceptible groups on complex networks[J]. Chaos, Solitons & Fractals, 2014, 59：42-50.

[92] HUO H, LIU Y. The analysis of the SIRS alcoholism models with relapse on weighted networks[J]. Springer Plus, 2016, 5：722.

[93] ZHU G, CHEN G, FU X. Effects of active links on epidemic transmission over social networks[J]. Physica A, 2017, 468：614-621.

[94] LIU Q, LI T, SUN M. The analysis of a SEIR rumor propagation model on heterogeneous network[J]. Physica A, 2017, 469：372-380.

[95] WEI X, XU G, LIU L, et al. Global stability of endemic equilibrium of an epidemic model with birth and death on complex networks[J]. Physica A, 2017, 477：78-84.

[96] 曹进德, 王毅. 复杂网络传染病传播动力学研究进展[J]. 大学数学, 2016, 32(4)：1-11.

[97] WEI X, LIU L, ZHOU W. Global stability and attractivity of a network-based SIS epidemic model with nonmonotone incidence rate[J]. Physica A, 2017, 469：789-798.

[98] WEI X, XU G, ZHOU W. Global stability of a SIS epidemic model with feedback mechanism on networks[J]. Adv. Diff. Equa, 2018, 2018：60.

[99] WEI X, XU G, ZHOU W. Global stability of endemic equilibrium for a SIQRS epidemic model on complex networks[J]. Physica A , 2018, 512：203-214.

[100] LI K, ZHU G, MA Z, et al. Dynamic stability of a SIQS epidemic network and its optimal control[J]. Commun Nonlinear Sci Numer Simul, 2019, 66：84-95.

[101] LIU L, WEI X, ZHANG N. Global stability of a network-based SIRS epidemic model with nonmonotone incidence rate[J]. Physica A, 2019, 515：587-599.

[102] CHEN S, SMALL M, FU X. Global stability of epidemic models with imperfect vaccination and quarantine on scale-free networks[J]. IEEE Transactions on Network Science and Engineering, 2020, 7(3)：1583-1596.

[103] LV W, KE Q. LI K. Dynamical analysis and control strategies of a SIVS

epidemic model with imperfect vaccination on scale-free networks[J]. Nonlinear Dynamics, 2020, 99: 1507-1523.

[104] LIU Q. The analysis of an epidemic model with time delay on scale-free networks [J]. Physica A, 2014, 410: 79-87.

[105] COOKE K L, YORKE J A. Some equations modelling growth processes and gonorrhea epidemics[J]. Mathematical Biosciences, 1973, 16(1-2): 75-101.

[106] WANG J R, WANG J P, LIU M, et al. Global stability analysis of a SIR epidemic model with demographics and time delay on networks[J]. Physica A, 2014, 410: 268-275.

[107] KANG H, LOU Y, CHEN G, et al. Epidemic spreading and global stability of a new SIS model with delay on heterogeneous networks[J]. Journal of Biological Systems, 2015, 23(4): 577-595.

[108] KANG H, FU X. Epidemic spreading and global stability of a SIS model with an infective vector on complex networks [J]. Commun Nonlinear Sci Numer Simulat, 2015, 27: 30-39.

[109] HUANG C, CAO J, WEN F, et al. Stability analysis of SIR model with distributed delay on complex networks[J]. PLoS ONE, 2016, 11(8): e0158813.

[110] XU X, PENG H, WANG X, et al. Epidemic spreading with time delay in complex networks[J]. Physica A, 2006, 367: 525-530.

[111] ZOU S, WU J, CHEN Y. Multiple epidemic waves in delayed susceptible-infected-recovered models on complex networks[J]. Physical Review E, 2011, 83: 056121.

[112] CAI Y, KANG Y, BANERJEE M, et al. A stochastic SIRS epidemic model with infectious force under intervention strategies [J]. Journal of Differential Equations, 2015, 259: 7463-7502.

[113] DALAL N, GREENHALGH D, MAO X. A stochastic model for internal HIV dynamics[J]. Journal of Mathematical Analysis and Appllications, 2008, 341: 1084-1101.

[114] JI C, JIANG D, YNAG Q, et al. Dynamics of a multigroup SIR epidemic model with stochastic perturbation[J]. Automatica, 2012, 48: 121-131.

[115] LIU Q, CHEN Q. Analysis of the deterministic and stochastic SIRS epidemic models with nonlinear incidence[J]. Physica A, 2015, 428: 140-153.

[116] MAO X, MARION G, RENSHAW E. Environmental Brownian noise suppresses explosion in population dynamics[J]. Stochastic Processes and Their Applications, 2002, 97: 95-110.

[117] TORNATORE E, VETRO P, BUCCELLATO M S. SVIR epidemic model with

stochastic per-turbation[J]. Neural Computing and Applications, 2014, 24: 309-315.

[118] TRUSCOTT E J, GILLIGAN A C. Response of a deterministic epidemiological system to a stochastically varying environment[J]. Proceeding of National Academy Sciences of the United States of America, 2003, 100: 9067-9072.

[119] VICENC M, DANIEL C, WERNER H. Stochastic fluctuations of the transmission rate in the susceptible-infected-susceptible epidemic model[J]. Physical Review E, 2012, 86: 011919.

[120] YUAN C, JIANG D, O'REGAN D, et al. Stochastically asymptotically stability of the multi-group SEIR and SIR models with random perturbation[J]. Commun Nonlinear Sci Numer Simulat, 2012, 17: 2501-2516.

[121] ZHAO D. Study on the threshold of a stochastic SIR epidemic model and its extensions[J]. Commun Nonlinear Sci Numer Simulat, 2016, 38 : 172-177.

[122] PASTOR-SATORRAS R, CASTELLANO C, MIEGHEM V P, et al. Epidemic processes in complex networks[J]. Reviews Of Modern Physics, 2015, 87: 925-979.

[123] ARENAS A, DIAZGUILERA A, KURTHS J, et al. Synchronization in complex networks[J]. Physics Reports, 2008, 469(3): 93-153.

[124] BOCCALETTI S, ALMENDRAL A J, GUAN S, et al. Explosive transitions in complex networks'structure anddynamics: Percolation and synchronization[J]. Physics Reports, 2016, 660: 1-94.

[125] STROGATZ H S. Exploring complex networks[J]. Nature, 2001, 410 (6825): 268.

[126] WANG F X, CHEN G. Complex networks: small-world, scale-free and beyond [J]. IEEE Circuits and Systems Magazine, 2003, 3(1): 6-20.

[127] ALON U. Network motifs: theory and experimental approaches[J]. Nature Reviews Genetics, 2007, 8(6): 450-461.

[128] LU L, ZHOU T. Link prediction in complex networks: A survey[J]. Physica A, 2011, 390(6): 1150-1170.

[129] ERMANN L, FRAHM M K, SHEPELYANSKY L D. Google matrix analysis of directed networks[J]. Reviews of Modern Physics, 2015, 87(4): 1261.

[130] BARABASI A L, OLTVAI Z N. Network biology: understanding the cell's functional organization[J]. Nature Reviews Genetics, 2004, 5(2): 101.

[131] BORGATTIi S P, MEHRA A, BRASS D J, et al. Network analysis in the social sciences[J]. Science, 2009, 323(5916): 892-895.

[132] XIAO D, RUAN S. Global analysis of an epidemic model with nonmonotone inci-

dence rate[J]. Mathematical Biosciences, 2007, 208: 419-429.

[133] LIN G, JIA X, OUYANG Q. Predict SARS infection with the small world network model[J]. Journal of Peking University (Health Sciences), 2003, 35: 66-69.

[134] GOLPALSAMY K. Stability and Oscillations in Delay Differential Equations of Population Dynamics[M]. Dordrecht: Kluwer Academic Publishers, 1992.

[135] HIRSCH W M, HANISCH H, GABRIEL J P. Differential equation model of some parasitic infections: methods for the study of asymptotic behavior[J]. Communications on Pure and Applied Mathematics, 1985, 38: 733-753.

[136] LI B. Global asysmptotic behavior of the chemostat: general response functions and different removal rates[J]. SIAM Journal on Applied Mathematics, 1998, (59)(2): 411-422.

[137] YOSHIZAWA T. Stability Theory by Liapunov's Second Method[M]. Tokyo: The Mathematical Society of Japan, 1966.

[138] LASALLE P J. The Stability of Dynamical Systems[M]. Philadelphia: Society for Industrial and Applied Mathematics, 1976.

[139] WANG J, LIU Z, XU J. Epidemic spreading on uncorrelated heterogenous networks with non-uniform transmission[J]. Physica A, 2007, 382: 715-721.

[140] DOROGOVTSEV N S, GOLTSEV V A, MENDES F F J. Critical phenomena in complex networks[J]. Review of Modern Physics, 2008, 80: 1261-1275.

[141] BIRKHOFF G, ROTA C G. Ordinary Differential Equations[M]. New York: John Wiley & Sons, 1989.

[142] LUKES L D. Differential Equations: Classical to Controlled[M]. Mathematics in Science and Engineering, 1982, 92(3): 223.

[143] PONTRYAGIN S L, BOLTYANSKII G V, GAMKRELIZDE V R, et al. The Mathematical Theory of Optimal Processes[M]. London: Gordon and Breach Science Publishers, 1986.

[144] MORTON K I, NANCY S L. Dynamics Optimization: The Calculus of Variations and Optimal Control in Economics and Management[M]. The Netherlands: Elsevier Science, 2000.

[145] THIEME R H. Persistence under relaxed point-dissipativity (with application to an endemic model)[J]. SIAM Journal on Mathematical Analysis, 1993, 2: 407-435.

[146] MAO X. Stochastic differential equations and applications[M]. Chichester: Horwood Publishing, 1997.

[147] KHASMINSKII R Z. Stochastic Stability of Differential Equations[M]. Alphen

a/d Rijn: Sijthoff and Noordhoff, 1981.

[148] ZHU C, YIN G. Asymptotic properties of hybrid diffusion systems[J]. SIAM Journal on Control and Optimization, 2007, 46: 1155-1179.

[149] GARD C T. Introduction to Stochastic Differential Equations[M]. New York: Marcel Dekker, 1988.

[150] STRANG G. Linear Algebra and Its Applications[M]. New York: Academic, 1980.

[151] HIGHAM D J. An algorithmic introduction to numerical simulation of stochastic differential equations[J]. SIAM Reviews, 2001, 43: 525-546.